朱清时　主编
李传玺　执行主编

现代大学校长文丛

蔡元培卷

张建安　编

时代出版传媒股份有限公司
安徽教育出版社

图书在版编目（CIP）数据

现代大学校长文丛. 蔡元培卷 / 张建安编.
—合肥：安徽教育出版社，2015
ISBN 978-7-5336-8108-1

Ⅰ.①现… Ⅱ.①张… Ⅲ.①高等教育—中国—文集
Ⅳ.①G649.2—53
中国版本图书馆 CIP 数据核字（2015）第 210912 号

现代大学校长文丛·蔡元培卷
XIANDAI DAXUE XIAOZHANG WENCONG CAI YUANPEI JUAN

出 版 人：郑 可
质量总监：张丹飞
策划统筹：王 骏 钱 江
责任编辑：艾尚武
装帧设计：阮 娟
技术编辑：王 琳

出版发行：时代出版传媒股份有限公司 安徽教育出版社
地 址：合肥市经开区繁华大道西路 398 号 邮编：230601
网 址：http://www.ahep.com.cn
营销电话：(0551)63683011，63683013
排 版：安徽创艺彩色制版有限责任公司
印 刷：合肥创新印务有限责任公司

开 本：720×960 1/16
印 张：20
字 数：295 千字
版 次：2015 年 11 月第 1 版 2015 年 11 月第 1 次印刷
定 价：36.00 元

总 序

一

我们似乎不应该忘记一个日子。清光绪二十四年(1898 年)八月初六,那是一个血雨腥风的日子,戊戌变法失败了。一边是慈禧再度“训政”,一边是废黜光绪,废除新政,对倡导变法维新人士进行大搜捕、大屠杀。其中独有一项“成果”经过一个老人的巧妙运作保留了下来,那人是时任管学大臣的孙家鼐,那“成果”便是京师大学堂。

也许是经过变法者心血与鲜血的滋润,这粒中国现代教育的种子开始了它的倔强生长。

至 1949 年,中国现代教育体系包括大学教育体系以及它的格局、架构已基本形成。

由此,人们常常发问:

那是一段什么样的历史时期,朝代更迭,袁氏复辟,走马灯式的北洋政府;军阀割据,连年混战,人民水深火热几不聊生;外敌入侵,十四年抗战,虽取得胜利,接踵的又是国共内战。如此时空背景,常常使课堂里放不下一张平静的书桌。可就是在这样的时代氛围中,中国现代大学教育却能够生长,且健全了各门类基础学科,诞生了一批名校,培养出了惠及后世的大量杰出人才,在教学相长过程中走出了大批大师级的教育家、科学家、思想家。为什么?

钱学森先生曾这样发问。

每个人一说到中国现代大学教育时,总会想到蔡元培先生,总会想到西南联大,更会这样发问。

二

2010年3月14日下午,首都机场。全国两会结束,各地的政协委员返程。全国政协委员,曾任中国科技大学校长,时任南方科技大学校长的朱清时先生正坐在过道边的椅子上。那段时间,他是热门人物,一直被媒体包围着,此刻他好像很累很疲倦,但仍有记者不停地同他说着教育的热点话题。作为安徽政协委员向中央报送信息的联络员李传玺也站在旁边听,并不时对朱清时先生切中肯綮的评论报以由衷的赞美。

“你是哪家报社的?”朱校长问李传玺。

《江淮时报》副总编常河先生站在旁边,向朱校长介绍了李。

“噢,你研究胡适啊,我对30年代那批大师,尤其是那批大师级的教育家非常佩服。”

这句话也埋下了一粒种子。

2012年初,时在安徽教育出版社就职的王骏先生询问李传玺,今年有没有好的选题。

李传玺的脑子里突然闪现出了在首都机场与朱清时校长谈话的画面,以及朱先生最后的那句话。何不请朱清时先生担纲编选一套现代大学校长文丛?王骏向社领导做了汇报,很快得到了同意。可朱清时校长能同意么?初春的一个下午,李传玺拨通了朱清时校长的电话,虽然天气不热,却紧张得一手心汗。没想到朱校长听完了介绍后,欣然同意。

于是有了现在呈现在大家面前的这套书。

三

让我们倾听一下那些大师们的声音。声音都不是那种激昂慷慨式的，很平和，却更入灵魂。

蔡元培先生："对于各家学说，依各国大学通例，循思想自由原则，兼容并包。无论何种学派，苟其言之成理，持之有故，尚不达自然淘汰之运命，即使彼此相反，也听他们自由发展。"

张伯苓先生："允公允能，日新月异"，"允公是大公，而不是小公，小公只不过是本位主义而已，算不得什么公了。惟其允公，才能高瞻远瞩，正己教人，发扬集体的爱国思想，消灭自私的本位主义"，"允能者，是要做到最能，要建设现代化国家，要有现代化的科学才能……不仅要求具备现代化的理论才能，而且要具有实际工作的能力"。

蒋梦麟先生："大学者，为研究高等学科而设"，"学校之惟一生命在学术事业"，"研究学术而有所顾忌，则真理不明"，"畀以学术自由之权，所以求思想与学术自由之发展，不受外力阻挠也"。

梅贻琦先生："所谓大学者，非谓有大楼之谓也，有大师之谓也。""新民之大业，非旦夕可期也，既非旦夕可期，则与此种事业最有关系之大学教育，与从事于此种教育之人，其所以自处之地位，势不能不超越几分现实；其注意之所集中，势不能为一时一地之所限止；其所期望之成就，势不能为若干可以计日而待之近功。"

胡适先生："学术的发达，人才是第一要件。我们必须集中第一流的人才，替他们造成最适宜的工作条件，使他们可以自己做研究，使他们可以替全国训练将来的师资和工作人员"，"只有在自由独立原则之下，才能有高价值的创造"，"'自由'是学校给予师生的，'独立'则为创造的"。

竺可桢先生："科学精神就是求真，要'只问是非，不计利害'。这就是说，只求真理，不管个人的利害"，"求是的路径，《中庸》说得最好，就是'博学之，审问之，慎思之，明辨之，笃行之'。单是博学、审问还不够，必须审思熟虑，自出心裁，独著只眼，来研辨是非得失”。

……

不需要再引了，读着这些话，如果你是一个教育工作者，也许自会得出本文开篇所提疑问的答案。即使不是，你也会强烈感受到一个真正教育家的教育胸怀。此书还选收了大量大师们其他方面的论文甚至美文，任何一个读者都可以从中充分领略到大师们多面的风采。

李传玺

2015年3月

目录

第三辑　读书与做人

第四辑　学术与美育

附录

导读

蔡元培能给我们什么启发

张建安

蔡元培先生是民国最有名的大学校长，他因担任北大校长而著称于世，但其影响力之大远不止于北京大学。在整个教育界、思想界乃至全中国的历史进程中，蔡元培都起着举足轻重的作用。

在蔡元培的一生中，他虽然曾是革命家、政治家，担任过许许多多重要的职务，但他最终将以教育家的身份而被人们一再提起；作为教育家，他虽然曾担任全国教育总长之类的显赫官职，但他最终将以北大校长的身份流芳万世。

原来，作为大学校长，乃是如此的重要！

这也让我们，不能不对大学校长，产生巨大的期望。

在如今这个有点喧嚣、有点浮躁的社会，大学校长们还能成为引领我们前进的思想导师吗？

他们还会有“兼容并包、学术自由”的胸襟和胆略吗？

他们还具有大无畏的创新精神和宏伟理想吗？

他们还能够具备宽广的世界眼光和深邃的思想学问吗？

他们还能够以自己的人格魅力成为师生的楷模吗？

他们还能够把平等的理念和公德心贯穿到日常工作中吗？

他们还能够把“培养学生的健全人格”作为育人准则吗？

他们还能够组织师生把最好的教育向整个社会推广吗？

……

希望有。应该是有的。

这便是我编这本书的一个目的所在。我希望蔡元培先生的思想能为现在的教育界、思想界提供借鉴。虽然时代不同，所遇问题不同，但是蔡元培所抓住的主要问题和解决这些问题的基本精神和途径，当能启发我们。

而这本书能够给读者益处的，应该还有许多。

蔡元培的精神境界当能激励许多有理想的年轻人。

蔡元培的教育理念当能使许多学生意识到什么才是最重要的。掌握了核心理念，学习效果将事半功倍。自己将成为一个什么样的人，也会心里有数。

蔡元培的学问、修养，将引领读者进入一个充满人文色彩、包罗万象的广阔天地。特别是他能够把读者带到美的天地，让读者在思考中打开一扇扇文化、文明之门……

关于蔡元培的文选，已经出版过许多。现在这本集子，既然是《现代大学校长文丛》的一种，自然会围绕着教育展开，但也并不单讲教育，因为教育势必与许多相关内容有紧密的联系。

全书分为四辑。

第一辑基本上涵盖了蔡元培教育思想的方方面面。他的最根本的教育理念与最基础的教育思想，在这里基本上都有体现。既有他作为教育总长对全国教育改革的通盘考虑和规划，也有他作为大学校长对大学教育的思考和改造，还有他在古今中外教育对比中进行的思想创新……一个好的大学校长，首先应该是一个教育家。

第二辑专门汇集了蔡元培任北京大学校长时的演说词、文章、信函等档案文件。按照时间先后排列，会让读者真切地了解到蔡元培在北京大学期间的所作所为，所想所思。能了解到蔡元培是怎样以大无畏的勇气和胆略，一步步把北京大学从艰难与腐败中领向辉煌；也能了解到蔡元培所具有的远见卓识、办学理念和他在改革过程中所受到的种种非同寻常的艰难；更能让我们看到蔡元培在惊涛骇浪、大起大伏中所坚持的原则和操守。他的理性之光，同样值得我们高度重视。

第三辑是关于读书和做人的。学校的教育绝不只是知识的传播，更重要的是引导学生如何做人。后者应是前者的基础，也更加重要。这一辑汇集了一些针对学生的演讲和文章，是蔡元培作为导师对学生的教育和引领。教他们如何做人，如何读书，如何爱国，如何提高自己的知识和能力，如何享受权利和履行义务……特别是如何提高自己的修养。既有德育方面的，也有智育方面的。其中，《华工学校讲义》包括"德育三十篇"、"智育十篇"，是蔡元培专门编写的教材。蔡元培还曾为中学生编写过《中学修身教科书》，也是非常好的。因篇幅所限，没有选入。也选了几篇蔡元培对往事的回顾，他的人生实践，就是对他思想的最好阐释。蔡先生是知行合一的人，他按照自己的人生观和世界观认真做人，努力做事，是学生最好的学习楷模。

第四辑是关于学术与美育的。蔡元培一生最重视学术，学术追求伴随他的一生，并引领着他的教育和社会实践。"何谓文化"等问题，是蔡元培一直思考的核心问题。正因为有了这些对文化、哲学、科学、文明深层次的了解和思考，才能为蔡元培的教育思想提供不竭的源泉。如果说，作为一个大学校长，首先应该是一个教育家；那么，作为一个教育家，首先应该是一个学问家。蔡元培一生特别重视美育，他对美育也有很深的理解。美育涉及的面很广，对人类的影响也非常深远，这也是我们应特别重视的。

最后的附录中有我对蔡先生一生事迹的介绍，希望读者朋友们能藉此更多地了解蔡元培先生的精神世界。

2012年11月4日于通州晴暖阁

第一辑　教育思想

对于新教育之意见*

近日在教育部与诸同人新草学校法令，以为征集高等教育会议之预备，颇承同志饷以谠论。顾关于教育方针者殊寡，辄先述鄙见以为喤引，幸海内教育家是正之。

教育有二大别：曰隶属于政治者，曰超轶乎政治者。专制时代（兼立宪而含专制性质者言之），教育家循政府之方针以标准教育，常为纯粹之隶属政治者。共和时代，教育家得立于人民之地位，以定标准，乃得有超轶政治之教育。清之季世，隶属政治之教育，腾于教育家之口者，曰军国民教育。夫军国民教育者，与社会主义僢驰，在他国已有道消之兆。然在我国则强邻交逼，亟图自卫，而历年丧失之国权，非凭借武力，势难恢复。且军人革命以后，难保无军人执政之一时期，非行举国皆兵之制，将使军人社会，永为全国中特别之阶级，而无以平均其势力。则如所谓军国民教育者，诚今日所不能不采者也。

虽然，今之世界，所恃以竞争者，不仅在武力，而尤在财力。且武力之半，亦由财力而孳乳。于是有第二之隶属政治者，曰实利主义之教育，以人民生计为普通教育之中坚。其主张最力者，至以普通学术，悉寓于树艺、烹饪、裁缝及金、木、土、工之中。此其说创于美洲，而近亦盛行于欧陆。我国地宝不发，实业界之组织尚幼稚，人民失业者至多，而国甚贫。实利主义之教育，固亦当务之急者也。

是二者，所谓强兵富国之主义也。顾兵可强也，然或溢而为私斗，

* 1912年在南京政府教育总长任内。

为侵略，则奈何？国可富也，然或不免知欺愚，强欺弱，而演贫富悬绝，资本家与劳动家血战之惨剧，则奈何？曰教之以公民道德。何谓公民道德？曰，法兰西之革命也，所标揭者，曰自由、平等、亲爱。道德之要旨，尽于是矣。孔子曰：匹夫不可夺志。孟子曰：大丈夫者，富贵不能淫，贫贱不能移，威武不能屈。自由之谓也。古者盖谓之义。孔子曰：己所不欲，勿施于人。子贡曰：我不欲人之加诸我也，吾亦欲毋加诸人。《礼记·大学》曰：所恶于前，毋以先后；所恶于后，毋以从前；所恶于右，毋以交于左；所恶于左，毋以交于右。平等之谓也。古者盖谓之恕。自由者，就主观而言之也。然我欲自由，则亦当尊人之自由，故通于客观。平等者，就客观而言之也。然我不以不平等遇人，则亦不容人之以不平等遇我，故通于主观。二者相对而实相成，要皆由消极一方面言之。苟不进之以积极之道德，则夫吾同胞中，固有因生禀之不齐，境遇之所迫，企自由而不遂，求与人平等而不能者。将一切恝置之，而所谓自由若平等之量，仍不能无缺陷。孟子曰：鳏寡孤独，天下之穷民而无告者也。张子曰：凡天下疲癃残疾茕独鳏寡，皆吾兄弟之颠连而无告者也。禹谓天下有溺者，由己溺之。稷谓天下有饥者，由己饥之。伊尹思天下之人，匹夫匹妇有不与被尧舜之泽者，若己推而纳之沟中。孔子曰：己欲立而立人，己欲达而达人。亲爱之谓也。古者盖谓之仁。三者诚一切道德之根源，而公民道德教育之所有事者也。

教育而至于公民道德，宜若可为最终之鹄的矣。曰，未也。公民道德之教育，犹未能超轶乎政治者也。世所谓最良政治者，不外乎以最大多数之最大幸福为鹄的。最大多数者，积最少数之一人而成者也。一人之幸福，丰衣足食也，无灾无害也，不外乎现世之幸福。积一人幸福而为最大多数，其鹄的犹是。立法部之所评议，行政部之所执行，司法部之所保护，如是而已矣。即进而达礼运之所谓大道为公，社会主义家所谓未来之黄金时代，人各尽所能，而各得其所需要，要亦不外乎现世之幸福。盖政治之鹄的，如是而已矣；一切隶属政治之教育，充其量亦如是而已矣。

虽然，人不能有生而无死。现世之幸福，临死而消灭。人而仅仅以临死消灭之幸福为鹄的，则所谓人生者有何等价值乎？国不能有存而无亡，世界不能有成而无毁，全国之民，全世界之人类，世世相传，以此不能不消灭之幸福为鹄的，则所谓国民若人类者，有何等价值乎？且如是，则就一人而言之，杀身成仁也，舍生取义也，舍己而为群也，有何等意义乎？就一社会而言之，与我以自由乎，否则与我以死，争一民族之自由，不至沥全民族最后之一滴血不已，不至全国为一大冢不已，有何等意义乎？且人既无一死生破利害之观念，则必无冒险之精神，无远大之计划，见小利，急近功，则又能保其不为失节堕行身败名裂之人乎？谚曰当局者迷，旁观者清。非有出世间之思想者，不能善处世间事，吾人即仅仅以现世幸福为鹄的，犹不可无超轶现世之观念，况鹄的不止于此者乎？

以现世幸福为鹄的者，政治家也，教育家则否。盖世界两方面，如一纸之有表里：一为现象，一为实体。现象世界之事为政治，故以造成现世幸福为鹄的；实体世界之事为宗教，故以摆脱现世幸福为作用。而教育者，则立于现象世界，而有事于实体世界者也。故以实体世界之观念为其究竟之大目的，而以现象世界之幸福为其达于实体观念之作用。

然则现象世界与实体世界之区别何在耶？曰：前者相对，而后者绝对；前者范围于因果律，而后者超轶乎因果律；前者与空间时间有不可离之关系，而后者无空间时间之可言；前者可以经验，而后者全恃直观。故实体世界者，不可名言者也。然而既以是为观念之一种矣，则不得不强为之名，是以或谓之道，或谓之太极，或谓之神，或谓之黑暗之意识，或谓之无识之意志。其名可以万殊，而观念则一。虽哲学之流派不同，宗教家之仪式不同，而其所到达之最高观念皆如是。（最浅薄之唯物论哲学，及最幼稚之宗教祈长生求福利者，不在此例。）

然则教育家何以不结合于宗教，而必以现象世界之幸福为作用？曰：世固有厌世派之宗教若哲学，以提撕实体世界观念之故，而排斥现象世界。因以现象世界之文明为罪恶之源，而一切排斥之者。吾以为不然。现象实体，仅一世界之两方面，非截然为互相冲突之两世界。吾人之感觉，既托于现象世界，则所谓实体者，即在现象之中，而必非灭乙而后生甲。其现象世界间所以为实体世界之障碍者，不外二种意识：一、人我之差别，二、幸福之营求是也。人以自卫力不平等而生强弱，人以自存力不平等而生贫富。有强弱贫富，而彼我差别之意识起。弱者贫者，苦于幸福之不足，而营求之意识起。有人我，则于现象中有种种之界画，而与实体违。有营求则当其未遂，为无已之苦痛。及其既遂，为过量之要索。循环于现象之中，而与实体隔。能剂其平，则肉体之享受，纯任自然，而意识界之营求泯，人我之见亦化。合现象世界各别之意识为浑同，而得与实体吻合焉。故现世幸福，为不幸福之人类到达于实体世界之一种作用，盖无可疑者。军国民、实利两主义，所以补自卫自存之力之不足。道德教育，则所以使之互相卫互相存，皆所以泯营求而忘人我者也。由是而进以提撕实体观念之教育。

提撕实体观念之方法如何？曰：消极方面，使对于现象世界，无厌弃而亦无执著；积极方面，使对于实体世界，非常渴慕而渐进于领悟。循思想自由言论自由之公例，不以一流派之哲学一宗门之教养梏其心，而惟时时悬一无方体无始终之世界观以为鹄。如是之教育，吾无以名之，名之曰世界观教育。

虽然，世界观教育，非可以旦旦而聒之也。且其与现象世界之关系，又非可以枯槁单简之言说袭而取之也。然则何道之由？曰美感之教育。美感者，合美丽与尊严而言之，介乎现象世界与实体世界之间，而为津梁。此为康德所创造，而嗣后哲学家未有反对之者也。在现象世界，凡人皆有爱恶惊惧、喜怒悲乐之情，随离合生死、祸福利害之现象而流转。至美术则即以此等现象为资料，而能使对之者，自美感以外，一无杂念。例如采莲煮豆，饮食之事也，而一入诗歌，则别成兴趣。火山赤舌，大风破舟，可骇可怖之景也，而一入图画，则转堪展玩。是则对于现象世界，无厌弃而亦无执著也。人既脱离一切现象世界相对之感情，而为浑然之美感，则即所谓与造物为友，而已接触于实体世界之观念矣。故教育家欲由现象世界而引以到达于实体世界之观念，不可不用美感之教育。

五者，皆今日之教育所不可偏废者也。军国民主义、实利主义、德育主义三者，为隶属于政治之教育。（吾国古代之道德教育，则间有兼涉世界观者，当分别论之。）世界观、美育主义二者，为超轶政治之教育。

以中国古代之教育证之，虞之时，夔典乐而教胄子以九德，德育与美育之教育也。周官以卿三物教万民，六德六行，德育也。六艺之射御，军国民主义也。书数，实利主义也。礼为德育，而乐为美育。以西洋之教育证之，希腊人之教育为体操与美术，即军国民主义与美育也。欧洲近世教育家，如海尔巴脱氏纯持美育主义。今日美洲之杜威派，则纯持实利主义者也。

以心理学各方面衡之，军国民主义毗于意志，实利主义毗于知识，德育兼意志、情感二方面，美育毗于情感，而世界观则统三者而一之。

以教育界之分言三育者衡之，军国民主义为体育，实利主义为智育，公民道德及美育毗于德育，而世界观则统三者而一之。

以教育家之方法衡之，军国民主义、世界观、美育，皆为形式主义；实利主义，为实质主义；德育则二者兼之。

譬之人身：军国民主义，筋肉也，用以自卫；实利主义，胃肠也，用以营养；公民道德者，呼吸机循环机也，周贯全体；美育者，神经系也，所以传导；世界观者，心理作用也，附丽于神经系，而无迹象之可求。此即五者不可偏废之理也。

本此五主义而分配于各教科，则视各教科性质之不同，而各主义所占之分数，亦随之而异。国语国文之形式，其依准文法者属于实利，而依准美词学者属于美感。其内容则军国民主义当占百分之十，实利主义当占其四十，德育当占其二十，美育当占其二十五，而世界观则占其五。

修身，德育也，而以美育及世界观参之。

历史、地理，实利主义也。其所叙述，得并存各主义。历史之英雄，地理之险要及战绩，军国民主义也；记美术家及美术沿革，写各地风景及所出美术品，美育也；记圣贤，述风俗，德育也；因历史之有时期，而推之于无终始，因地理之有涯涘，而推之于无方体，及夫烈士、哲人、宗教家之故事及遗迹，皆可以为世界观之导线也。

算学，实利主义也。而数为纯然抽象者。希腊哲人毕达革拉士以数为万物之源，是亦世界观之一方面，而几何学各种线体，可以资美育。

物理化学，实利主义也。原子电子，小莫能破，爱耐而几（Energy），范围万有，而莫知其所由来，莫穷其所究竟，皆世界观之导线也。视官听官之所触，可以资美感者尤多。

博物学，在应用一方面，为实利主义；而在观感一方面，多为美感。研究进化之阶段，可以养道德；体验造物之万能，可以导世界观。

图画，美育也，而其内容得包含各种主义：如实物画之于实利主义，历史画之于德育是也。其至美丽至尊严之对象，则可以得世界观。

唱歌，美育也，而其内容，亦可以包含种种主义。

手工，实利主义也，亦可以兴美感。

游戏，美育也；兵式体操，军国民主义也；普通体操，则兼美育与军国民主义二者。

上之所著，仅具辜较，神而明之，在心知其意者。

清朝时代，有所谓钦定教育宗旨者，曰忠君，曰尊孔，曰尚公，曰尚武，曰尚实。忠君与共和政体不合，尊孔与信教自由相违（孔子之学术，与后世所谓儒教、孔教当分别论之。嗣后教育界何以处孔子，及何以处孔教，当特别讨论之，兹不赘），可以不论。尚武，即军国民主义也；尚实，即实利主义也；尚公，与吾所谓公民道德，其范围或不免有广狭之异，而要为同意。惟世界观及美育，则为彼所不道，而鄙人尤所注重，故特疏通而证明之，以质于当代教育家，幸教育家平心讨论焉。

据《临时政府公报》第13号（1912年2月11日出版）

全国临时教育会议开会词*

今日之临时教育会议，即中华民国成立以后第一次之中央教育会议。此次会议，关系甚为重大，因有此次会议，而将来之正式中央教育会议，即以此次会议为托始。且中国政体既然更新，即社会上一般思想，亦随之改革；此次教育会议，即是全国教育改革的起点。此次议决事件，如果能件件实行，固为重要关系；即使间有不能实行者，然为本会已经议决之案，将来亦必有影响。诸君有远来者，即或在近处者，亦是拨冗而来，均在此次会议关系重大之故。

民国教育与君主时代之教育，其不同之点何在？君主时代之教育方针，不从受教育者本体上着想，用一个人主义或用一部分人主义，利用一种方法，驱使受教育者迁就他之主义。民国教育方针，应从受教育者本体上着想，有如何能力，方能尽如何责任；受如何教育，始能具如何能力。从前瑞士教育家（沛斯泰洛齐）有言：昔之教育，使儿童受教于成人；今之教育，乃使成人受教于儿童。何谓成人受教于儿童？谓成人不敢自存成见，立于儿童之地位而体验之，以定教育之方法。民国之教育亦然。君主时代之教育，不外利己主义。君主或少数人结合之政府，以其利己主义为目的物，乃揣摩国民之利己心，以一种方法投合之，引以迁就于君主或政府之主义。如前清时代承科举余习，奖励出身，为驱诱学生之计；而其目的，在使受教育者皆富于服从心、保守心，易受政府驾驭。现在此种主义，已不合用，须立于国民之地位，而体验其在世界、在社会有何等责任，应受何种教育。

---

* 1912年7月10日。

社会逃不出世界，个人逃不出社会。世界尚未大同，社会与世界之利害未能完全一致。国家为社会之最大者，对于国家之责任与对于世界之责任，未必无互相冲突之时，犹之对于家庭之责任与对于国家之责任，不能无冲突也。国家、家庭两种责任，不得兼顾，常牺牲家庭以就国家；则对于国家之责任，自以与对世界之责任无冲突者为范围，可以例而知之。至于人之恒言，辄曰权利、义务。而鄙人所言责任，似偏于义务一方面，则以鄙人对于权利、义务之观念，并非相对的。盖人类上有究竟之义务，所以克尽义务者，是谓权利；或受外界之阻力，而使不克尽其义务，是谓权利之丧失。是权利由义务而生，并非对待关系。而人类所最需要者，即在克尽其种种责任之能力，盖无可疑。由是教育家之任务，即在为受教育者养成此种能力，使能尽完全责任，亦无可疑也。

当民国成立之始，而教育家欲尽此任务，不外乎五种主义，即军国民教育、实利主义、公民道德、世界观、美育是也。五者以公民道德为中坚，盖世界观及美育皆所以完成道德，而军国民教育及实利主义，则必以道德为根本。我国人本以善营业闻于世界。侨寓海外，忍非常之困苦，以致富者常有之，是其一例。所以不免为贫国者，因人民无道德心，不能结合为大事业，以与外国相抗；又不求自立而务侥幸。故欲提倡实利主义，必先养其道德。至于军国民主义之不可以离道德，则更易见。我国从前有勇于公战、怯于私斗之语。现在军队时生事端，何尝非尚武之人由无道德心以裁制之故耳。教育者，非为已往，非为现在，而专为将来。从前言人才教育者，尚有十年树木、百年树人之说，可见教育家必有百世不迁之主义，如公民道德是。其他因时势之需要，而亦不能不采用，如实利主义及军国民主义是也。吾人会议之时，不可不注意。

又有一层，我中国人向有一弊，即是自大；及其反动，则为自弃。自大者，保守心太重，以为我中国有四千年之文化，为外国所不及，外国之法制皆不足取；及屡经战败，则转而为崇拜外人，事事以外国为标准，有欲行之事，则曰是某某国所有也。遇不敢行之事，则曰某某等国尚未行者，我国又何能行？此等几为议事者之口头禅，是由自大而变为自弃也。普通教育废止读经，大学校废经科，而以经科分入文科之哲学、史学、文学三门，是破除自大旧习之一端。

至现在我等教育规程，取法日本者甚多。此并非我等苟且，我等知日本学制本取法欧洲各国。惟欧洲各国学制，多从历史上渐演而成，不甚求其整齐划一，而又含有西洋人特别之习惯；日本则变法时所创设，取西洋各国之制而折衷之，取法于彼，尤为相宜。然日本国体与我不同，不可不兼采欧美相宜之法。即使日本及欧美各国尚未实行，而教育家正在鼓吹者，我等亦可采而行之。我等须从原理上观察，可行则行，不必有先我而为之者。例如十三个月之年历，十二音符之新乐谱，在欧美各国为习惯所限，明知其善而尚未施行，我国亦不妨先取而行之。学制之中，间亦有类此者。

此刻教育部预备之议案，大约有四十种。第一类，是学校系统；第二类，是各学校令及规程；第三类，教育行政之关系；第四类，学校中详细规则；第五类，大概含有社会教育性质。

其中有一大问题，是国语统一办法。现在有人提议：初等小学宜教国语，不宜教国文。既要教国语，非先统一国语不可；然而，中国语言各处不同，若限定以一地方之语言为标准，则必招各地方之反对，故必有至公平之办法。国语既一，乃可定音标。从前中央教育会虽提出此案，因关系重要，尚未解决。

此外，又有种种问题，不能单从教育界解决者。如前清学部主张中学以上由中央政府直辖；中学以下，归地方政府管辖。日昨有几位谈及，谓废府以后，中学校应归省立或县立。此等须俟地方官制颁布后，始能规定。现在只能假定一划分之方法，即如中等以上教育，取给于国家税，或以国家产业作基本金；中等以下，取给于地方税，或用地方产业作基本金。亦只能为假定之方法。

诸君此次来京，想亦有许多议案提出。其间与本部及他议员提出之问题略同者，可以合并讨论。此次临时教育会议，时期甚短，而议案至多。若讨论过于繁琐，恐耽误时间，不能尽议。盖诸君多半担任教育事务者，即使延会，恐亦不能过于延长。所以，希望诸君于议案之排列，将重要者提前开议。又每案之中，先摘出重要诸点，详细讨论；其他无关宏旨者，不妨姑略之。鄙人今日所欲言者止此。

据《教育杂志》第4卷第6号(1912年9月出版)

教育界之恐慌及救济方法*

余旅欧陆，时时披览祖国新闻纸，凡记载教育界之状况，常有感触于心者。比归国，与教育界中人晤谈，乃知恐慌之实际。恐慌维何？在高小学生毕业后，不能悉入中学。其间虽有力不逮者，亦有牵于种种原因，不能入中学者。顾就他方面观察，有志入中学之人，数亦不鲜。奈何中学招生，限于定额，不能悉数容纳，其招考额与投考人数，如十与二之比例。于是，有志上进而不克获选者，势必一而再，再而三，而往投考，使青年有为之士，光阴坐废，志愿消磨。如此兴学，与前清科举无异。譬彼工厂，一方面谋制物品，一方面宜筹销路。物品良，销路广，销路愈广，物品愈良。苟其不然，于制物品也，则殚心以求之；于筹销路也，则束手以听之。于是，良物品置之高阁，日久亦将归无用。我国今日教育界之恐慌，得毋类是。由是而进之，社会一般人鉴教育之效果如是，乃发生一种不信任学校之心。学校不为社会所信任，教育经费将因此而减杀，长此以往，其恐慌将何所底止耶？

吾人于此，当推究其恐慌之所由来。就余观察所及，厥有三因：

第一，高等教育之缺乏；

第二，实业教育之缺乏，致中学毕业生不能应社会上之用；

第三，道德心之缺乏。

吾人既定此三端，为教育界恐慌之原因，是当于此三端而商榷其补救之方法。

就第一因言之，我国今日欲筹设高等教育机关，且欲如欧美各国

* 1916年12月11日在江苏省教育会演说词。

之设施，一律完全无缺，就种种方面观察，三数年后，实万万不能办到。此非独余一人言之，即多数人亦莫不言之。故此一问题，惟有假作不成立，今日姑不讨论。今且就第二、第三两因，研究其补救之方法。简言之，即实质救济与精神救济而已。

孟子不云乎：有恒产而后有恒心。管子不云乎：衣食足而知荣辱。准是言之，为中学生筹救济，当注重职业教育。况考各国学制，中学制度，含有两种意义：一以高小毕业程度，究嫌未足，未能应社会之用，故入中学而加深之，完全之；一为有志大成者，俾在中学时，所授与之科学智识，得以巩固其基础。至今主张中学注重职业教育，就广义言之，我国今日中学课程，何尝不注重职业；官亦职业之一。故中学课法制、经济，使人人有政治普通智识，故法制、经济，亦可谓官之职业教育。尝忆数年以前，一般人士，咸趋于法政一途，以为科举既废，惟有入政法学校，尚可为作官吏之终南捷径；讵知政界需人，亦有数可稽，尽人而趋于此，尚复成何社会。今日之中学生，视世界潮流之趋势，我知其见解定较数年前高倍蓰。一切升官发财腐败不堪之思，种我人心中，现多数人已无丝毫存在。况今日世界大势所趋，政治范围必逐渐缩小，而移其势力于实业。

实业者，统农、工、商而言之也。照我国今日之中学毕业生，欲插足社会，而谋事业于农、于工、于商三者，大抵以商为最近。此无他，大商业局面广阔，视政界犹不甚远；且投机而获胜，所入亦为数甚巨。然吾敢谓中学所有之智识，用于普通商业，尚可应付；用于大商业，似犹未能措置裕如。况今世界大势所趋，交通机关完备，农、工事业发达，投机者将无所施其技。故商业范围亦当逐渐缩小，专力于农、工两途。农姑弗论，请先言工，如法国之工业协会，其标名为工业而入会者，则教员有之，医士有之。考其立会之本旨，因工界生活程度较低，难免受资本家之压制，于是合群策群力，而组织团体。会员年纳少数会费以后，凡需用何物，均可请会中代办。在协会一方面，仿佛似一种经营商业之代理店，得向各商贩货，假如进货本照定价七折，售与会员，则作八折；将此中所得，大足以开销一切会务用款，故其势力殊足以凌驾全国也。不宁惟是,此次欧战之初,法社会党首领某君,曾在工业协会宣言,主张全欧同盟罢工,以遏止战祸,现虽不成事实,开战至今,几二年有半,然将来要知终有达到目的之一日。然则工业之势力,且足以左右世界也。

吾今且复言职业教育矣。注重职业云云,吾并非主张大加改革,不过于普通教育时间内,因地制宜,酌加农、工等科;一方面多设甲、乙种实业学校,使小学、中学毕业者,步步衔接,可以志愿入校。余数日前在杭州参观实业学校,取其教本,就大略翻阅,殊无异普通学教本;且实习时间,每周只十六小时,毋乃太少。法国有名进步学校者,亦可称之为初等职业学校,创办之初,所定课程,仅宗教、国文、算术三种,且仅日曜日授课;不意逐渐发达,现在无论何种职业,均办有此种职业学校。小者易者,如理发,如擦靴,亦莫不各就自己之职业,各设学校以教授;大者难者,可无论矣。返观我国,工商业之学徒,名为习业,实则不过为其师供使令奔走之役,能无浩叹!在法国,今日此种学校,半日实习,半日授课。然则我国实业学校,每周只实习十六小时,两两比较,相差未免太远矣。但救济亦何难乎?宜打破尊士陋习,教员能共同操作,学生能忍苦耐劳,斯可矣。奈何吾人受毒已深,埋头抱膝,据案以吟,尽人能办;若胼手胝足,入场操作,未有不抱怨以去者。苟不得此种教师,而仅责学生实习时间加多,于情于理,均未有以济。

故救济之法,宜由公家派遣实业生赴欧留学。查法国此种学校,毕业期限,有三年者,有二年者,月费五十法郎,便可住校。假期中留校工作,既免宿费,又得津贴。果其派遣,则每人每年得三百元已足。至经费一层,偌大之中国,筹数万数千,直一举手之劳耳。不观前清之派遣法政生乎,以有用之金钱,几销耗于无用之地,我殊为之深惜。然则今日定必不吝此小费也。至派遣之本旨,原欲使此辈学生归国后,实地指导,共同操作,故宜预订一种契约,使学成后,须尽义务若干年。此虽为照例之事,然从前派遣师范生,事前未尝不办理周密,而事后则十九设法规避。此无他,实以无责任心所致。既无责任心,从前师范生欲作官吏,而今日工业生亦何尝不欲作官吏。有语以农商部为行政官，与汝所学异，而彼不顾也。设明日有较优于官者，彼又将舍官以他去。此吾所以言第三因，欲筹精神之救济法也。

吾国分士、农、工、商为四民，而士独尊。吾不得不犯众怒，归咎于人人尊崇之孔子。孔子蓄雄心，欲揽政权，故游说各国，推士为独尊，而轻视农、工与商，致门弟子中有农、工、商之才者，亦为所迷，而不知返。孟子继起，更为通功易事之曲说，诋陈仲子，诋许行，复为孔子辨诬，证据几不胜枚举。然古之人，犹能安贫乐道；而今之人，则不知道德为何事。说者谓救济道德，莫如提创宗教。然吾国本有所谓道教、佛教、儒教，其后又有回教，又有耶教。我国人本信教自由，今何必特别提倡一教，而抹杀他教。况宗教为野蛮民族所有，今日科学发达，宗教亦无所施其技，而美术实可代宗教。美术之种类，凡图案、雕刻、建筑、文学、演剧、音乐，皆括之。叔本华氏则注重诗歌，凡尔耐尔氏则注意演剧，别格逊氏则注意时间与音乐。就我国言之，周之礼乐，实为美术之见端。嗣是，如理学家之词章，科举时代之词章书画，皆属美术之一种。今日学校中，虽亦有音乐、图画，然而美感教育，终叹衰退。岂知美感教育，何在非是。外国学校中所用教本，姑举地理言之，书中插图，岂惟地图而已；凡风景名胜，名人墨迹，无不入之。地理如此，其他科亦无不如此。此即普通教育中参用美感也。至实业教育，亦宜与美感教育调和，若农业与自然之美，工业与美术之美，在在注重美育发达，人格完备，而道德亦因之高尚矣。

据上海《时报》(1916 年 12 月 20—22 日)

新教育与旧教育之歧点*

今日承京津中华书局代表之招，得与诸先生晤言一堂，不胜荣幸。中华书局，为供给教育资料之机关；诸君子皆有实施教育之职务。今日所相与讨论者，自然为教育问题。鄙人于小学教育，既未有经验，又于直隶省教育情形，未有所考察，不能为切实之贡献。谨以平日对于教育界之普通感想，质之于诸先生。

夫新教育所以异于旧教育者，有一要点焉，即教育者非以吾人教育儿童，而吾人受教于儿童之谓也。吾国之旧教育以养成科名仕宦之才为目的。科名仕宦，必经考试，考试必有诗文，欲作诗文，必不可不识古字，读古书，记古代琐事。于是先之以《千字文》、《神童诗》、《龙文鞭影》、《幼学须知》等书；进之以四书、五经；又次则学为八股文、五言八韵诗；其他若自然现象、社会状况，虽为儿童所亟欲了解者，均不得阑入教科，以其于应试无关也。是教者预定一目的，而强受教者以就之；故不问其性质之动静，资禀之锐钝，而教之止有一法，能者奖之，不能者罚之，如吾人之处置无机物然，石之凸者平之，铁之脆者煅之；如花匠编松柏为鹤鹿焉；如技者教狗马以舞蹈焉；如凶汉之割折幼童，而使为奇形怪状焉；追想及之，令人不寒而栗。新教育则否，在深知儿童身心发达之程序，而择种种适当之方法以助之。如农学家之于植物焉，干则灌溉之，弱则支持之，畏寒则置之温室，需食则资以肥料，好光

* 1918年5月30日应京津中华书局代表邀请，在直隶全省小学会议欢迎会上的演说词。

则复以有色之玻璃；其间种类之别，多寡之量，皆几经实验之结果，而后选定之；且随时试验，随时改良，决不敢挟成见以从事焉。故治新教育者，必以实验教育学为根柢。实验教育学者，欧美最新之科学，自实验心理学出，而尤与实验儿童心理学相关。其所试验者，曰感觉之阈，曰感觉之分别界，曰空间与时间之表象，曰反射，曰判断，曰注意力，曰同化作用，曰联想，曰意志之阅历，曰统觉，凡一切心理上之现象皆具焉。其试验之也，或以仪器，或以图画，或以言语，或以文字。其所为比较者，或以年龄，或以男女之别，或以外界一切之关系，或以祖先之遗传性，因而得种种普通之例，亦即因而得种种差别之点。虽今日尚未达完全之域，然研究所得，视昔之纯凭臆测者，已较有把握矣。

因而知教育者，与其守成法，毋宁尚自然；与其求划一，毋宁展个性。请举新教育之合于此主义者数端。一曰托尔斯泰（Tolstoy）之自由学校，其建设也，尚在实验教育学未起以前，乃本卢梭、沛斯泰洛齐、弗罗贝尔等之自然主义而推演之者；其学生无一定之位置，或坐于凳，或登于棹，或伏于窗槛，或踞于地板，惟其所欲；其课程亦无定时，惟学生之愿，常以种种对象间厕而行之；其教授之形式，惟有问答。闻近年比利时亦有此种学校，鄙人欲索其章程，适欧战起，比为德所据，不可得矣。二曰杜威（Dewey）之实用主义，杜威尝著《学校与普通生活》一书，力言学校教科与社会隔绝之害；附设一学校于芝加哥大学，即以人类所需之衣、食、住三者为工事标准，略分三部：一曰手工，如木工、金工之类；二曰烹饪；三曰缝织，而描画模型等皆属之；即由此而授以学理，如因烹饪而授以化学，因裁缝而授以数学，因手工而授以物理学、博物学，因原料所自出而授以地学，因各时代各民族工艺若服食之不同而授以历史学、人类学等，是也。三曰蒙台梭利之儿童室，即特设各种器具以启发儿童之心理作用者，是也；吾国已有译本，想诸君已见之。四曰某氏文以工作为操练说，此说不忆为何人所创，大约以能力说为基础。能力者，西文所谓 Energy 也，近世自然哲学，以世界一切现象，不外乎能力之转移，如燃煤生热，热能蒸水成汽，汽能运机，机能制器；即一种能力之由煤，而热，而汽，而机，而器，递相转移也。惟能力之转移，有经济与不经济之别，如水力可以运机发电，而我国海潮瀑布之属皆置而不用，是即不经济之一端也。近世教育，如手工图画等科，一方面为目力手力之操练，而一方面即有成绩品，此能力转移之经济者也。其他各种运动，大率止有操练，并无出品，则为不经济之转移。若合个人生理及社会需要两方面而研究之，设为种种手力足力之工作，以代拍球蹴球之戏；设为种种运输之工作，以利用竞走竞漕之役；则悉于体育之中，养成勤务之习惯，而一切过激之动作，凌人之虚荣心，亦可以免矣。其他类是之新说，为鄙人所未知者，尚不知凡几，亦足以见现代教育界之进步矣。吾国教育界，乃尚牢守几本教科书，以强迫全班之学生，其实与往日之《三字经》、四书、五经等，不过五十步与百步之相差。欲救其弊，第一，须设实验教育之研究所。第二，教员须有充分之知识，足以应儿童之请益与模范而不匮。第三，则供给教育品者，亦当有种种参考之图画与仪器，以供教员之取资。如此，则始足语于新教育矣。

据《北京大学日刊》第150、151号（1918年5月30、31日出版）

教育之对待的发展*

吾人所处之世界，对待的世界也。磁电之流，有阳极则必有阴极；植物之生，上发枝叶，则下茁根荄，非对待的发展乎？初民数学之知识，由一至五而已，及其进步，自五而积之，以至于无穷大，抑亦自一而折之，以至于无穷小，非对待的发展乎？古人所观察之物象，上有日月星辰，下有动植水土而已；及其进步，则大之若日月之组织，恒星之光质，小之若微生植物之活动，原子电子之配置，皆能推测而记录之，非对待的发展乎？

教育之发展亦然。在家族主义时代所教训者，夫妇、亲子、兄弟间之关系，孝弟亲睦而已。及其进而为家族的国家主义，则益以君臣、朋友二伦，所扩张者犹是人与人之关系。而管仲之制，士之子恒为士，农之子恒为农，工之子恒为工，商之子恒为商，幼而习焉，不见异物而迁。李斯之制，焚诗书百家语，欲习法令者，以吏为师。是个人职业教育之自由犹被限制也。进而为立宪的国家，一方面认个人有思想、言论、集会之自由，是为个性的发展；一方面有纳税、当兵之义务，对于国家而非对于君主，是为群性的发展。于是有所谓国民教育者。两方面发展之现象，亦以渐分明。虽然，群性以国家为界，个性以国民为界，适于甲国者，不必适于乙国。于是持军国民主义者，以军人为国民教育之标准；持贵族主义者，以绅士为标准；持教会主义者，以教义为标准；持实利主义者，以资本家为标准。个人所有者，为“民”权而非“人”权；教育家所行者，为“民权的”教育而非“人格的”教育。自人类智德进步，

* 1919年2月。

其群性渐溢乎国家以外，则有所谓世界主义若人道主义；其个性渐超乎国民以上而有所谓人权若人格。

科学研究也，工农集会也，慈善事业之进行也，既皆为国际之组织，推之于一切事业，将无乎不然；而个人思想之自由，则虽临之以君父，监之以帝天，囿之以各种社会之习惯，亦将无所畏葸而一切有以自申。盖群性与个性的发展，相反而适以相成，是今日完全之人格，亦即新教育之标准也。持个人的无政府主义者，不顾群性；持极端的社会主义者，不顾个性；是为偏畸之说，言教育者其慎之。

吾友黄郛君著《欧战之教训及中国之将来》，对于吾国教育之计划，有曰："立国于二十世纪，非养成国民兼具两种相反对之性质不可：曰个人性与共同性……今次欧战教训，无论其国民对于国家如何忠实，若仅能待命而动，无独立独行之能力者，终不足以担负国家之大事。年前法国教育家钮渥曾著一论，谓'从前世人尝有一疑问，谓教育之目的，究系为个人乎？抑为社会与国家乎？如为个人也，宜助长个性之发达，是与共同组织有碍也；如为社会与国家也，宜奖励共同性之养成，是阻止个性之发达也。吾今敢确切答复曰：此后国家之生存，必须全体国民同时具备此两面之资格而后可。故此后教育家之任务，在发见一种方法，能使国民内包的个性发达，同时使外延的社会与国家之共同性发达而已矣。'盖惟此二性具备者，方得谓此后国家所需要之完全国民也。"黄君之言，足以证教育对待的发展之义矣。余惜其仅为国民教育言，一间未达，故广其义，以著于篇，备今之言新教育者参考焉。

据《新教育》第1卷第1期（1919年2月出版）

在北京高等师范学校《教育与社会》社演说词*

前几天看到贵校办的图书阅览所和通俗讲演所，我就觉到这是受杜威先生学说的影响。今天开成立会的《教育与社会》杂志社，想必亦是受着杜威先生的影响，因为他的教育主义即在学校和社会打成一片。方才杜先生所讲的，本他平日所主张的实验主义，事事从脚踏实地做去，很可以供诸君的参考。我是无话可说，只有把老生常谈再谈一回。

贵杂志的宗旨是，改造社会，先改造教育。照此看来，定是现在教育不行，才去改造的。但是现在教育不行之点是什么呢？依我看来，现在教育不脱科举时代之精神。科举时代的教育，不过得一个便利机会，养成一己的才具，此外都不管了。改立学校以后，一般人对于学校的观念，仍复如此。教育既无改革，社会上一切事业，都是一仍旧贯。因此这种教育不能不改造的。

从"改造教育去改造社会"这句话而论，有两种解说。第一改造教育，以改造将来社会。就是学校里养成一种人才，将来进社会做事。比如现在的国民学校的学生，预备将来做国民；现在的师范生，将来做教师；诸如此类，不必遍举。第二改造教育同时改造社会，就是学生或教员一方面讲学问，一方面效力社会。以前教育，注重第一层，做教员的专门教书，学生专门念书。这几年来尤以去年五月到现在为最，趋重到第二层。学校教育同时影响到社会。杜威先生的教育主张，就是如此。现在各学校创立平民学校、讲演所等等，都是学生在校即效力

* 1920年4月。

社会的表现。

从教育着手，去改造社会，改造之点，繁不胜举。但是简单说来，可以归到教育调查会定的两句话“养成健全人格，提倡共和精神”。社会的各分子都具有健全人格，此外复有何求？所以第二句话离不了第一句话。所谓健全人格，分为德育、体育、知育、美育四项。换言之，和自由、平等、博爱的意思亦相契合的。都能自由平等，都能博爱互助，共和精神亦发展了。

现在社会上不自由，有两种缘故：一种人不许别人自由，自己有所凭藉，剥夺别人自由，因此有奴隶制度、阶级制度。又有一种人甘心不自由，自己被人束缚，不以为束缚，甘心忍受束缚。这种甘心不自由的人，自己得不到自由，而且最喜剥夺别人自由，压制别人自由，所以不能博爱，不能互助，因此社会上亦不平等不安稳了。倘能全国人都想自由，一方面自己爱自由，一方面助人爱自由，那么国事决不至于如此。要培养爱自由、好平等、尚博爱的人，在教育上不可不注重发展个性和涵养同情心两点。

论到发展个性一层，现在学校中行分年级制度，不论个性如何，总使读满几年，方能毕业，很不适当。因此有人訾学校不如书塾书院。最显而易见的就是国文。我人虽可反驳訾者说学校中科目太多，且教法亦不同。但学校确有不及书院之点。我们知道以前书院院长，或擅长文学，从其学者，能文者辈出；或长经学与小学，从其学者，莫不感化。因为院长以此为毕生事业，院内尚自由研究，故能自由发展。现在学校内科目繁多，无研究余地。所以有人竭力提倡废止年级制，行选科制。又有人如胡适之先生，提倡纯粹自由学校，无一定校所，无上课形式，欲学某科，找得精于某科者为导师，由导师指定数种书籍，自由研究，质疑问难而已。我想这样办法，比现行年级制、划一制可以发展个性。

同情心就是看到别人感受的事情，和自己的一样，彼此休戚相关，互相谅解。所以现行考试制度，最与此点背驰。为争名次之高下、分数之多寡，使同情心日减，嫉妒心大增。同学之间，不肯相互研究。竟有得一参考书籍，秘不告人，以为惟我独知，可以夺得第一，可笑之至。这种考试制度，受科举余毒，有碍同情心，应得改良的。又如体育，本属很平常之事，应有健全之体格，方能从事各种事业，苟能了解此点，无不乐为的。乃竟盛行比赛运动，以为奖励体育，养成抑人我胜之观念，并且造成运动员阶级。这都是抑却同情心的。所以自去年到现在，学生运动，在一校内，往往发生冲突。如甲揭条示攻乙，乙揭条示讦丙。又如此地学生，责备彼地学生，不能援助，彼地学生亦然。其实向同一目的去运动，正宜互相了解，发生同情。攻讦责备，都是无谓。因此可见学校中涵养同情心一层，尚欠注意。

教育改造之点很多，我以为上述二层，发展个性，涵养同情心，要更加注意。

据《教育与社会》第1卷第1号(北京高等师范学校《教育与社会》社1920年4月15日出版)

教育独立议*

教育是帮助被教育的人，给他能发展自己的能力，完成他的人格，于人类文化上能尽一分子的责任；不是把被教育的人，造成一种特别器具，给抱有他种目的的人去应用的。所以，教育事业当完全交与教育家，保有独立的资格，毫不受各派政党或各派教会的影响。

教育是要个性与群性平均发达的。政党是要制造一种特别的群性，抹杀个性。例如，鼓励人民亲善某国，仇视某国；或用甲民族的文化，去同化乙民族。今日的政党，往往有此等政策，若参入教育，便是大害。教育是求远效的，政党的政策是求近功的。中国古书说："一年之计树谷，十年之计树木，百年之计树人。"可见教育的成效，不是一时能达到的。政党不能掌握政权，往往不出数年，便要更迭。若把教育权也交与政党，两党更迭的时候，教育方针也要跟着改变，教育就没有成效了。所以，教育事业不可不超然于各派政党以外。

教育是进步的：凡有学术，总是后胜于前，因为后人凭着前人的成绩，更加一番工夫，自然更进一步。教会是保守的：无论什么样尊重科学，一到《圣经》的成语，便绝对不许批评，便是加了一个限制。教育是公同的：英国的学生，可以读阿拉伯人所作的文学；印度的学生，可以用德国人所造的仪器，都没有什么界限。教会是差别的：基督教与回教不同；回教又与佛教不同。不但这样，基督教里面，天主教与耶稣教又不同。不但这样，耶稣教里面，又有长老会、浸礼会、美以美会……派别的不同。彼此谁真谁伪，永远没有定论。只好让成年的人自由选

* 1922年3月。

择，所以各国宪法中，都有“信仰自由”一条。若是把教育权交与教会，便恐不能绝对自由。所以，教育事业不可不超然于各派教会以外。

但是，什么样可以实行超然的教育呢？鄙人拟一个办法如下：

分全国为若干大学区，每区立一大学；凡中等以上各种专门学术，都可以设在大学里面，一区以内的中小学校教育，与学校以外的社会教育，如通信教授、演讲团、体育会、图书馆、博物院、音乐、演剧、影戏……与其他成年教育、盲哑教育等等，都由大学办理。

大学的事务，都由大学教授所组织的教育委员会主持。大学校长，也由委员会举出。

由各大学校长，组织高等教育会议，办理各大学区互相关系的事务。

教育部，专办理高等教育会议所议决事务之有关系于中央政府者，及其他全国教育统计与报告等事，不得干涉各大学区事务。教育总长必经高等教育会议承认，不受政党内阁更迭的影响。

大学中不必设神学科，但于哲学科中设宗教史、比较宗教学等。

各学校中，均不得有宣传教义的课程，不得举行祈祷式。

以传教为业的人，不必参与教育事业。

各区教育经费，都从本区中抽税充用。较为贫乏的区，经高等教育会议议决后，得由中央政府拨国家税补助。

注：分大学区与大学兼办中小学校的事，用法国制。

大学可包括各种专门学术，不必如法、德等国别设高等专门学校，用美国制。

大学兼任社会教育，用美国制。

大学校长，由教授公举，用德国制。

大学不设神学科，学校不得宣传教义与教士不得参与教育，均用法国制。瑞士亦已提议。

抽教育税，用美国制。

据《新教育》第4卷第3期（1922年3月出版）

中国教育的发展[*]

要研究中国教育的发展，首先，有必要对早期的历史作些回顾。早在远古时代，中国的圣哲贤君就非常关心教育问题。他们在治理国家、造福人群的过程中，由于碰到了种种困难，才逐步认识到要使国家达到大治，必须把注意力移向有利于国家前途的教育问题上。

教育问题是舜迫切关心的一个问题。据史家记载，他是有史以来第一个任命一位“司徒”、在最基本的人与人之间的关系方面进行教育的圣人。在教会人们耕作收获、教会他们种植五谷以后，舜命令契教导人们“父子有亲，君臣有义，夫妇有别，长幼有序，朋友有信”。这是孟子在舜死后两千年记录下来的。虽然这句话的根据无可稽考，但是这一史料仍具有重要的价值，因为它是古典文献中关于我国远古时代教育的最早论述。我们从《书经》中还可以获知另一个史实，它可以使我们进一步了解古代教育的发展。据《尧典》记载，舜说：“夔，命汝典乐教胄子，直而温，宽而栗，刚而无虐，简而无傲。”显而易见，他认为“乐”在调谐年轻人的感情方面是颇有益处的，它是一种陶冶性情的训练。这看来是一种必然的发展。其时间远在公元前二十三世纪。当时，教育的主要课题，一方面是强调道德义务，另一方面是培养人们种种善良正直的习性。这就是：为做一个良好的人而进行道德教育，为做一个有德性的人而进行社会教育。这两种思想互相融汇，目的在于建立一种和谐的社会关系。我国古代教育家为此而孜孜努力，实际上也实现了这一目标。

---

* 1924 年 4 月 10 日在伦敦的中国学会宣读的论文。

往后(公元前十二世纪),产生了更多的学科。一系列学说开始付诸实施,它包括为贵族阶级规定三德、三行、六艺、六经和尊卑次序;为平民规定六德、六行及六艺。我国古代教育家的教育方法,在某些方面同中国现代从西方各国引进的那些方法极为相似。具体地说,古时人们所谓的道德教育实际上就是现代学校课程中的伦理学,而六艺(即礼、乐、射、御、书、数)中的射、御,相当于我们现在的体育。与道德教育和体育有密切联系的是算术。这就形成了我们今天所称的抽象思维的训练和智力的训练。礼仪的教学于今被认为是一种介乎道德教育与智力训练范围之间的科目。以我们现代的观点来衡量,或从这种教育本身对人的身心和谐予以全力关注这一点来衡量,这个时期(从公元前二十三世纪到孟子的时代),可以认为是一个在教育上取得显著成就的时期。其中,更重大的发展,乃是陈旧的教育机构的衰亡,代之而兴起的,是更大规模的叫做"成均"的大型学院机构。我们对此应该给予充分的评价,它的意义在于创立了现代由国家资助的高等教育机构的雏形。

大约在公元前六世纪,我国一些相当于古希腊学院的私学,成为教育界突出的、有影响的组成部分。在这个时期的诸子百家中,开始出现两大显学,这两派的形成是具有重大意义的事情,他们对于各种问题各自作出不同的解释。一方面是孔子以四科,即德行、言语、政事、文学,教导中国;而另一方面则是墨子在策略方面教导中国,他传授一种具有逻辑性的、形象化的辩证的工作方法。虽然如此,墨子对于政治与道德教育的强调仍不亚于孔子。最奇怪的是,在墨子的学说中,还涉及光学和力学,而这些同现代科学竟息息相关。在墨子的著作中,确实提到过物理学与化学,可惜这个天才遭受的是孤军奋战的命运。如果墨子对于科学的伟大思想,不是由于缺乏他同时代的人的支持而停滞不前的话,那么,中国的面貌可能是迥然不同了。

上面所提到的障碍,无疑是由于被混杂着巫术的儒学占了优势地位。巫术者在与墨子学说的斗争中,代表了儒家的传统教义。他们认为万物有灵,对一切社会现象和自然现象,采取神秘的解释,把它们归结为阴、阳两种形式的变化，认为一切事物由五行（即水、木、金、火、土）组成。他们由于受到所掌握的材料的局限，因而在认识上受到严重的限制。而且，更不幸的是，神学化了的儒学，当时无论在官学或在私学中，都占了上风。

公元一世纪时，由于印度哲学开始传入我国，因而在教育方面出现了显著的、极为重要的哲学变化。印度哲学发现自身与老、庄学说相吻合，因此，出现了这三者合流的发展趋势。甚至儒家的学者们，也把他们的道德行为观念和政治观念退到次要的地位，从而兴起了玄学。在公元五世纪，建立了宣传玄学的机构。到公元八世纪，儒学又一次在教育界占支配地位，特别是“四科”再次成为教学原则的具体内容。于是，由印度哲学引起的、历时几百年的扩大知识领域的状况渐渐衰落。从那时起直到十九世纪，学校只采用儒家经典作为教科书，附加一些论述玄学的著作。整整四千年的中国教育，除了有过科学的萌芽以及玄学曾成功地站住过脚以外，可以说，在实际上丝毫没有受到任何外来的影响，它仅仅发生了由简单到复杂的变化。

以上主要是谈了一些古代中国教育的发展，仅限于东方思想范围。我们还必须把我国的教育发展同英国的教育发展作一比较。它们都有令人称道的合理地安排体育与智育的共同思想，都有使学习系统化的共同意向。在礼仪教育方面，我们发现两国的教育，对所谓“礼貌”，都同样采取鼓励的态度。在我国的射、御与英国的竞技精神之间，我们也能发现某些共同点。无论是中国的教育，还是英国的教育，目的都在于塑造人的个性及品质。在这方面，双方对于什么是教育的认识是非常接近的。性格与学业，就孔子的解释而言，应达到和谐一致，而这一点与英国教育所主张的并无差异。

儒家提出“君子”作为教育的理想，要求每一个受教育者都要达到这个目标。这与英国的“绅士”教育完全相同。我们阅读儒家经典，经常见到“君子”这个词。对于这个词，如同英语中“绅士”一词一样，我们发现同样难于领会这个词所体现的丰富而深刻的含义。为了对“君子”一词的含义有所了解，现在就让我们随意听听儒家的一些代表人物及孔子本人的言论。孔子的门徒之一、哲学家曾参曾对孟敬子说："君子所贵乎道者三：动容貌，斯远暴慢矣；正颜色，斯近信矣；出辞气，斯远鄙倍矣。"其他一些人认为君子应该"正其衣冠，尊其瞻视"。随后，他就能矜而不骄，严而不暴。这是中国关于君子仪态的言论，同样也是英国教育家强调宣传的观点。至于说到君子的性情气质，我们发现欣赏正直是一个基本的特点。君子"礼以行之，仁以出之，信以成之"，因此，"君子尊贤而容众，嘉善而矜不能"。至于君子本身，我们发现有这些特点："知者不惑，仁者不忧，勇者不惧。"怎样才能成为君子呢？"文质彬彬，然后君子"。至于说到道德力量，中国教育家鼓励那些人，"可以托六尺之孤，可以寄百里之命，临大节而不可夺也"，成为君子。"君子和而不同"，"人之生也直"，这是君子的力量与信心。上述这些是实现君子行为的正面例子。反之，对于"乡愿"或"贵胄"则予以强烈的警告与斥责，就如西方国家对伪君子的尖锐抨击一样。这种培养君子的教育，无疑同英国教育相同，在中国教育的发展史上具有同等重要的意义。

以上是英国与中国教育观念的相同之处。下面我们再看看它们的不同点，我们发现有两点不同之处。产生不同点的最显著原因在于下面的事实：一个英国人，当他还在襁褓之中以及在他后来的成长过程中，就受到某种宗教观念的哺育，逐步形成了他的信仰，而这种信仰是他日后生活的指南。而在中国，除了在极其例外的情况下，父母一般不干涉他们子女接受某种宗教，因此他们的子女有权维护自己的信仰自由。但是社会舆论还是表达了对宗教的赞助。第二，我们看到了英国科学教学设备的优异，也看到了我国这方面的短缺。前一点在现时关系不大。关于后一点，我们应当表示这种愿望：我们的教育应该前进，应该使科学教育得到更大的发展。在英国，不仅大学的实验室有很好的设备，而且在科研团体中也都有良好的设备。英国有四个直属于教育部的国立博物馆，这些博物馆收藏有各种珍品及独特的标本。因而，在英国有这样一种科学气氛，虽则科学家们必须担负开拓科学领域的重任，但他们的工作受到公众的赞赏与分担，因为公众已认识到科学的重要性及其深远的意义。哲学家、思想家及作家们也同样承认他们对科学应尽的职责，因而不必去冒险凭空建立他们的学说。而中国在这方面却没有什么可与相比。在你们南肯辛顿的科学博物馆及自然历史博物馆中，既有理想设计的蓝图，也有具体成就的实例。人们可以看到这一切一直在对教育施加着很大的影响。但是，在中国，我们的教育至少两千年来没有面向更高的科学教育，而是用完美的品质去塑造人，赋予它一种文学素养而已。

尽管从公元十三世纪以来，我们在与西方接触的过程中，学到了一些自然科学知识（不包括它的消极因素），但是，在好几个世纪以后，才随着基督教的传入而带来了雅里士多德的逻辑知识、欧氏几何学以及其他应用科学知识。直到近半个世纪，中国才从事教育改革，而且还只限于自然科学的教育改革。中国现在认识到，只有新兴的一代能受到新型的教育，古老的文明才能获得新生。中国教育改革的第一步要达到的，是建立大学与专科学校，这一点已经实现了。一八六五年在上海建立了以科学技术为基础的江南制造局，这个局发展到今天，已占地广阔，规模宏大。接着是一八六七年仿照欧洲学院的形式建立了最早的机械学校。此后，在我们发展教育的早期努力中，技术科学的学校和学院，始终处于领先地位，其他性质的学校也随之纷纷建立。一八六七年建立了马尾船政学堂；一八七六年建立了电报学堂；一八八〇年建立了水师学堂；北洋大学（一八八九年）、南洋公学（一八九七年），以及京师大学堂（一八九六年）等学校也相继建立。另一方面，我们派遣一批青年学生到英国、法国及德国留学，学习造船、工程及其他学科。作为西学东渐的传播者，他们的学习是卓有成效的。但是只有为数有限的、并经过遴选的学生，才能享受出国留学的权利，即使对他们来说，我们还是没有能够提供足够的学校，使他们在出国前作好充分的准备。上述这些学校，尽管它们本身很有价值，但还是无法解决这个问题。我们的困难就在于目前学校不足。比派遣留学生和建立学校更为重要的是，必须纠正某些不足之处。由于学校设施的缺乏，许多学生便进入教会学校。在那里，他们可以学到一门外语，并能学到应用科学和理论科学的基本知识。为此,我们对这些学校深致敬佩。然而,政府在打算以其他同等的或更高水平的学校来取代教会学校方面,并不甘心落后。教育工作者们在一些会议上,建议向国立学校提供设备,政府在采纳这些建议的基础上,于一九〇二年颁布了一项规章,自那时以来,教会学校的学生数额便逐渐下降。到一九一〇年,据统计,在十四所英、美教会学校中的学生只有一千多名,而仅在国立北京大学一所学校中,就有学生二千三百多名。当然,这主要由于新创建的中国国立学校向他们敞开了大门,但教会学校本身也存在着某些明显的缺点,例如,轻视中国的历史、文学和其他一些学科等等。众所周知,每当建立一所教会学校,就要宣传某种宗教教义,它造成了新的影响,产生了新的作用,从而与中国的教育传统相抵触。关于这方面,要说的话是很多的。总之,现在有迹象表明,沿着我们自己的教育发展方向的某种趋势正在逐步加强。

以上我概括地叙述了中国在自然科学研究方面的兴趣的发展,以及对理论科学教育和应用科学教育加以扩展的迫切需要,这是颇有意义的。近二三十年来,在我们全国的科学研究中,萌发了一种新的精神。现在,几乎每一所学校都拥有一些同欧洲从事科研工作的学校所拥有的相同的仪器设备,并且还拥有实验室,在每一所实验室,我们都可以看见师生们一起研究科学,诸如物理、化学、生物等等。特别是我们的大学,它们为科学教育的发展,为科学应用的发展尽了最大的力量,贡献出了最大的能力,并且在此过程中,表示出希望中国在不久的将来,通过科学的发现与工业的发展,对当代世界文化作出新的贡献。但是它们的努力迄今尚未成功。虽然我们无疑地认识到科学探索的价值,认识到它对中国的物质、文化进步来说,是最重要的因素之一,可是,科学精神对我们的影响究竟有多深,科学精神在现实中究竟有多少体现,这还是有问题的。坦率地说,这纯粹是由于我们没有对从事科研的人在设备的维修、应用和经费方面提供种种方便;是由于那些在国外受到科学技术教育的人回国后,很少有机会来继续他们的研究。因此,我国教育家计划仿照南肯辛顿的科学博物馆和自然历史博物馆的方式，创办一所大规模的研究院。该院将由两个部门组成：一个部门收藏科学仪器、设备、各种图表、模型和机械，用以展示物理、化学及其他自然科学的不同的发展阶段和阐述工艺的发展演变过程。另一部门将展出动物及所有其他自然历史的标本，说明它们之间的原始关系，展出微生物及各类动植物标本，逐渐导致到人类学。创办这样一所研究院所必需的经费，据估计为一千万英镑，地点设在南京或北京。但是，目前我们的教育工作者所面临的是，全国普遍感到财政资金短缺，在这种情况下，要中国实现这个计划，看来是有困难的。然而，我们深信其他大国将会采取同中国在科学事业上合作的方式，在某种程度上给予帮助。英国方面，将要退还庚子赔款，我们认为这是一种慷慨、善意的举动。早在一九二二年，英国政府就在口头上通知中国政府。自从那时以来，各国政府也对此日益关心。现在看来，为了纪念中英之间的友谊，应当把退还的庚子赔款用于一种永恒的形式，这是中国教育家经过深思熟虑的意见。它应该被用于创办这所大型的研究院。我们现在完全可以预期，这个研究院将不仅担负进行高等教育、鼓励科学发展的任务，而且还将成为资料与研究的中心。这是全体中国人民，特别是教育工作者们，在退还庚款问题上的普遍愿望。

在中国的教育发展中，可能还存在着其他的倾向，但是，最重要、最切望的乃是需要建立一所新的科学研究中心，这是需要特别加以强调的。上面概括的，只是我国教育改革的总的发展情况，而不是它的详细情况，尽管每个细节可能是令人感兴趣的，但这里不再详述了。

据蔡元培《中国教育的发展》(The Development of Chinese Education)，伦敦东西有限公司(East and West，Ltd)1924年印本译出(赵念渝译、赵传家校)

中国教育的历史与现状*

今天下午，我荣幸地承大会邀请，要我就我和我的同事所代表的国家的教育问题作一次演讲。我国是这个世界联合会的创始和热情支持的国家之一。这是一次来自全球各地教育界著名代表的会议，会议将讨论大家共同关心的问题。在前几次会议中，经过紧张频繁的小组讨论之后，我并没有想到各位要向我了解些什么。虽然我是东方教育界负较高责任的人，但我以为各位最好还是听取专家们讲一些大家共同关心的问题。我今天要讲的，说不上是什么专门演讲，而只不过是以报告的形式向各位谈谈我对中国教育的过去与现状的一点看法而已。

早期的个别教学制

直到不久以前，中国只重视一种个别教学形式，即与现代教育家们称之为单一个别教学相类似的一种教学形式。其不同之处，只在于这些学校在京城由国家主办，在其他地区则由各省和乡村主办而已。

进行这种个别教学的高等学校，早在两千年前就出现了，当时称之为“太学”。以后在此基础上又演变为“国子监”的一种教育体制。在“国子监”讲授的是伦理、政治和文学。在这种学院中，如同其他学校一样，班级由教师管理，而学生则接受单独的授课。这种教育形式，看来正是孔子、墨子时代那种单纯由私人讲学的形式的必然发展。孔墨时代的这种与古希腊学院相当的私人讲学形式，在当时教育界中是

* 1925 年 7 月 25 日在世界教育会联合会第二次大会上的演说词。

颇为突出的、有影响的组成部分。即使在最近的二百年中，这类学校仍可以说是具有一种深远的教育意义。我们在源于早期学院而来的王阳明书院(大学)中，在源于古代教育发展而来的清朝的颜元(习斋)书院中，可以发现其显著的影响。尽管这些制度已经过时，但是我认为它们的历史对当前许多尚未解决的问题仍有所启示。

古代教育的优点

这些古代教育制度的优点，可以简单概括如下：

(一)注重道德伦理的教育和个人修养。

(二)提倡在任何环境与条件下，可以由个人自由钻研学问。

(三)可以因材施教，教学不致因班级中有落后学生而受到影响。

缺点方面

除有上述优点外，还存在着一些缺点，以下几点特别需要提一提：

(一)我国古代学校的课程，过分重视人文学科，特别是文学、考据学等。我国早期的教育制度实际上只重视个人修养的尽善尽美，重视培养个人的文学才能，而不注重于科学方面的教育。

(二)我国古代的教育目标，主要是使少数人毕生攻读，使他们能顺利通过朝廷举办的各种考试，而考试则是读书人入仕的惟一途径。至于就平民文化而言，它并没有普及教育的明确目标。

最近的变化

清朝末年，即距今约二十五年间，东方发生了迅速的变化，教育为维持其社会生存也不得不作出相应的改革。当时我们面临的问题是：依照欧洲的方法创办学校，从最基本的幼儿园到大学。

先谈国立学校。我国的国立学校起初都是书院式的，后来逐步转变，先采用日本的教育体制，继而采用德国和法国的，现在则采用英美制。国立学校经过适当的整顿以后，已成为知识界中一种既保持了传统的教育方法而又具有生命力与吸引力的力量。各种学校都开有各种课程，并颁布了以鼓励学生学习为目的的新的升留级和毕业考试制度。

一九二一年，在我负责教育部期间，经过多次教育会议，推行了义务教育。与儿童入学人数增长的同时，我们还设法使那些超龄学生以及从未上过学的人获得学习机会，尽管起初的速度是缓慢的。在各种学校推行的总方针，不单单是培养人们的实践能力，而且还培养人们对知识、技能进行高深研究的能力。这样，人们便有一种希望，而且会不断进步。

革新急需的教育

自本联合会在美国旧金山开会以来，我国进行了一系列的教育改革。

我国已清楚地意识到只有按新的教育制度对年轻的一代进行教育，我国古代文明的发扬光大才可能成为现实。

下面我要谈一下近两年来我国在这方面的活动和取得的进展，这是值得各位注意的。

科学教育的发展

（一）首先，我想指出的是重视科学教育。这是近年中国教育的一个显著特点。一九二二年，美国的孟禄博士来华访问，他的考察结果和我们许多人对我国科学教育中存在缺点的看法是一致的。

经孟禄博士的推荐，应中华教育改进社的邀请，美国辛辛那提大学的推士博士来到中国，协助改进我国数学、物理、化学等科的教学方法。第一期培训理科教师的暑期进修班于一九二四年在北京清华大学（当时清华还不是大学，应称清华学校——编者注）开办，目前在南京东南大学举办的是第二期。在西方理工科教学中发挥了巨大作用的各种科学仪器、设备与模型，现在也已由上海商务印书馆进行了大量的改进并使之标准化。

教会学校的发展

（二）我要讲的第二点，是对我们有影响的教会教育。据最近统计，在浸礼会所办学校中入学的学生总数，目前已接近三十万。受到天主教教会学校培养的学生人数，约有二十万五千。现在有迹象表明，在这类学校中的学生人数有明显增长的趋势。

可是我们看到，一有教会学校开办，就要宣扬某种宗教教义，就产生新的效果，造成新的影响，从而与我国传统教育相抵触。中国的教会忽视了中国的历史、文学及其他重要的学科，正自行建立另一套与中国国家教育制度相并行的教育制度。不过总有一天会证明，这种教育制度是为中国的国家教育制度所不能相容的。

宗教教育的危害性

此外，虽无明文规定，但中国的教育家们几乎一致反对对青少年进行宗教教育。孩子们天性十分单纯，很容易受到成年人的影响和塑造。同时我们的孩子们的生活环境和传统习惯是非宗教性的，如果我们尊重他们的权利，我们就应该采用这样一种方法来教育他们，即给他们以养成独立思考能力所必需的知识与智力。

民众教育运动

（三）我要讲的第三点，是我国的民众教育运动。一九二三年，中华教育改进社的年会在清华大学（当时为清华学校——编者注）召开，会议计划成立一个开展扫盲运动的全国性组织。运动立即得到了全国各地的支持与合作。这个运动的宗旨之一，就是要在其教与学中采用白话。如今不仅主要的杂志、报纸和小说，而且连主要的艺术、哲学和社会科学的著作都是用白话文出版的。

两百万学生

因而仅两年间，在普及班上课的学生人数已达二百万。不需很久，我们就能在中国看到一个一方面是实行义务教育，另一方面是对文盲课以税款的完善的教育制度。但是，运动的倡导者们也并不因此存在这样的幻想——企图在我们这一代人中就消灭整整两亿文盲。

图书馆在发展

（四）现在让我们来看看中国图书馆事业发展的情况。在我国周朝时就有图书馆了，不过学校里的图书馆只是近来才有的。到今年，拥有较好的现代化设备的大学图书馆已达十二个。在我国代表前来欧洲参加这次大会时，我国正在成立一个全国性的图书馆协会。这个协会的宗旨是为了建立更多的图书馆，为了探求管理图书馆的更好方法并吸引更多的一般读者和高级读者来利用图书馆。我国的图书馆正不失时机地积极工作，以期获得更大的成就。还有一些图书馆正争取获得美国的援助，希望能从对美庚子赔款中得到拨款，来建立更多的公共图书馆。

学生问题

现在请大家允许我谈一下中国的学潮问题，不过我并不是想在这里引起争论。中国的学潮是与中华民族争取自由的运动紧密相连的，而自由问题则是当前的一个具有广泛性迫切性的世界问题。

我们都在这里讨论如何通过学校教育促进国际和平，可是在会外有谁响应我们呢？根据中国的现状，我认为我们应该开始制订计划以促进国际友好，在国与国之间加强相互了解和谋求公平的待遇。

深刻的变化在发展

在中国，至少也有四至五亿人民，由于受现代教育的影响，由于受到正义、人道主义崇高信念的鼓舞，在他们中间不断激起思想变革。女士们，先生们！虽然在二十世纪中还不能看到这个运动的全部结果，但它的发展，必将深刻地改变欧洲和美洲一般对中国所持有的政治见解。

谈到学生，我的声明也曾谈到现代教育的确把我们的学生从权威的束缚下解放出来。由于这个新运动对中国青年一代产生的影响，现在他们对一切政治问题的看法已变得复杂多样了。

中国古代就有学生运动

虽然目前的学生运动有其当前的时代特征，（如同来自巴黎、哈瓦那和别的地方的报告所表明的那样。）但中国远在汉朝、明朝就有学生运动了。从教育家的观点来看，如果学生以一个公民的身份，抱着真诚的信念与对爱国主义的正确理解进行活动的话，就不能说他们全都是错误的。

培养了理想

除了这些以外，由于这个生气勃勃的运动把为社会服务的理想、兴趣和希望灌输到青年们的心中，从而培养了他们的组织和管理才能，锻炼出领导能力并树立了集体观念，这场运动使学生获得了无可估计的效果。

灵活公正地管理学生

但是，运动的发展，也同样有可能使学生本身及他们已获得的进步受到损害，这是一个既复杂又冒险的问题。为此我们的教育工作者应满腔热忱地去关心、爱护学生。公正地对待每个学生的同时，努力探索一些灵活的管理方法，旨在使他们能冷静地思考问题，从而获得更大的进步。

我深信各位在座的教育家，一定会以一种不偏不倚的态度来认识到促进世界和平事业的生命力与价值，并以一种宽宏与公正的精神，为这项国际性事业找到更好的措施。的确，通过学校教育工作来促进世界和平，是教育的一个十分重要的问题，再没有任何问题会有这样艰巨、这样重要了。

据蔡元培《中国教育的历史与现状》

中国新教育之趋势*

今天是总理诞辰，我们都来开会纪念他，那么，对于他的主义一定是十分信仰，对于他的计划一定是要力行的。但是总理的计划很大，如军事、教育、政治、经济等皆是，我们不能够完全担任，只能分工做去，以谋完成他的计划。我们分任教育，所以只能讲教育。前天贵校教务长说，同学们要我来讲中国新教育的趋势，现在请先说大学区的组织，然后再说新教育的意义。

大学区是地方教育行政上的一种制度。在七八年前，我曾发表过意见说：最好是以大学来管理全省的学务，但是，未曾实现。迨国民革命军达到浙江之后，蒋君梦麟就要把浙江先行试验一下，因为现在是二十世纪，无一桩事体不与从前相差很远的，我们应该顺应时代的潮流，不能牢守旧制，不谋改革。而且一省的教育范围很大，大学、中学、小学都包括其中，断非一个教育厅所能办得好的，我们拿工业上制造品来说，是以美为要件的，譬如一只花瓶，一定要经过科学方法的发明，富有美术的意味，买花瓶的人，必定选一个合意的，就是以它为美丽。何以要有所选择呢？就是因为好的被选择，不好的被淘汰，美术才有发展进步的机会呵！教育是培养人才的，是不可以不注意科学与艺术的。办学校的教职员，有的是师范生，有的不是师范生，他们好不好，教育厅是应当去考察的，假如仍由从前官僚化的教育厅来管理地方教育行政，那是永无改进的希望的。因为教育厅厅长及科长、科员等，他们的学识，固然未必全在学校教职员之上，而且他们离开学校很

* 1927年11月12日在暨南大学演说词。

久，不甚明白社会的潮流，所以他们尽敷衍表面，而无实际的心得。现在大学区的办法，是由大学校长兼管本区的中小学及其他特殊教育，教育行政都归大学教授组织，并且有研究院担任种种计划。这种制度，法国久已实行了，法国分全国为十七个大学区。我本想分全国为十个大学区，恐怕难于成功，所以规划在江苏、浙江两省试办，不过粗具规模罢了。现在的教育行政部，是一部分教授和专门研究过教育的学者来组织的，我想比从前的教育厅总许要好些，办得长久，定会发达的，至于中央的大学院，除掉一小部分属于行政事情以外，其余皆是研究的机关，如美术院、音乐院、中央研究院等皆是。

现在我再来讲新教育之意义，可分三点：

(一)养成科学的头脑 从前有许多不是科学的，如心理学从前是附属于哲学，现在应用物理的方法、生理的方法来研究它，便成为科学了。又如经济、政治也是应用科学方法来研究的。还有许多用统计的方法的，均不离科学，而且与科学相连贯。现在有许多人最易受刺激，听人怎样说，便怎样信，这实在是因为他们没有科学头脑，不能求其因果，凡事要考求其所以然，要穷究其因果关系，那么他的头脑才算经过一番科学的训练。譬如开车，我要由上海到真如，定要再等一个钟点，并且要亲至站里头看看开行的时刻表，不是人家怎么说，我便怎样信的。因为科学家所发明的，都有因果、有系统的，物质同办事的两方面，固然是要如此，对于精神的，——教育——也是要养成科学的头脑的。希望科学家全体起来，研究怎样可以叫人养成科学的头脑，不妨多办几所研究院。

(二)养成劳动的能力 劳动是人生一桩最要紧的事体。在总理的三民主义中的民生问题，简单说起来，就是人人要能生产，人人能生活。犹如古人所说“一夫不耕，天下受其饥；一妇不织，天下受其寒”的意思。若要人人能生产，那是非打破“劳力”和“劳心”的成见不可，因为有这种的分别，易使一般劳心的永远劳心，劳力者永远劳力，渐渐形成两种阶级。这两种阶级的发生，实由于教育的不平等。所以要想救此弊端，非普及教育不可，使劳动者得有智识，劳心者也去劳力，这实在是一件要紧的事。李石曾先生说过:各个人至少要当三年兵,一年作工,使得劳心者可以养成劳动的习惯,真是一件最好的事!现在大学院创办劳动大学,分为劳工学院、劳农学院,收中学、小学的毕业生,入劳动大学读书,养成他们作工的习惯;又有工人学校,使劳工得些智识,如这样的学校,以后还望逐渐的添办起来。

(三)提倡艺术的兴趣 我们无论做什么事,因为艺术的关系,能够增进我们的精神,便增加了一种兴趣,这就叫做艺术的兴趣。譬如一个文学家,他终身埋在文学里面,旁人看他所工作的,似乎很苦恼,然而他终是不停的工作,这便是得到一种艺术的兴趣,甚至于全忘他的生死。诸君从南洋回到本国来,言语不通,真是非常痛苦的一件事,很可借艺术来调剂,最好多开些音乐会、展览会;在国家方面,多开设几所美术馆、音乐院来提倡艺术的兴趣。不过现在中国,还没有完全的音乐院。这是只有希望做教员的能够学术化,担任的钟点不要多,留着余暇来自修;同学们要认真求学,不可计算几时毕业,只想多收几份讲义便算了事。

从前国内政治不好,教员都不能安心做事,学生不能一心求学。现在军阀的势力已经去掉,到了训政时期,大家可以抱定宗旨,将精神收敛在学校以内,来做国家建设的人才。在此时期,对于科学、劳动、艺术三方面,均须努力。外面虽来了刺激,不像从前那样兴奋。此是我希望诸位同学的。

据王维驷编《近代名人言论集》

学校是为研究学术而设*

今天是艺术院补行开学式。大学院为什么在这个时候、这个地方设立艺术院？平常，西湖有很多的人来，远些来的人，可分两种：一是为游览，一是为烧香。游览的人，是因为西湖风景很美丽，天气很温和，所以相率来游，以满足其私人的爱美欲望。一种是烧香的人，烧香的人为什么一定要来西湖拜佛呢？西湖的寺庙最多，所以他们都来了。但是为什么这些寺庙都建筑在风景美好的湖山之中呢？宗教是靠人心信仰而存在的，但是宗教是空空渺渺的，不能使人都信，永久维持着它的势力，故必须借着优美的山林，才能无形之中引诱一般人来信它的，一般人之所以拜佛，而又必定相率来西湖的，虽其信心觉得是为佛而来，实际上他们的潜在主因，仍旧是为西湖的风景好才来的，也就是因为借此能满足他们的爱美欲望才来的。自然美不能完全满足人的爱美欲望，所以必定要于自然美外有人造美。艺术是创造美的、实现美的，西湖既有自然美，必定要再加上人造美，所以大学院在此地设立艺术院。宗教是靠着自然美，而维持着它们的势力存在。现在要以纯粹的美来唤醒人的心，就是以艺术来代宗教。因为西湖的寺庙最多，来烧香的人也最多，所以大学院在西湖设立艺术院，创造美，使以后的人都移其迷信的心为爱美的心，借以真正的完成人们的生活。

现在最重要的是北伐，有人以为在这紧张的时候，不必马上设立艺术院。但事实上，大家的革命主要目的，不纯在消极的打倒军阀，抵御外人的侵略，而在三民主义的积极建设起来。三民主义，无非为民

* 1928 年 4 月在西湖国立艺术院开学式演说词，刘开渠记录。

生而设，总理四十年的革命，可说最后的目的是在民生问题。但文化与物质生活之改造同时重要。原始的人类，于艰难苦斗的生活中，仍有纹身、雕刻、装饰器物的精神生活之需要，可见文化与物质生活同时发生，同样重要。生活问题既有物质与精神的两种，那么我们为民生问题而有的国民革命，必须于打倒阻碍民生进行的北伐工作之外，同时兼到精神上的建设，将来方能有完满的成功。再就目前事实上说，我们的北伐军也必须有美的、纯然无私的、勇敢的艺术精神，然后才能真的胜利。如法国人的在欧洲大战，因他们以前有艺术的陶养，故有那样从容不迫的精神。

大学院看艺术与科学一样重要。艺术能养成人有一种美的精神，纯洁的人格。艺术美，照日本人译来的西洋语有两种：一是优美，一是壮美。优美能使人和蔼、安静，对于一切能持静，遇事不乱，应付裕如。壮美使人有如受压迫，如瞻望高山，观览广洋狂涛，使人感到压迫，因而有反抗，勇往直前，一种大无畏的精神，奋发的情感。法国在优美之中养育，故不怕一切，虽强兵临于巴黎近郊，而仍能从容不迫，应付敌人。德人则壮美，他们做事，一往直前，气盖一世。我们北伐军必须有这两种精神，才能一切胜利。现在北伐军中有艺术科，也就是想以艺术精神来陶养军人，使他们有美的、纯然无私的勇敢精神，使北伐胜利。

人类有两种欲望：一是占有欲，一是创造欲。占有欲属于物质生活，为科学之事。创造欲为纯然无私的，归之于艺术。人人充满占有欲，社会必战争不已，紊乱不堪，故必有创作欲，艺术以为调剂，才能和平。艺术纯以创作为主，无现实上的一切因占有欲而起的束缚，艺术家不要名誉、财产，不迎合社会，因此中外的艺术家，每每一生很苦。中国古话说：文人贫而后工。并不是贫而后工，是去掉了一切个人的、现实的私欲，而能纯以创造为主才工。大学院设立艺术院，纯粹为提倡此种无私的、美的创造精神。所以艺术院不在学生多少，而在能创造。能创作，就是一个学生也可以。不能创作，一百、一千个学生也没有用。艺术院的林先生及教职员，他们都是有创作能力的人，希望他们自己去创作，不要顾到别的。

大家要认明白，艺术院不但是教学生，仍是为教职员创作而设的。学生愿意跟他们创作的就可以进来，不然不必来这里。这次的风潮，不是真的学生，是有别的政治作用，已经为浙江省政府除去。你们可以安心上课，教职员努力创作。不愿跟着教职员创作的学生，想作别的政治活动的学生，可以离开这里，到别处去，到社会上去做政客，不要妨碍他们创作。总之，艺术院是纯为艺术的，有天才能创作的学生，一万不为多，一个不为少。

来宾、新闻记者也请注意：学校为纯粹的学术机关，神圣之地，一个学生没有也不要紧；教职员能创作，一样可以办下去。不要以为学生少了，就不成学校，这一点大家不要误会了。艺术院的教职员诸先生，要大家一致的努力创作，不要看见发生了一点小事，就怕起来。嗣后再有什么不正当的活动，有浙江省政府来防御、制止。学生要安心上课，教职员诸先生一致创作，供之于社会，这是大学院所最希望的。

据《中央日报》(1928 年 4 月 16 日出版)

大学教育*

大学教育者，学生于中学毕业以后，所受更进一级之教育也。其科目为文、理、神学、法、医、药、农、工、商、师范、音乐、美术、陆海军等。前五者自神学以外，为各国大学所公有。惟旧制合文、理为一科，而名为哲学，现今德语诸国，尚仍用之。农、工、商以下各科，多独立而为专门学校，如法国之国立美术专门学校（Ecole Nationale et Speciale des Beaux Arts）之类；抑或谓之高等学校，如德国之理工高等学校（Techniche Hochschnle）之类；或仅称学校，如法国百工学校（Ecole Polytechnique）之类；或单称学院，如法国巴士特学院（L'institut Pasteur）之类。用大学教育之广义，则可以包括之。我国旧仿日本制，于大学以下，有一种专门学校，如农业专门学校、医学专门学校之类。虽程度较低，年限较短，然既为中等学校以上之教育，不妨列诸大学教育之内。惟旧式之高等学校，后改为大学预科，而新制编入高级中学者，则当属于中学之范围，而于大学无关焉。

吾国历史上本有一种大学，通称太学，最早谓之上庠，谓之辟雍，最后谓之国子监。其用意与今之大学相类，有学生，有教官，有学科，有积分之法，有入学资格，有学位，其组织亦颇似今之大学。然最近时期，所谓国子监者，早已有名无实。故吾国今日之大学，乃直取欧洲大学之制而模仿之，并不自古之太学演化而成也。

欧洲大学，在拉丁原名，本为教者与学者之总会（Universitat Magrotrorum et Scholarium），其后演而为知识之总汇（Universitat Lit-

* 1930年。

terarum)，而此后各国大学即取其总义为名。欧洲最早之大学，为十二、十三世纪间在意大利、法兰西、西班牙诸国所设者；十四世纪以后，盛行于德语诸国，即专设神学、法学、医学、哲学四科者是也。其初注重应用，几以哲学为前三科之预科。及科学与文哲之学各别发展，具有独立资格，遂演化而为文、理两科。然德语诸国，为哲学一科如故也。拿破仑时代，曾以神学、法学、医学为养成教士、法吏、医生之所，因指文理科为养成中学以上教员之所。各国虽不必皆有此种明文，而事实上自然有此趋势。所以各国皆于中学校以外，设师范学校，以养成小学教员；而于大学外，特设高等师范学校，以养成中学教员者，不多见也。法国于革命时，曾解散大学为各种专门学校；但其后又集合之而组为大学，均不设神学科，而可设药科；惟新自德国争回史太师埠之大学，有大主教与耶稣教之神学科各一，为例外耳。法国分全国为十七大学区，大学总长兼该区教育厅长，不特为大学内部之行政长，而一区以内中、小学校及其他一切教育行政，皆受其统辖焉。其保留中古时代教者与学者总会之旧制者，为英国之牛津、剑桥两大学。牛津由二十精舍(College)组成，剑桥由十七精舍组成。每一精舍，均为教员与学生共同生活之所。每一教员为若干学生之导师，示以为学之次第，而监督之。学生于求学以外，尤须努力于交际与运动，以为养成绅士资格之训练。

大学教员有教授、额外教授与讲师等，以一定时间，在教室讲授学理。其为实地练习者，有研究所、实验室、病院等。研究所(Seminal或作Tuotitut)大抵为文、法等科而设，备有图书及其他必要之参考品。本为高等学生练习课程之机关，故常有一种课程，由教员指定条目，举出参考书，令学生同时研究，而分期报告，以资讨论。抑或指定名著，分段研讨，与讲义相辅而行。而教员与毕业生之有志研究学术者，亦即在研究所用功。如古物学、历史学、美术史等研究所，间亦附有陈列所，与地质学、生物学等陈列所相等；不但供本校师生之考察，且亦定期公开，以便校外人参观。至于较大之建设，如植物院、动物院、天文台、美术、历史、自然史、民族学等博物院，则恒由国立或市立，而大学师生有特别利用之权。实验室大抵为理科及农、工、医等科而设；然文科之心理学、教育学、美学、言语学等，亦渐渐有实验室之需要。病院为医科而设，一方面为病人施治疗，一方面即为学生实习之所也。此外，则图书馆亦为大学最要之设备。

欧洲各国大学，自牛津、剑桥而外，其中心点皆在智育。对于学生平日之行动，学校不复干涉，亦不为学生设寄宿舍。大学生自经严格的中学教育以后，多能自治，学校不妨放任也。惟中古时代学生组合之遗风，演存于德语诸国者，尚有一种学生会。每一学生会，各有其特别之服装与徽章，遇学校典礼，如开学式、纪念会等，各会之学生，盛装驱车，招摇过市，而集于大学之礼堂，参与仪式焉。平日低年级学生有服役于高级生之义务，时时高会豪饮，又相与练习击剑之术。有时甲会与乙会有睚眦之怨，则相约而斗剑，非剺面流血不止。此等私斗之举，为警章所禁；而政府以其有尚武爱国之寓意，则故放任之，与牛津、剑桥之注重运动者同意也。然大学人数较多者，一部分学生，或以家贫，不能供入会费用；或以思想自由，不愿做无意识举动，则不入中古式之学生会，而有自由学生之号。所组织者，率为研究学术与服务社会之团体。大学生注重体育，为各国通例；美国大学，且有一部分学生，特受军事教育者。不特卫生道德，受其影响；而且为他日捍卫国家之准备。吾国各大学，近年于各种体育设备以外，又有学生军之组织，亦此意也。

大学有给予学位之权。德语诸国，仅有博士一级(Doktor)。学生非研究有得，提出论文，经本科教员认可，而又经过主课一种、副课两种之口试，完全通过者，不能得博士学位，即不能毕业。英语诸国，则有三级：第一学士(Bachelor of Arts)；第二硕士(Master of Arts)；第三博士。法国亦于博士以前有学士(La Licence)一级。大学又得以博士名义赠与世界著名学者，或国际上有特别关系之人物。

大学初设，惟有男生。其后虽间收女生，而入学之资格，学位之授予，均有严格制限。偶有特设女子大学者，程度亦较低。近年男女平权之理论，逐渐推行，女子求入大学者，人数渐多；于是男女同入大学及同得学位之待遇，遂通行于各国。

大学行政自由之程度，各国不同。法国教育权，集中于政府；大学皆国立，校长由政府任命之。英、美各国，大学多私立，经济权操于董事会，校长由董事会延聘之。德国各大学，或国立、或市立，而其行政权集中于大学之评议会。评议会由校长、大学法官、各科学长与一部分教授组成之。校长及学长，由评议会选举，一年一任。凡愿任大学教员者，于毕业大学而得博士学位后，继续研究；提出论文，经专门教授认可后，复在教授会受各有关系学科诸教授之质问，皆通过；又为公开讲演一次，始得为讲师。其后以著作与名誉之增进，值一时机，进而为额外教授，又递进而为教授，纯属大学内部之条件也。

大学以思想自由为原则。在中古时代，大学教科受教会干涉，教员不得以违禁书籍授学生。近代思想自由之公例，既被公认，能完全实现之者，厥惟大学。大学教员所发表之思想，不但不受任何宗教或政党之拘束，亦不受任何著名学者之牵掣。苟其确有所见，而言之成理，则虽在一校中，两相反对之学说，不妨同时并行，而一任学生之比较而选择，此大学之所以为大也。大学自然为教授、学生而设，然演进既深，已成为教员与学生共同研究之机关。所以一种讲义，听者或数百人以至千余人；而别有一种讲义，听者或仅数人；在学术上之价值，初不以是为轩轾也。如讲座及研究所之设备，既已成立，则虽无一学生，而教员自行研究，以其所得，贡献于世界，不必以学生之有无为作辍也。

受大学教育者，亦不必以大学生为限。各国大学均有收旁听生之例，不问预备程度，听其选择自由。又有一种公开讲演，或许校外人与学生同听，或专为校外人而设，务与普通服务之时间不相冲突。此所以谋大学教育之普及也。

据《教育大辞书》(上册)(商务印书馆1930年出版)

中国现代大学观念及教育趋向*

在古代中国，文明之根一直没有停止过它的生长，尽管关于这方面的历史记载极少。进行高等教育的机构早在两千年前就出现了，那时称之为“太学”。随后，又从这一初步形式，逐步演变为一种称之为“国子监”的教育制度。它包括伦理教育、政治与文学教育。现在看来，这是必然的发展，并且随着这一发展而增设了包括写与算等更多的学科。但增设的这些科目，在钦定的学校课程中，是无足轻重的。数百年来，教育的目的只有一项，即对人们进行实践能力的训练，使他们能承担政府所急需的工作。总之，古代中国只有一种教育形式，因此，其质与量不能估计过高。

晚清时期，东方出现了急剧的变化。为了维护其社会生存，不得不对教育进行变革。当时摆在我们面前的问题，是要仿效欧洲的形式，建立自己的大学。当这些大学建立了起来并有了良好的管理以后，就成为一支具有我们自己传统教学方法的蓬蓬勃勃的令人称誉的力量。初时的大学，也曾设置了与西方大学的神学科相应的独立的经科。这些大学推行的总方针，还是为了要产生一个于政府有用、能尽忠职守的群体。

随着一九一一年民国的成立，它把政府的控制权移到了民众手中——在大学内部也体现了这种新的精神。最早奏效的改革，是废除经科，从而使大学具备了成立文、理、医、农、工、法、商等科的可能性。

* 1925年4月3日，蔡元培在欧洲时应世界学生基督教联合会(World's Student Christian Federation)之请而作。

作为上述这项方针的结果，一批大学建立了起来，几乎所有这些大学都完全或基本上贯彻了政府关于教育方面的指示。迄今为止，在北京（首都）有国立北京大学，在天津有北洋大学，在太原有山西大学，在南京有国立东南大学，在湖北有武昌大学，以及在首都还有其他一些大学，所有这些大学，皆直属中央政府，经费由中央政府拨给。最近，几所省立大学也相继宣告成立，其他一些则正在筹建之中。直隶的河北大学、沈阳的东北大学、陕西的西北大学、河南的郑州大学、广州的广东大学以及云南的东陆大学，都有了良好的开端。其他各省也都在积极筹建它们本省的大学。一些以办学有方而著称的私立大学，如天津的南开大学和厦门的厦门大学，也是值得一提的。至于那些已获得政府承认的学院，更是不计其数。尽管这些大学所设系、科各不相同，但都有同样的组织形式。它们的目标，不仅在于培养人们的实际工作能力，还在于培养人们在各种知识领域中作进一步深入研究的能力。

下面请允许我以一所具体的大学，即我非常熟悉的国立北京大学的一些情况来对我所谈的加以印证。

众所周知，这所大学由于她的起源及独特的历史而具备较完善的组织系统。根据目前的发展趋势和方向，我们很自然地能预见到未来的发展。但是，这种发展趋势和方向的主要特点究竟是什么呢？对此我想说明如下：也许说明整个问题的最简捷的方法，是回顾一下近几年的改革过程，这些改革对北大的发展是有重大意义的。在一九一二年，曾制订了一项扩充北大所有学科的系科计划，但后来鉴于某些系科，例如医科和农科等，宜于归并到其他一些对此已具有良好设备条件的大学中去，因而放弃了这一计划。在考虑了这些情况以后，北大确认对它最必要的，是设置文、理、工、法等科。就这样，北大以这四科发展到一九一六年，成为教育界有影响的组成部分。接着，为了有利于北洋大学和北京工业专门学校，北大又把工科划了出去，以便与上述两校取得协作。随后，不但在国立北京大学，而且在全国范围都发生了一个巨大的变化，那就是：有着众多系科的旧式“大学”（名副其实的“大”学）体制逐渐衰亡，单科（或少数几科）的大学在更具体的规模上兴起。这个变化的最终结果，现在尚无法预测，但就目前而言，其效果是创立了易受中央和地方政府资助的特殊的大学教育形式。由于这个变化，高等教育机构则可能由几个或仅仅一个系（这里所说的"系"与美国大学的"学院"一词同义）组成。

一九二〇年，北大按旧体制建立的文、理、法科被重新改组为以下五个部：

第一部　数学系，物理系，天文系。

第二部　化学系，地质系，生物系。

第三部　心理系，哲学系，教育系。

第四部　中国语言文学系，英国语言文学系，法国语言文学系，德国语言文学系以及行将设置的其他国家的语言文学系。

第五部　经济系，政治系，法律系，史地系。

其他正在考虑开设的系，将按其性质分别归入以上五个部。

当时之所以有这样的改变，其着眼点乃是现行大学制度急需重新厘定，以便适应国家新的需要。此外，还有如下几点原因：

1. 从理论上讲，某些学科很难按文、理的名称加以明确的划分。要精确地限定任何一门学科的范围，不是一件轻而易举的事。例如，地理就与许多学科有关，可以属于几个系：当它涉及地质矿物学时，可归入理科；当它涉及政治地理学时，又可归入法科。再如生物学，当它涉及化石、动植物的形态结构以及人类的心理状态时，可归入理科；而当我们从神学家的观点来探讨进化论时，则又可把它归入文科。至于对那些研究活动中的事物的科学进行知识范围的划分尤为困难。例如，心理学向来被认为是哲学的一个分支，但是，自从科学家通过实验研究，用自然科学的语言表达了人类心理状况以后，他们又认为心理学应属于理科。摆在我们面前的，还有自然哲学（即物理学）这个专门名词，它可以归入理科；而又由于它的玄学理论，可以归入文科。根据这些情况，我们决定不用"科"这个名称，尽管它在中国曾得到广泛的承认，但我们对这个名称不满意。

2. 就学生方面来说，如果进入一所各科只开设与其他学科完全分开的、只有本科专业课程的大学，那对他的教育将是不利的。因为这样一来，理科学生势必放弃对哲学与文学的爱好，使他们失去了在这方面的造诣机会。结果他的教育将受到机械论的支配。他最终会产生一种错误的认识，认为客观上的社会存在形式是一回事，而主观上的社会存在形式完全是另一回事，两者截然无关。这将导致自私自利的社会或机械社会的发展。而在另一方面，文科学生因为想回避复杂的事物，就变得讨厌学习物理、化学、生物等科学。这样，他们还没有掌握住哲学的一般概念，就失去了基础，抓不住周围事物的本质，只剩下玄而又玄的观念。因此，我们决心打破存在于从事不同知识领域学习的学生之间的障碍。

3. 现在，我们再看看北大的行政组织。当时的组织系统尽管没有什么人对之有异议，但存在着很大的问题。内部的不协调，主要在于三个科，每一科有一名学长，惟有他有权管理本科教务，并且只对校长负责。这种组织形式形同专制政府；随着民主精神的高涨，它必然要被改革掉。这一改革，首先是组织了一个由各个教授、讲师联合会组成的更大规模的教授会，由它负责管理各系。同时，从各科中各自选出本系的主任；再从这些主任中选出一名负责所有各系工作的教务长。再由教务长召集各系主任一同合作进行教学管理。至于北大的行政事务，校长有权指定某些教师组成诸如图书委员会、仪器委员会、财政委员会和总务委员会等。每个委员会选出一人任主席，同时，跟教授、讲师组成教授会的方法相同，这些主席组成他们的行政会。该会的执行主席则由校长遴选。他们就这样组成了一个双重的行政管理体制，一方面是教授会，另一方面是行政会。但是，这种组织形式还是不够完善，因为缺少立法机构。因此又召集所有的从事教学的人员选出代表，组成评议会。这就是为许多人称道的北京大学“教授治校”制。

如上所说，北大的进步尽管缓慢，但是从晚清至今，这种进步已经是不可逆转了。这些穷年累月才完成的早期改革，同大学教育的目的与观念有极大的关系。大学教育的目的与观念是明确的，就是要使索然寡味的学习趣味化，激起人们的求知欲望。我们决不把北大仅仅看成是这样一个场所——对学生进行有效的训练，训练他们日后成为工作称职的人。无疑，北大每年是有不少毕业生要从事各项工作的，但是，也还有一些研究生极其认真地从事高深的研究工作，而且，他们的研究总是及时地受到前辈的鼓励与认可。这里，请允许我说明，北大最近设置了研究生奖学金和其他设施。我们中国自古以来就以宣扬和实践"朴素的生活，高尚的思想"而著称。因此，按照当代学者的看法，这所大学还负有培育及维护一种高标准的个人品德的责任，而这种品德对于做一个好学生以及今后做一个好国民来说，是不可缺少的。

为了对上面所提到的高深研究工作加以鼓励，北大还采取了以下一些措施：

（甲）强调教授及讲师不仅仅是授课，还要不放过一切有利于自己研究的机会，使自己的知识不断更新，保持活力。

（乙）在每一个系，开始了由师生合作进行科学方面及其他方面的研究。

（丙）研究者进行学术讨论有绝对自由，丝毫不受政治、宗教、历史纠纷或传统观念的干扰。即使产生了对立的观念，也应作出正确的判断和合理的说明，避免混战。

为了培养性格、品德，还采取了如下一些措施：

（甲）制定体育教育计划：(1)每年进行各种运动技能比赛。与外界举行比赛和其他的室外比赛，吸引了所有的北大师生，其水准可与西方相比。足球、网球、赛马、游泳、划船等活动同样令人喜爱。(2)可志愿参加某些军训项目，特别是童子军运动正在兴起。

（乙）为培养学生对美术与自然美的鉴赏能力，成立了雕塑研究会和音乐研究会。

（丙）学生们利用课余时间在学校附近的文盲及劳工社会服务，深受公众的赞赏。其中最突出的是在乡村地区开展平民讲习运动和对普通市民开办平民夜校。学生们通过这些活动，极大地促进了自己的身心发展。

当中国的青年一代在思想上接受了新的因素之后，他们对政府与社会问题的态度就变得纷繁复杂了。他们热情奔放地参加一切政治活动，这已在全国各地不同程度地表现出来。这种学生运动虽然是当代所特有的（如巴黎与哈瓦那所报道的那样），但在中国的汉代及明代历史上已早有先例。它只是在近几年中采取了更为激烈的反抗形式而已。学校当局的看法是，如果学生的行为不超出公民身份的范围，如果学生的行为怀有良好的爱国主义信念，那么，学生是无可指责的。学校当局对此应正确判断，不应干预学生运动，也不应把干预学生运动看成是自己对学生的责任。现代的教育已确实把我们的学生从统治者的束缚中解放了出来。总的来说，这场活跃的运动已经在我们年青一代的思想中灌注了思想、兴趣和为社会服务的真诚愿望，从而赋予他们以创造力和组织力，增强了领导能力，促进了友谊。但是，这也可能使学生本身受害，危及他们已取得的进步。学校当局正是基于这点才以极大的同情与慈爱而保护他们。

上述的概括，可能已足以说明中国大学教育的总的趋向，这是从我在北大任职期间的个人经历中总结出来的。至于中国教育的发展，特别是目前教育的发展，可能还存在其他倾向；即使在北大，这些带有倾向性的改革，不论其是否起了作用，我们认为它还是很不完善的。更确切地说，我们的改革与实验，使我们确信我们的大学目标与观念仍然是很不成熟的。

据蔡元培论著英文打字副本译出（赵念渝译，许凤岐校）

普通教育和职业教育*

兄弟已经几次到过新加坡了，今天得有机会，和诸位共话一堂，实在荣幸得很！只是今天没有什么预备，所以不能有多少贡献，还望诸君原谅。

在座诸君，大半是学界中人，因此可知这里的学校多了。我今天就把普通教育和职业教育说一说。刚才从中学校来，知道中学内有商科一班，这却是职业教育的性质，不在普通小学校或中学校的普通教育范围以内。

普通教育和职业教育，显有分别：职业教育好像一所房屋，内分教室、寝室等，有各别的用处；普通教育则像一所房屋的地基，有了地基，便可把楼台亭阁等建筑起来。故职业教育所注重的，是专门的技能或知识，有时研究到极精微处，也许有和日常生活绝不相干的情形。例如研究卫生的，查考起微生虫来，分门别类，精益求精，有一切另外的事都完全不管的态度。这是从事专门学问的特异点。

可是我们要起盖房子时，必得先求地基坚实，若起初不留意，等到高屋将成，才发见地基不稳，才想设法补救，已经来不及了。我刚才讲过普通教育好像房屋的地基一样，所以教育者和被教育者都要特别注意才是。现今欧美各大学中的课程，非常严重，对于各种基本的知识，差不多不很注意了。为什么呢？因为学生在中小学的时代，早已受了很重的训练，把高深学术的基础筑固了，入大学时自然不觉得困难。

* 1920 年 12 月 5 日在新加坡南洋华侨中学演说词。

若在中小学内，并没有建筑好基础，等到自悟不够时，再要补习起来，那就很不容易了。

因此，前年我国审查教育会，把普通教育的宗旨定为：(一)养成健全的人格，(二)发展共和的精神。

所谓健全的人格，内分四育，即：(一)体育，(二)智育，(三)德育，(四)美育。

这四育是一样重要，不可放松一项的。先讲体育。在西洋有一句成语，叫做健全的精神，宿于健全的身体。足见体育的不可轻忽。不过体育是要发达学生的身体，振作学生的精神，并不是只在赌赛跑跳或开运动会博得名誉体面上头，其所以要比赛或开运动会，只是要引起研究体育的兴味；因恐平时提不起锻炼身体的精神，故不妨常和人家较量较量。我们比不过人家时，便要在平常用功了。其实体育最要紧的是合于生理。若只求个人的胜利，或一校的名誉，不管生理上有无危险，这不要说于身体上有妨害，且成一种机械的作用，便失却体育的价值了。而且只骛虚名，在心理上亦易受到恶影响。因为常常争赛的结果，可使学生的虚荣心旺盛起来；出去服务社会，一切举动，便也脱不了虚荣心的气味，这是贻害社会不浅的。不过开运动会和竞技等，在平时操练有些呆板乏味时，偶然举行一下，倒很可以调剂机械作用。因变化常态而添出兴趣，是很好的，只要在心理上使学生彻底明白体育的目的，是为锻炼自己的身体，不是在比赛争胜上，要使他们望正鹄做去。

次讲智育。案我们教书，并不是像注水入瓶一样，注满了就算完事，最要是引起学生读书的兴味。做教员的，不可一句一句，或一字一字的都讲给学生听。最好使学生自己去研究，教员竟不讲也可以，等到学生实在不能用自己的力量了解功课时，才去帮助他。至于常用口头的讲授，或恐有失落系统的毛病，故定出些书本来，而定书本也要看学生的程度，高下适宜才对。做学生的，也不是天天到校把教科书熟读了，就算完事。要知道书本只不过给我一个例子，我要从具体的东西内抽出公例来，好应用到别处去。譬如从书上学得菊花，看见梅花时，便知也是一种植物；从书上学得道南学校，看见端蒙学校，便也知道是什么处所；若果能像这样的应用，就是不能读熟书本，也可说书上的东西都学得了。

再现在各学校内，每把学生分为班次，要知这是不得已的办法，缘学生的个性不同：有的近文学，有的喜算术等，所以各人于各科进步的快慢，也不能一致，但因经济方面，或其他的关系，一时竟没法子想。然亦总须活用为妙。就是遇有特别的天才的，总宜施以特别的教练。在学生方面，也要自省，我于那几科觉得很困难的，须格外用功些；那几科觉得特别喜欢的，也不妨多学些。总之，教授、求学，两不可呆板便了。

至于德育，并不是照前人预定的格言做去就算数。有些人心目中，以为孔子或孟子所讲的总是不差，照他们圣人的话实行去，便是有道德了。其实这种见解是不对的。什么叫道德？并不是由前人已造成的路走去的意义，乃是在不论何时何地照此做法，大家都能适宜的一种举措标准。是以万事的条件不同，原理则一。譬如人不可只爱自己，于是有些人讲要爱家，这便偏于家庭，或有些人提倡爱群，又偏于群的方面了；可是他的原理，只是爱人一语罢了。故我们要一方考察现时的风俗情形，一方推求出旧道德所以酿成的缘故，拿来比较一下。若是某种旧道德成立的缘故，现在已经没有了，也不妨把他改去，不必去死守他。我刻在中学校看见办有图书馆、童子军等，这些事物，于许多人很适宜，于四周办事人亦无妨害，这便不是不道德。总之，道德不是记熟几句格言就可以了事的，要重在实行。随时随地，抱着试验的态度。因为天下没有一劳永逸的事情，若说今天这样，便可永远这样，这是大误。要随时随地，看事势的情形，而改变举措的标准。去批评人家时，也要考察他人所处的环境怎样而下断语才是。

第四美育。从前将美育包在德育里的，为什么审查教育会要把他分出来呢？因为挽近人士太把美育忽略了。按我国古时的礼、乐二艺，有严肃优美的好处。西洋教育，亦很注重美感的。为要特别警醒社会起见，所以把美育特提出来，与体、智、德并为四育。

美育之在普通学校内，为图、工、音乐等课。可是亦须活用，不可成为机械的作用。从前写字的，往往描摹古人的法帖，一点一划，依样葫芦，还要说这是赵字哪，这是柳字哪，其实已经失却生气，和机器差不多，美在那里？

图画也是如此，从前学子，往往临摹范本，圆的圆，三角的三角，丝毫不变，这亦不可算美。现在新加坡的天气很好，故到处有自然的美，要找美育的材料，很容易。最好叫学生以己意取材，喜图画的，教他图画；喜雕刻的，就教他雕刻；引起他美的兴趣。不然，学生喜欢的不教，不喜欢的硬叫他去做，要求进步，很难说的。像儿童，本喜自由游戏，有些人却去教他们很繁难的舞蹈，儿童本喜自由嬉唱，现在的学校内，却多照日本式用1234567等，填了谱，不管有无意义，教儿童去唱。这样完全和儿童的天真天籁相反。还有看见西洋教音乐要用风琴的，于是也就买起风琴来，叫小孩子和着唱。实则我们中国也有箫、笛等简单的乐器，何尝不可用？必要事事模仿人家，终不免带着机械性质，于美育上，就不可算是真美。

以上四育，都宜时时试验演进，要一无偏枯，才可教练得儿童有健全的人格。

学校教育注重学生健全的人格，故处处要使学生自动。通常学校的教习，每说我要学生圆就圆，要学生方就方，这便大误。最好使学生自学，教者不宜硬以自己的意思压到学生身上。不过看各人的个性，去帮助他们作业罢了。但寻常一级的学生，总有二十人左右。一位教员，断不能知道个个学生的个性，所以在学生方面，也应自觉，教我的先生既不能很知道我，最知我的，便是我自己了。如此，则一切均须自助才好。大概受毕普通教育，至少要获得地平线以上的人格，使四育平均发展。

又我们人类，本是进化的动物，对于现状常觉不满足的。故这里有了小学，渐觉中学的不可少；办了普通教育，又觉职业教育的不可少了。南洋是富于实业的地方，我们华侨初到这里的，大多数从工事入手以创造家业。不过发大财成大功的，都从商务上得来。商业在南洋，的确很当注意的，这里的中学，就应社会的需要，而先办商科。然若进一步去研究，商业的发达，必借原料的充裕，那原料又怎样能充裕呢？不消说，全在农业的精进了。农业更须种种的农具，要求器械的供给，又宜先开矿才行，这又侧重到工艺上头。按我国制造的幼稚，实在不容不从速补救。开了铁矿自己不会炼钢，却将原料卖给别国，岂不可惜？若精了制造术，便不怕原料的一时跌价，因为我们能自己制造应用品出售，也可不吃大亏啦。

照现在的社会看来，商务的发达，可算到极点了，以后能否保持现状，或更有所进步，这都不能有把握。万一退步起来，那么，急需从根本上补救。像研究农业和开工厂等，都足为经商的后盾，使商务的基础十分稳固，便不愁不能发展。故学生中有天性近农近工的，不妨分头去研究，切不可都走一条路。

农、商、工的应用，我们都知道了。但在西洋，这三项都极猛进。而我国自古以农立国，工业一途，亦发达极早。何以到了今日，都远不如他们呢？这便因他们有科学的缘故。一个小孩子知识未足时，往往不知事物的源本。所以若去问小孩子，饭是从那里来的？他便说“从饭桶里来的”；聪明些的，或能说“从锅子里来的”。都不能说从田里来的。我国的农夫，不能使用新法，且连一亩田能出多少米、养活多少人，都不能计算出来，这岂不是和小孩子差不多么？故现在的学生，对于某种科学有特别的兴味的，大可去专门研究。即如性喜音乐的，将来执业于社会，能调养他人的精神，提高社会的文化，也尽有价值，尽早自立。做教师的，不妨去鼓舞他们，使有成功。总之，受毕普通教育，还要力图上进，不可苟安现状。若愁新洲没有专门学校，那可设法回国，或出洋去。

我最后还有几句关于女子学校的话要说：这里的学校，固已不少，但可惜还没有女子中学。刚才在中学时，涂先生也曾提及这一层。我想男女都可教育的，况照现在的世界看来，凡男子所能做的，女子也都能做。不过我国男女的界限素严，今年内地各校要试办男女合校时，有许多人反对。若果真大众都以为非分校不可，那就另办一所女子中学也行。若经济问题上不能另办时，我看也可男女合校的。在美国的学校，大都男女兼收，虽有几校例外，也是历来习惯所致。在欧洲还有把一校划分男女二部的，这也是一种方法。总之，天下无一定不变的程式，只有原理是不差的。我们且把胆子放大了，试试男女合校也好。若家庭中父兄有所怀疑时，就可另办一所女子中学，或把男子中学划分二部，或把讲堂上男女座位分开，便极易办到了。这女子中学一事，只要父兄与学生两方面多数要求起来，我想一定可以实现的，我今日所说的，就是这些了。

据《教育杂志》第13卷第1号(1920年12月出版)

第二辑　北大实践

就任北京大学校长之演说词*

五年前，严几道先生为本校校长时，余方服务教育部，开学日曾有所贡献于同校。诸君多自预科毕业而来，想必闻知。士别三日，刮目相见，况时阅数载，诸君较昔当必为长足之进步矣。予今长斯校，请更以三事为诸君告。

一曰抱定宗旨 诸君来此求学，必有一定宗旨；欲求宗旨之正大与否，必先知大学之性质。今人肄业专门学校，学成任事，此固势所必然。而在大学则不然，大学者，研究高深学问者也。外人每指摘本校之腐败，以求学于此者，皆有做官发财思想，故毕业预科者多入法科，入文科者甚少，入理科者尤少，盖以法科为干禄之终南捷径也。因做官心热，对于教员，则不问其学问之浅深，惟问其官阶之大小。官阶大者，特别欢迎，盖为将来毕业有人提携也。现在我国精于政法者多入政界，专任教授者甚少，故聘请教员，不得不聘请兼职之人，亦属不得已之举。究之外人指摘之当否，姑不具论。然弭谤莫如自修，人讥我腐败，而我不腐败，问心无愧，于我何损？果欲达其做官发财之目的，则北京不少专门学校，入法科者尽可肄业法律学堂，入商科者亦可投考商业学校，又何必来此大学？所以诸君须抱定宗旨，为求学而来。入法科者，非为做官；入商科者，非为致富。宗旨既定，自趋正轨。诸君肄业于此，或三年，或四年，时间不为不多，苟能爱惜分阴，孜孜求学，则其造诣，容有底止！若徒志在做官发财，宗旨既乖，趋向自异。平时则放荡冶游，考试则熟读讲义，不问学问之有无，惟争分数之多

* 1917年1月9日。

寡；试验既终，书籍束之高阁，毫不过问，敷衍三四年，潦草塞责，文凭到手，即可借此活动于社会，岂非与求学初衷大相背驰乎？光阴虚度，学问毫无，是自误也。且辛亥之役，吾人之所以革命，因清廷官吏之腐败；即在今日，吾人对于当轴多不满意，亦以其道德沦丧。今诸君苟不于此时植其基，勤其学，则将来万一因生计所迫，出而任事，担任讲席，则必贻误学生；置身政界，则必贻误国家。是误人也。误己误人，又岂本心所愿乎？故宗旨不可以不正大。此余所希望于诸君者一也。

二曰砥砺德行 方今风俗日偷，道德沦丧，北京社会，尤为恶劣，败德毁行之事，触目皆是，非根基深固，鲜不为流俗所染。诸君肄业大学，当能束身自爱。然国家之兴替，视风俗之厚薄。流俗如此，前途何堪设想。故必有卓绝之士，以身作则，力矫颓俗。诸君为大学学生，地位甚高，肩此重任，责无旁贷，故诸君不惟思所以感己，更必有以励人。苟德之不修，学之不讲，同乎流俗，合乎污世，己且为人轻侮，更何足以感人。然诸君终日伏首案前，芸芸攻苦，毫无娱乐之事，必感身体上之苦痛。为诸君计，莫如以正当之娱乐，易不正当之娱乐，庶于道德无亏，而于身体有益。诸君入分科时，曾填写愿书，遵守本校规则，苟中道而违之，岂非与原始之意相反乎？故品行不可以不谨严。此余所希望于诸君者二也。

三曰敬爱师友 教员之教授，职员之任务，皆以图诸君求学便利，诸君能无动于衷乎？自应以诚相待，敬礼有加。至于同学共处一堂，尤应互相亲爱，庶可收切磋之效。不惟开诚布公，更宜道义相勖，盖同处此校，毁誉共之。同学中苟道德有亏，行有不正，为社会所訾詈，己虽规行矩步，亦莫能辩，此所以必互相劝勉也。余在德国，每至店肆购买物品，店主殷勤款待，付价接物，互相称谢，此虽小节，然亦交际所必需，常人如此，况堂堂大学生乎？对于师友之敬爱，此余所希望于诸君者三也。

余到校视事仅数日，校事多未详悉，兹所计划者二事：一曰改良讲义。诸君既研究高深学问，自与中学、高等不同，不惟恃教员讲授，尤赖一己潜修。以后所印讲义，只列纲要，细微末节，以及精旨奥义，或讲师口授，或自行参考，以期学有心得，能裨实用。二曰添购书籍。本校图书馆书籍虽多，新出者甚少，苟不广为购办，必不足供学生之参考。刻拟筹集款项，多购新书，将来典籍满架，自可旁稽博采，无虞缺乏矣。今日所与诸君陈说者只此，以后会晤日长，随时再为商榷可也。

据《东方杂志》第14卷第4号(1917年4月出版)

就辞退克德来等北大外国教员事复外交总长函*

径启者：

来件均敬悉。今年经教育部及各直辖专门学校讨论多次，议决将现行学制更改，以后北京大学只办文、理两科，其余各科，均取收缩主义。又预科减少年限，于暑假后并入本科。学制更改，教员人数自然减少。

又照克德来合同第九条，本可随时辞退，给以三个月薪水。欲辞退时，并可不必事前预先通知，本年三月二十八日即已函告克教员，已属特别优待。来函所述满给三年薪费之要求，逾越合同范围，本校当然拒绝，认为无谈判之余地。燕瑞博本系代伊文斯，于民国四年九月到校，并无合同，伊教员合同，今年八月三十一日期满。纽伦合同，亦于今年三月三十日期满。此事，本校全照合同办理，绝无含混不清之处。辞退理由，本可无庸声明。今承垂询，故特将更改学制始末情形，为贵总长陈之。

总之，此次各外国教员之辞退，与其个人之资格及性质，绝无关系。英文《北京日报》所载各语，虽未指斥何人，本校日前亦已去函更正。报中原文，本无教员姓名，本校请其更正之函，因亦未便登载教员姓名。报纸有闻必录，其所登载，本校何能负责。至疑及本校有人主使，则更不成问题。反对英人之语，亦可不辩，因本校尚有英国教员，今年合同已满，而仍继续教授功课者。此外，尚有新聘之英国教员。且今年所辞退之外国教员，尚有数人，亦非尽是英人也。

---

* 1917年5月9日。

英使署若再质问，望贵总长代达上列种种情形，实为公便。顺颂日祉

蔡元培启　六年五月九日

据蔡元培书信抄留底稿

复教育部函*

径启者：

奉贵部来函称："本月九日，准英朱使来照……并见复可也"等因，并中西方抄本克德来、燕瑞博两教员呈各一件，均已读悉。案本校对于辞退该两教员之理由，曾历次函复贵部在案。今该教员犹复多方要求，并具呈控告。谨再申明各要点如下：

（一）本校辞退克教员，系按照合同第九条办理，毫无不合。

（二）《北京日报》之论文，该报自负责任，不能谓出于本校之主使调唆。

（三）本校五月九日之通信，乃说明辞退中外各教员之故，由于本校改组。并无对于具呈人之谤言。

以是本校虽承贵部谆谆以和平解决相劝，而苦于别无办法。若该教员必欲赴诉，则听其自由而已。

惟据贵部抄示英朱使照，有"请将开审日期及地点，先期示知，便可按照约章所载之办法，派英员前往观审"云云。地点究在何处？约章原文如何？尚祈示知为荷。

又，贵部来函称：英朱使来照，有"蔡君情愿以本人为被告"一语，殊与当日面谈之语有异，录奉英文笔记一节，请鉴。此复，并颂

公绥

蔡　谨启　五月十四日

据蔡元培手稿

* 1917年5月14日。

附一:克德来、燕瑞博控诉北京大学及蔡校长呈

具呈克德来、燕瑞博为控诉北京大学校及校长蔡源〔元〕①培事:

一、具呈人均系英国人民。

二、具呈人至民国六年三月二十八日,尚在北京大学校、按照聘请合同任事。

三、具呈人于民国六年三月二十八日均各接有该校校长之函,知会于本年六月之后,无须在校任事。

四、六年五月一日,北京英文日报登载评论,其内有关于具呈人公共及个人之谤言,且此评论登诸报端,系由该学校及校长蔡君等主使调唆。

五、民国六年五月九日,北京英文日报又登有来函,内载具呈人公共及个人之谤言,且此评论登诸报端,系由该学校及校长蔡君等主使调唆。

六、查以上四、五两段所提之谤言,均谓具呈人在于教职上实有不堪胜任之处。且此项谤言,或单独观之,或与第三段内所称之节合而观之,必使具呈人之职业大受损害。是以均向北京大学校及蔡君索讨一年薪水如下:

克德来索讨银币五千四百元。

燕瑞博索讨银币四千二百元。

七、再者,第三段所提辞退克德来之知会,实与第二段所提克德来与大学校订立之合同有违。故克德来除第六段内所要求者外,更向北京大学校及蔡君索偿银币九千四百五十元之款,作为由六年十月一日至八年六月三十日合同未满时之薪水。

① 〔〕内是订正的错字或增补的脱字,每处以明显漏误为限。编者注。

克德来

燕瑞博(代表签字人克德来)

据克德来、燕瑞博控诉呈中文抄件

附二:蔡元培与英国公使谈话的“英文笔记”一节

以下是英国公使提出的、如果大学被克德来控告、校长是否出庭的问题:

“阁下愿意作为证人出庭吗?”

校长答复:“如果按照法律,需要我作证,我也许会出庭。”

据蔡校长与英国公使谈话时“英文笔记”原件译出(高以天译)

北大二十周年纪念会演说词*

本校有二十五周年纪念会之预备，拟出大丛刊三种，业已宣布于日刊。至此次二十周年之纪念会，则临时由学生数人发起，不能多有所点缀。惟有今日之演说会，及预备补刊一纪念册而已。忆鄙人游学德国时，曾遇大学纪念会两次：一、来比锡大学之五百年纪念会；二、柏林大学之百年纪念会也。其间布置，大同小异，不外乎印刷品、演讲会、爨演大学历史之巡游队、晚餐会等而已。而时过境迁，所遗留者，亦仅有印刷品及记述之演说词耳。然则本校此次以演说会及纪念册为点缀，亦不必有何等不满足之感也。

抑鄙人犹有感者，进化之例，愈后而速率愈增。柏林大学之历史，视来比锡大学不过五分之一时间，而发达乃过之。盖德国二十余大学中，以教员资格（偶有例外）、学生人数及设备完密等事序次之，柏林大学第一，门兴大学第二，而来比锡大学第三也。柏林为全国政治之中心，门兴为全国文学、美术之中心，故学校之发达较易也。本校二十年之历史，仅及柏林大学五分之一，来比锡大学二十五分之一，苟能急起直追，何尝不可与为平行之发展。惜我国百事停滞不进，未能有此好现象耳。

惟二十年中校制之沿革，乃颇与德国大学相类。盖德国初立大学时，本以神学、法学、医学三科为主，以其应用最广，而所谓哲学者，包有吾校文、理两科及法科中政治、经济等学，实为前三科之预备科。盖兴学之初，目光短浅，重实用而轻学理，人情大抵如此也。十八世纪以

---

* 1917年12月17日。

后，学问家辈出，学理一方面逐渐发达。于是哲学一科，遂驾于其他三科之上，而为大学中最重要之部分。近年弗朗福脱新设之大学，遂不设神学科矣。本校当二十年前创设时，仅有仕学、师范两馆，专为应用起见。其后屡屡改革，始有八科之制，即经学、政法、文学、格致、造科、农科、工科、商科是也。民国元年，始并经科于文科，与德国新大学不设神学科相类。本年改组，又于文、理两科特别注意，亦与德国大学哲学科之发达相类。所望内容以渐充实，能与彼国之柏林大学相颉颃耳。

今日承前教育总长范静生先生莅会，范先生为本校创立时之职员，而本年对于大学改组之议，极端赞同，今日已允演说，必能饷吾等以宏论。又本校王长信学长及胡千之、章行严、陶孟和三教授均有演说，而学生诸君，亦有代表一人发布其意见，必皆有纪念之价值。谨先为介绍。

据《北京大学二十周年纪念册》(1918年出版)

大学改制之事实及理由*

大学改制之议，发端于本年一月二十七日之国立高等学校校务讨论会。其时由北京大学蔡校长提出议案，其文如下：

窃查欧洲各国高等教育之编制，以德意志为最善。其法科、医科既设于大学，故高等学校中无之。理工科、商科、农科，既有高等专门，则不复为大学之一科。而专门学校之毕业生，更为学理之研究者，所得学位，与大学毕业生同。普通之大学学生会，常合高等学校之生徒而组织之。是德之高等专门学校，实即增设之分科大学，特不欲破大学四科之旧例，故别列一门而已。我国高等教育之制，规仿日本，既设法、医、农、工、商各科于大学，而又别设此诸科之高等专门学校，虽程度稍别深浅，而科目无多差别。同时并立，义近骈赘。且两种学校之毕业生，服务社会，恒有互相龃龉之点。殷鉴不远，即在日本。特我国此制行之未久，其弊尚未著耳。今改图尚无何等困难，爰参合现行之大学及高等专门学校制而改编大学制如下：

(一)大学专设文、理二科。其法、医、农、工、商五科，别为独立之大学。其名为法科大学、医科大学等。

其理由有二：文、理二科，专属学理；其他各科，偏重致用，一也。文、理二科，有研究所、实验室、图书馆、植物园、动物院等种种之设备，合为一区，已非容易。若遍设各科，而又加以医科之病院、工科之工场、农科之试验场等，则范围过大，不能各择适宜之地点，二也。

(二)大学均分为三级：一、预科一年，二、本科三年，三、研究科二

---

* 1918年1月。

年，凡六年。

上案经北京高等师范学校陈校长、北京法政专门学校吴校长、北京医学专门学校汤校长、北京农业专门学校洪校长一致赞同，即于同月三十日由各校长公呈教育部请核准。二月二十三日教育部开会议，列席者总次长、参事、专门司司长、北洋大学校长，及具呈各校长。第一条无异议。于第二条，则多以预科一年为期为太短，又有以研究科之名为不必设者。乃再付校务讨论会复议。二月五日校务讨论会开会议决：大学均分为二级，预科二年，本科四年，凡六年。复于三月五日在教育部会议一次，无异议，乃由教育部于三月十四日发指令曰："改编大学制年限办法，经本部迭次开会讨论，应定为预科二年，本科四年"云云，此改制案成立之历史也。

依上案，则农、工、医等专门学校，均当为改组大学之准备。而设备既需经费，教员尚待养成，非再历数年不能进行。而北京大学则适有改革之机会，于是由评议会议决而实行者如下：

（一）文理两科之扩张　大学号有五科，而每科所设，少者或止一门，多者亦不过三门。欲以有限之经费，博多科之体面，其流弊必至如此。今既以文理为主要，则自然以扩张此两科，使渐臻完备为第一义。然为经费所限，暑假后仅能每科增设一门，即史学门及地质学门是也。

（二）法科独立之预备　北京大学各科以法科为较完备，学生人数亦最多，具有独立的法科大学之资格。惟现在尚为新旧章并行之时，独立之预算案，尚未有机会可以提出，故暂从缓议，惟于暑假后先移设于预科校舍，以为独立之试验。

（三）商科之归并　商科依部令宜设银行、保险等专门，而北京大学现有之商科，则不设专门，而授普通商业，实不足以副商科之名，而又无扩张之经费。故于五月十五日呈请教育部，略谓："本校自本学年始设商科，因经费不敷，不能按部定规程分设银行学、保险学等门，而讲授普通商业学，颇有名实不敷之失。现值各科改组之期，拟仿美、日等国大学法科兼设商业学之例，即以现有商科改为商业学，而隶于法科。俟钧部筹有的款创立商科大学时，再将法科之商业专门定期截止”云云。旋即二十三日奉教育部指令曰：“该校请将现有商科改为商业学门隶于法科一节，尚属可行，应即照准”云云。

(四)工科之截止　北京大学之工科，仅设土木工门及采矿冶金门。北洋大学亦国立大学也，设在天津，去北京甚近。其工科所设之门，与北京大学同，且皆用英语教授，设备仪器，延聘教员，彼此重复。而受教之学生，合两校之工科计之，不及千人，纳之一校，犹病其寡，徒縻国家之款，以为增设他门之障碍而已。故与教育部及北洋大学商议，以本校预科毕业生之愿入工科者，送入北洋大学，而本校则俟已有之工科两班毕业后，即停办工科。（其北洋大学之法科，亦以毕业之预科生送入本校法科，俟其原有之法科生毕业后，即停办法科，而以其费供扩张工科之用。）

(五)预科之改革　大学预科由旧制之高等学堂嬗蜕而来。所以停办高等学堂，而于大学中自设预科者，因各省所立高等学堂程度不齐，咨送大学后，种种困难也。不意以五年来经验，预科一部、二部等编制及年限，亦尚未尽善。举一部为例，既兼为文、法、商三科预备，于是文科所必须预备而为法、商科所不必设者，或法、商科所必须预备而为文科所不必设者，不得不一切课之。多费学生之时间及心力于非要之课，而重要之课，反为所妨。此一弊也。预科既不直隶各科，含有半独立性质；一切课程，并不与本科衔接，而与本科竞胜：取本科第一年应授之课，而于预科之第三年授之，使学生入本科后，以第一年之课程为无聊，遂挫折其对于学问上之兴趣。且以六年之久，而所受之课，实不过五年有奇，宁不可惜。此二弊也。此亦促进大学改制之一原因。改制以后，预科既减为二年，而又分隶于各科，则前举二弊可去。或有以外国语程度太低为言者，不知新章预科，只用一种外国语，即中学所已习者。习外国语积六年之久，而尚不能读参考书，有是理乎？

大学改制，有种种不得已之原因，如上所述，惟未经宣布。又新旧两章，同时并行，易滋回惑。故外间颇多误会，如前数日《北京日报》之法律、冶金并入北洋大学之说，其实毫无影响。又八月三日、四日之

《晨钟报》揭载余以智君之《北京大学改制商榷》，其对于本校之热诚，深可感佩，惟所举事实，均有传闻之误。即如引蔡元培氏之言，谓"文科一科，可以包法、商等科而言也；理科一科，可以包医、工等科而言也"。询之蔡君，并不如是。蔡君不过谓法、商各科之学理，必原于文科；医、农、工各科之学理，必原于理科耳。若如余君所引之言，则蔡君第主张设文、理二科足矣，何必再为法、医、农、工、商各为独立大学之提议乎？其他类此者尚多，故述大学改制之事实及理由，以告研究大学学制者。如承据此等正确之事实，而加以针砭，则固本校同人之所欢迎也。

八月五日　北京大学启

据《蔡子民先生言行录》（新潮社，1920年出版）

北大进德会旨趣书*

今人恒言：西方尚公德，而东方尚私德；又以为能尽公德，则私德之出入，不足措意，是误会也。吾人既为社会之一分子，分子之腐败，不能无影响于全体。如疾症然，其传染之广，往往出人意表。昔仪狄作酒，禹饮而甘之，曰："后世必有以酒亡其国者。"遂疏仪狄而绝旨酒。司马迁曰："夏之亡也以妹喜，殷之亡也以妲己。"子反湎于酒，而楚以败；拿破仑惑于色，而普鲁士之军国主义以萌。私德不修，祸及社会，诸如此类，不可胜数。又如吾国五六年来，政治界、实业界之腐败，达于极端。而祸变纷乘，浸至亡国者，宁非由于少数当局骄奢淫佚之余，不得已而出奇策以自救，遂不惜以国家为牺牲与？《易》曰："善不积，不足以成名，恶不积，不足以灭身；勿以小善为无益而弗为也；勿以小恶为无伤而为之。"鄙人二十年前，鉴于吾国谈社会主义者之因以自便，名为提倡，实增阻力，因言"惟于交际之间一介不苟者，夫然后可以言共产；又惟男女之间一毫不苟者，夫然后可以言废婚姻"。(见《民国野史》乙编《蔡孑民事略》)正此意也。

民国元年，吴稚辉、李石曾、汪精卫诸君，发起进德会于上海。会员别为三等：持不赌、不嫖、不娶妾三戒者，为甲等会员；加以不作官吏、不吸烟、不饮酒三戒，为乙等会员；又加以不作议员、不食肉，为丙等会员。当时论者颇以不作官吏、不作议员二条为疑。然题名入会为甲等会员者踵相接矣。未几，鄙人以事由海道北行，同行者三十余人，李、汪二君亦与焉。舟中或提议进德会事，自李、汪二君外，同行者率

* 1918年1月。

皆当时之官吏若议员，群以官吏、议员两戒为不便，乃去此两戒，别组一会，即以同舟之三十余人为发起人，而宋遯初君提议名为“六不会”，众赞成之。又同时发起一“社会改进社”，所揭著者凡三十六条，第一曰不狎妓，第二曰不置婢妾，第十九曰不赌博，第二十九曰戒除伤生耗财之嗜好，犹六不会意也。其后为政潮所激荡，“六不会”若“社会改进社”之发起人，次第星散，未及进行；而进德会之新分子，则间见于上海之报纸焉。

北京自袁政府时代，收买议员，运动帝制，攫全国之公款，用之如泥沙，无所顾惜，则狂赌狂嫖，一方面驱于侥幸之心，一方面且用为钻营之术。谬种流传，迄今未已。鄙人归国以后，先至江、浙各省，见夫教育、实业各界，凡崭然现头角者，几无不以嫖、赌为应酬之具，心窃伤之。比抵北京，此风尤甚。尤可骇者，往昔昏浊之世，必有一部分之清流，与敝俗奋斗，如东汉之党人，南宋之道学，明季之东林。风雨如晦，鸡鸣不已。而今则众浊独清之士，亦且踽踽独行，不敢集同志以矫末俗，洵千古未有之现象也。曾于南洋公学同学会（中央公园）及译学馆校友会（江西会馆）中，提议以嫖、赌、娶妾三戒编入会章，闻者未之注意也。其后见社会实进会规则，有此三戒；而雍君所发起之社会改良会，则专以此三者为条件。吾道不孤，助以张目。惜其影响偏于一隅。既承乏北京大学，常欲以南洋同学会、译学馆校友会所提议而未行者，试之于此二千人之社会。会一年来鞅掌于大体之改革，未遑及此。今改组之议，业已实行。而内部各方面之组织，若研究所、若教授会之属，体育会、书画研究会之属，银行、消费公社之属，皆次第进行。而进德会之问题，遂亦应时势之要求，而不能不从事矣。会中戒律，如嫖、赌、娶妾三事，无中外，无新旧，莫不认为不德，悬为厉禁，谁曰不然。官吏、议员二戒，在普通社会或以为疑，而大学则当然有此（法科毕业生例外）。教育者，专门之业；学问者，终身之事。委身学校而萦情部院，用志不纷之谓何！且或在学生时代，营营于文官考试、律师资格。而要求提前保送，此其燥进，与科举时代之通关节何异？言之可为痛心！古谚曰：“人不婚宦，情欲失半。”加特力教之神父，佛教之僧侣，例不婚娶；西洋大学问家，亦有持独身主义者。不婚尚可，不宦何难？至于烟、酒、肉食三戒，其贻害之大，虽不及嫖、赌、娶妾，其纷心之重，亦不及官吏、议员，然而卫生味道之乐，亦恒受其障碍，故并存之。春秋三世之义，治起于衰乱之中，用心尚粗觕，及历升平而至太平，用心乃深而详，故崇仁义讥二名。今仿其例，而重定进德会之等第于下：

甲种会员　不嫖，不赌，不娶妾。

乙种会员　于前三戒外，加不作官吏、不作议员二戒。

丙种会员　于前五戒外，加不吸烟、不饮酒、不食肉三戒。

入会之条件：

（一）题名于册，并注明愿为某种会员。

（二）凡题名入会之人，次第布诸日刊。

（三）本会不咎既往。《传》曰："人谁无过，过而能改，善莫大焉。"袁了凡曰："从前种种，譬如昨日死；以后种种，譬如今日生。"凡本会会员，入会以前之行为，本会均不过问。（如已娶之妾，亦听之。）同会诸人，均不得引以为口实。惟入会以后，于认定之戒律有犯者，罚之。

（四）本会俟成立以后，当公定罚章，并举纠察员若干人执行之。

入会之效用：

（一）可以绳己。谚曰："从善如登，从恶如崩。"吾国人在乡里多谨饬，而一到都会租界，则有放荡者。欧美人在本国多谨饬，而一到外国，则亦有放荡者。社会之制裁，有及有不及也。今以本会制裁之，庶不至于自放。

（二）可以谢人。欧美之学者、官吏、商人，均视嫖、赌、娶妾为畏途；偶有犯者，均讳莫如深。而我则狎妓征优，文人以为韵事；看竹寻芳，公然著之柬帖；官吏商贾，且以是联络感情之一端。苟非划定范围，每苦无以谢人。今以本会为范围，则人有以是等相嬲者，径行拒绝，亦不致有伤感情。

（三）可以止谤。《语》曰："止谤莫如自修。"吾北京大学之被谤也久矣。两院一堂也，探艳团也，某某等公寓之赌窟也，捧坤角也，浮艳剧评花丛趣事之策源地也，皆指一种之团体而言之。其他攻讦个人者，更不可以擭指计。果其无之，则礼义不愆，何恤于人言。然请本校同人一一自问，种种之谤，即有言之已甚者，其皆无因而至耶？既有此因，则正赖有此谤以提撕吾人，否则沦胥以铺耳！不去其因而求弭谤，犹急行而避影也，其又何益？今以本会为保障，苟人人能守会约，则谤因既灭，不弭谤而自弭。其或未灭，则造因之范围愈狭，而求之不难尽多数之力以灭之，岂无望耶？

据《北京大学日刊》第49号(1918年1月19日出版)

北大校役夜班开学式演说词*

校役夜课，各学校早有行之者。本校开办已二十年，至今日而始能开学，实为抱歉之事。在常人之意，以学校为学生而设，与校役何涉。不知一种社会，无论小之若家庭、若商店，大之若国家，必须此一社会之各人皆与社会有休戚相关之情状。且深知此社会之性质，而各尽其一责任。故无人不当学，而亦无时不当学也。诸位看我年纪，已亦不小，事情亦颇忙，然我当有暇时，尚不废学。本校职员，皆自励于学；学生，则职员助之为学。惟诸位独无就学之机会，未免偏枯。此所以有夜课之设，而且今日特举此郑重之开学式也。

我以为夜课之有益于诸位者有二：（一）有益于现在之地位。诸位现在所任之事，或在教室，或在图书馆，或在庶务处。能书能算，则于送信购物等事，不致误会；略涉理科，则于搬运仪器、检收药品之事，可有把握；略解外国语，则于外国教员或来宾之往来，易于应对；且略知修身大义，则于卫生之道，勤勉诚实之行，皆能心知其意，而切实行之，必不致有不正之行，取非分之财，亦将不致因境遇之不如人，而酿成神经病。（二）有益于他种职业之预备。在校之人，既人人与本校休戚相关，自愿其永久在校任事。然事变无常，或以校务之改变，或以本人境遇之关系，有不能不离校者，若仅恃前清时代公馆中门房打杂之普通技能以应，也恐人浮于事，难得相当位置。今受此夜课之教育，知书算则可应用于商店；知理科大意，则改习农工各业，易于见长；若于性之所近，力求进步，亦未尝不可成为学者，为乡村学校教师。此皆有益于

---

* 1918年4月14日。

诸位者也。故学生诸君，特以就学之暇，为诸位担任教科。他人为诸位尚热心如此，诸位自己对于切身之事，岂不更宜热心？本校开办夜课之始，不能不特设奖励及惩戒之例，以防流弊。然终望诸位人人勤奋，使惩奖之例，竟可废撤，则尤我之所希望也。

据《北京大学日刊》第112号(1918年4月16日出版)

《北京大学二十周年纪念册》序*

人类之进化所以远速于他种动物者，以其有历史。历史者，能缩若干人、若干时之记忆为一组，因得以是为基础，而更求进步，要不外乎人群之纪念册耳。最久之纪念，得划数百年或千年为一时期，如历史家所谓上古史、中古史、近代史是也。其较短者，则自一年、十年、二十五年，以至百年，均可划为纪念之一期。吾国自虞夏时已有大学之制，见陈教授汉章所作《中国历代大学学制述》。然往昔太学国学，其性质范围，均与北京大学不可同年而语。然则往昔之太学国学，直当以高曾祖祢视之。而北京大学本体，则不得不认为二十岁之青年也。吾人当二十岁时，尚未出预备时期，一言一动，影响于社会者无多；至五十以后，业经服务社会，则始有较为重要之关系。故世人之作寿序者，率在五十以上，从未有以二十岁而为之者。社会则不然，往往有一二年间成绩大著，足为纪念，故如各学校、各学会为一周年之纪念者，常有之。本校已历二十年，其间制度之沿革，人才之聚散，在在与吾国进化之程度有关，几有非此小册所能尽，此吾人读之而聊以自慰者。然使以此二十年中欧美各国大学之成绩与吾校相较，则吾人之自惭将如何！往者已矣，伏愿自此以后，本此二十年之成绩而奋进不已，使他日为二十五年纪念时，顿增重大之关系，略可以减吾人之惭而益其慰，则此纪念册之编辑为不虚耳。愿与吾校同人共勉之。

据《北京大学日刊》第122号（1918年4月27日出版）

* 1918年4月。

请于美国退回庚款留学名额中增加北大人选呈*

呈为拟请咨商外交部增加美国退回赔款留学名额选派本校毕业学生前往留学事:窃维国家富强,恃乎人才,人才陶铸,端赖教育。当教育初兴、学术幼稚之时,欲造宏博之人才,为强国之基础,则派生留学尚矣。

昔美当十九世纪前半,衰弱不振,欧洲列强不以同等国视之。美知转弱为强,非兴教育不可,于是开办学堂,遍立报馆,凡可使教育发达者,无不竭力从事。但卒以人才稀少,虽有大学,未臻完善,爰遣大学毕业生留学德国,冀截德国之长,以补其短。其结果,适如所期,著述发明,迭出不鲜。比年以来,进步尤速,其科学大家,类能独树一帜,以与德国相对峙。此美国假途于留学,以致其富强者也。

十九世纪后半之日本,其国势衰弱,与美国同。而其致强之道,亦与美国无异,在今日虽号称强国而其大学毕业生负笈于海外者,犹陆续不绝,盖非如是不足以进于学术较高之域也。

今中国之积弱十倍于日、美,而科学之不发达,较昔日之日、美尤甚。非我国子弟之资质出于日、美人之下也,实以学术幼稚,欲求高深,苦无道耳。今者大学虽设有研究所,分门研究,冀达精益求精之域。然创办伊始,诸多简略。欲与欧美抗衡,今日尚不足以语此。故欲求国家富强,促学术发达,资遣学生留学,实为当务之急,不可一日缓也。

本校向有派送学生之成例。前清光绪二十九年十一月,资遣学生

---

* 1918年。

三十一名赴日留学。三十二年七月，变通进士馆办法，分别资遣毕业学生赴日本留学游历。三十三年二月，复派师范毕业生八名赴英、法、美三国留学。自民国成立，国库奇绌，派生之举，因而停止。此不仅无以鼓励学生，亦且有碍学术发达，诚莫大之遗憾也。

兹为国家前途计，为本校毕业各生前途计，拟请钧部咨商外交部，就清华学校原定留学名额之上，每年酌添二十名，专备本校派遣毕业学生留学美国之用。查清华学校，资出于美国所退还之庚子赔款。美之出此，盖欲栽培我国子弟，至子弟之出自何校，谅勿计也。至外交部为清华主管之部，与清华关系当甚密切，然本校为国立大学，则于本校学生，断不至有所歧视。况本校所请者，只增加二十名额，于清华原额未尝减少，于国家负担不增分文，而于社会国家利益实多，诚一举而数善备也。再本校文、法、理、工四科每年毕业，约计十四班，每班以二人或一人计算，二十名之额，似难再减。所有选派本校学生留学美国缘由及其办法，理合呈请钧部鉴核，并咨商外交部核准施行，实为公便。

谨呈

教育总长

北京大学校长蔡

据《北京大学日刊》第125号(1918年5月1日出版)

在北大画法研究会演说词*

今日为画法研究会第二次始业式，人数视前增加，是极好的现象。此后对于习画，余有二种希望，即多作实物的写生，及持之以恒二者是也。

中国画与西洋画，其入手方法不同，中国画始自临摹，外国画始自实写。《芥子园画谱》，逐步分析，乃示人以临摹之阶。此其故，与文学、哲学、道德有同样之关系。吾国人重文学，文学起初之造句，必倚傍前人，入后方可变化，不必拘拟；吾国人重哲学，哲学亦因历史之关系，其初以前贤之思想为思想，往往为其成见所囿，日后渐次发展，始于已有之思想，加入特别感触，方成新思想；吾国人重道德，而道德自模范人物入手。三者如是，美术上遂亦不能独异。西洋则自然科学昌明，培根曰：人不必读有字书，当读自然书。希腊哲学家言物类原始，皆托于自然科学。雅里士多德随亚力山大王东征，即留心博物学。德国著名文学家鞠台喜研究动植物，发见植物千变万殊，皆从叶发生。西人之重视自然科学如此，故美术亦从描写实物入手。今世为东西文化融和时代。西洋之所长，吾国自当采用。抑有人谓西洋昔时已采用中国画法者，意大利文学复古时代，人物画后加以山水，识者谓之中国派；即法国路易十世时，有罗科科派，金碧辉煌，说者谓参用我国画法。又法国画家有摩耐者，其名画写白黑二人，惟取二色映带，他画亦多此类，近于吾国画派。彼西方美术家，能采用我人之长，我人独不能采用西人之长乎？故甚望中国画者，亦须采西洋画布景实写之佳，描写石

* 1918年10月20日。

膏物像及田野风景，今后诸君均宜注意。此予之希望者一也。

又昔人学画，非文人名士任意涂写，即工匠技师刻画模仿。今吾辈学画，当用研究科学之方法贯注之。除去名士派毫不经心之习，革除工匠派拘守成见之机，用科学方法以入美术。美虽由于天才，术则必资练习。故入会后当认定主义，誓以终身不舍。兴到即来，时过情迁，皆当痛戒。诸君持之以恒，始不负自己入斯会之本意。此予之希望者二也。

除此以外，余欲报告者三事：（一）花卉画导师陈师曾先生辞职，本会今后拟别请导师，俟决定后再行发表。（二）画会会所急求扩充，俟觅得相当地点，再行迁徙，与各会联络一起。（三）上学年所拟向收藏家借画办法，本年拟实行，拟请冯汉叔先生筹之。

据《北京大学日刊》第236号（1918年10月25日出版）

《北京大学月刊》发刊词*

北京大学之设立,既二十年于兹,向者自规程而外,别无何等印刷品流布于人间。自去年有《日刊》,而全校同人始有联络感情、交换意见之机关,且亦借以报告吾校现状于全国教育界。顾《日刊》篇幅无多,且半为本校通告所占,不能载长篇学说,于是有《月刊》之计划。

以吾校设备之不完全,教员之忙于授课,而且或于授课以外,兼任别种机关之职务,则夫《月刊》取材之难,可以想见。然而吾校必发行《月刊》者,有三要点焉:

一曰尽吾校同人所能尽之责任　所谓大学者,非仅为多数学生按时授课,造成一毕业生之资格而已也,实以是为共同研究学术之机关。研究也者,非徒输入欧化,而必于欧化之中为更进之发明;非徒保存国粹,而必以科学方法,揭国粹之真相。虽曰吾校实验室、图书馆等,缺略不具;而外界学会、工场之属,无可取资,求有所新发明,其难固倍蓰于欧美学者。然十六七世纪以前,欧洲学者,其所凭藉,有以逾于吾人乎?即吾国周、秦学者,其所凭借,有以逾于吾人乎?苟吾人不以此自馁,利用此简单之设备、短少之时间,以从事于研究,要必有几许之新义,可以贡献于吾国之学者若世界之学者,使无月刊以发表之,则将并此少许之贡献,而靳而不与,吾人之愧歉当何如耶?

二曰破学生专己守残之陋见　吾国学子,承举子、文人之旧习,虽有少数高才生知以科学为单纯之目的,而大多数或以学校为科举,但能教室听讲,年考及格,有取得毕业证书之资格,则他无所求;或以学

* 1918年11月10日。

校为书院，媛媛姝姝，守一先生之言，而排斥其他。于是治文学者，恒蔑视科学，而不知近世文学，全以科学为基础；治一国文学者，恒不肯兼涉他国，不知文学之进步，亦有资于比较；治自然科学者，局守一门，而不肯稍涉哲学，而不知哲学即科学之归宿，其中如自然哲学一部，尤为科学家所需要；治哲学者，以能读古书为足用，不耐烦于科学之实验，而不知哲学之基础不外科学，即最超然之玄学，亦不能与科学全无关系。有《月刊》以网罗各方面之学说，庶学者读之，而于专精之余，旁涉种种有关系之学理，庶有以祛其褊狭之意见，而且对于同校之教员及学生，皆有交换知识之机会，而不至于隔阂矣。

三曰释校外学者之怀疑 大学者，“囊括大典，网罗众家”之学府也。《礼记·中庸》曰：“万物并育而不相害，道并行而不相悖。”足以形容之。如人身然，官体之有左右也，呼吸之有出入也，骨肉之有刚柔也，若相反而实相成。各国大学，哲学之唯心论与唯物论，文学、美术之理想派与写实派，计学之干涉论与放任论，伦理学之动机论与功利论，宇宙论之乐天观与厌世观，常樊然并峙于其中，此思想自由之通则，而大学之所以为大也。吾国承数千年学术专制之积习，常好以见闻所及，持一孔之论。闻吾校有近世文学一科，兼治宋、元以后之小说、曲本，则以为排斥旧文学，而不知周、秦、两汉文学，六朝文学，唐、宋文学，其讲座固在也；闻吾校之伦理学用欧美学说，则以为废弃国粹，而不知哲学门中，于周、秦诸子，宋、元道学，固亦为专精之研究也；闻吾校延聘讲师，讲佛学相宗，则以为提倡佛教，而不知此不过印度哲学之一支，借以资心理学、论理学之印证，而初无与于宗教，并不破思想自由之原则也。论者知其一而不知其二，则深以为怪。今有《月刊》以宣布各方面之意见，则校外读者，当亦能知吾校兼容并收之主义，而不至以一道同风之旧见相绳矣。

以上三者，皆吾校所以发行《月刊》之本意也。至《月刊》之内容，是否能副此希望，则在吾校同人之自勉，而静俟读者之批判而已。

据《北京大学月刊》第1卷第1号(1919年1月出版)

北大新闻学研究会成立演说词*

凡事皆有术而后有学。外国之新闻学，起于新闻发展以后。我国自有新闻以来，不过数十年，则至今日而始从事于新闻学，固无足怪。我国第一新闻，是为《申报》。盖以前虽有所谓邸抄若京报，是不过辑录成文，非如新闻之有采访、有评论也。故言新闻自《申报》始。《申报》为西人所创设，实以外国之新闻为模范。其后乃有《沪报》、《新闻报》等。戊戌以后，始有《中外日报》、《时报》、《苏报》等。十五年前，鄙人在爱国学社办事时，与《苏报》颇有关系。其后亦尝从事于《俄事警闻》、《警钟日报》等。其时于新闻术实毫无所研究，不过借此以鼓吹一种主义耳。即其他《新闻报》、《申报》等，虽专营新闻业，而其规模亦尚小。民国元年以后，新闻骤增，仅北京一隅，闻有八十余种。自然淘汰之结果，其能持续至今者，较十余年前之规模大不同矣。惟其发展之道，全恃经验，如旧官僚之办事然。苟不济之以学理，则进步殆亦有限。此吾人所以提出新闻学之意也。

新闻之内容，几与各种科学无不相关。外国新闻，多有特辟科学、美术、音乐、戏曲等栏者，固非专家不能下笔。即普通纪事，如旅行、探险、营业、犯罪、政闻、战报等，无不与地理、历史、经济、法律、政治、社会等学有关。而采访编辑之务，尤与心理学有密切之关系。至于记述辩论，则论理学及文学亦所兼资者也。根据是等科学，而应用于新闻界特别之经验，是以有新闻学。欧美各国科学发达，新闻界之经验又丰富，故新闻学早已成立。而我国则尚为斯学萌芽之期，不能不仿《申

---

* 1918年10月14日。

报》之例，先介绍欧美新闻学，是为吾人第一目的。我国社会与外国社会有特别不同之点。因而我国新闻界之经验，亦与外国有特别不同之点。吾人本特别之经验而归纳之，以印证学理，或可使新闻学有特别之发展，是为吾人第二目的。想到会诸君均所赞成也。

抑鄙人对于我国新闻界尚有一种特别之感想，乘今日集会之机会，报告于诸君，即新闻中常有猥亵之纪闻若广告是也。闻英国新闻，虽治疗霉毒之广告，亦所绝无。其他各国，虽疾病之名词，无所谓忌讳，而春药之揭帖、冶游之指南，则绝对无之。新闻自有品格也。吾国新闻，于正张中无不提倡道德；而广告中，则诲淫之药品与小说触目皆是；或且附印小报，特辟花国新闻等栏，且广收妓寮之广告。此不特新闻家自毁其品格，而其贻害于社会之罪，尤不可恕。诸君既研究新闻学，必皆与新闻界有直接或间接之关系，幸有以纠正之。

据《北京大学日刊》第228号（1918年10月16日出版）

北大一九一八年开学式演说词*

大学为纯粹研究学问之机关，不可视为养成资格之所，亦不可视为贩卖知识之所。学者当有研究学问之兴趣，尤当养成学问家之人格。本校一年以来，设研究所，增参考书，均为提起研究学问兴趣起见。又如设进德会，书法、画法、乐理研究会，开校役夜班，助成学生银行、消费公社等，均为养成学生人格起见。此皆诸生所当注意者。且诸生须知既名大学，则万不可有专己守残之习。一年以来，于英语外，兼提倡法、德、俄、意等国语，及世界语；于旧文学外，兼提倡本国近世文学及世界新文学；于数、理、化等学外，兼征集全国生物标本，并与法京“巴斯德生物学院”协商设立分院。近并鉴于文科学生轻忽自然科学、理科学生轻忽文学哲学之弊，为沟通文、理两科之计划。望诸生亦心知其意，毋涉专己守残之习也。

据《蔡孑民先生言行录》

---

* 1918年9月20日。

北大二十一周年纪念会开会词*

去年今日，本校曾开二十周年纪念会，今又一年矣。此一年之中，各方面多少均有进步。就本校言，消费公社与学生银行，均由无而有，且均试办有效矣。画法研究会与书法研究会，成立不满一年，今竟有成绩在此陈列，供诸位之观览矣。校役夜班与消费公社之商业夜班，亦应时而起矣。此外教育部曾开一专门以上学校校长会议，其所议决者，颇多与大学之进步有关。而欧战终了，将来采办书籍与仪器，亦当较易。此一年来今昔不同之处也。

至本校之希望，亦有可报告者二事：(一)本校现拟在西山购地建筑校舍，已承步军统领李阶平先生允许极力赞助，当可办到。(二)本校现拟请各国退还庚子赔款，为本国兴学之用。已拜托梁任公及叶玉虎先生抵欧后极力鼓吹，如能办到退还，当然有一部分可为本校扩充之用。若增设学科、广购图书等希望，则不待言者也。

此次纪念会，尚有一特异之点，即夏学长与本校教员杜伯斯古、李石曾、张君劢、冯千里、徐振飞、徐悲鸿诸先生，不日将赴欧美研究战后情形。将来回国，贡献于本校者必更多，今日特为之饯别是也。

据《北京大学日刊》第275号(1918年12月19日出版)

* 1918年12月17日。

《国民杂志》序*

《国民杂志》者，北京学生所印行也。学生惟一之义务在求学，胡以牺牲其求学之时间与心力，而从事于普通国民之业务，以营此杂志？曰：迫于爱国之心，不得已也。向使学生而外之国民，均能爱国，而尽力于救国之事业，使学生者得专心求学，学成而后有以大效于国，诚学生之幸也。而我国大多数之国民，方漠然于吾国之安危，若与己无关。而一部分有力者，乃日以椓丧国家为务，其能知国家主义而竭诚以保护之者，至少数耳。求能助此少数爱国家、唤醒无意识之大多数国民，而抵制椓丧国家之行为，非学生而谁？呜呼！学生之牺牲其时间与心力，以营此救国之杂志，诚不得已也。

学生既不得已而出此杂志，则所出杂志之务有以副学生之人格，其要有三：

一曰正确。有一事焉，与吾人之所预期者相迎合，则乍接而辄认为真；又有一事焉，与吾人之所预期者相抗拒，则屡闻尚疑其伪。此心理上普通作用也。言论家往往好凭借此等作用，以造成群众心理，有因数十字之电讯而酿成绝大风潮者，当其时无不成如荼如火之观，及事实大明，而狂热顿熄，言论家之信用荡然矣。故爱国不可不有热诚；而救国之计划，则必持以冷静之头脑，必灼见于事实之不诬而始下判断，则正确之谓也。

二曰纯洁。救国者，艰苦之业也。墨翟生勤而死薄，勾践卧薪而尝胆，范仲淹先天下之忧而忧，后天下之乐而乐。断未有溺情于耳目

* 1919年1月。

之娱，侈靡之习，而可以言救国者。近来我国杂志，往往一部分为痛哭流涕长太息之治安策，而一部分则杂以侧艳之诗文，恋爱之小说，是一方面欲增进国民之人格，而一方面则转以陷溺之也。愿《国民杂志》慎勿以无聊之词章充篇幅。

三曰博大。积小群而为大群，小群之利害，必以不与大群之利害相抵触者为标准。家，群之小者也，不能不以国之利害为标准。故有利于家，而又有利于国，或无害于国者，行之。苟有利于家，而有害于国，则绝对不可行。此人人所知也。以一国比于世界，则亦为较小之群。故为国家计，亦当以有利于国，而有利于世界，或无害于世界，为标准。而所谓国民者，亦同时为全世界人类之一分子。苟倡绝对的国家主义，而置人道主义于不顾，则虽以德意志之强而终不免于失败，况其他乎？愿《国民杂志》勿提倡极端利己的国家主义。

以上三者，皆关于内容者也。至于《国民杂志》社之进行，最所希望者，曰有恒。《国民杂志》之酝酿，已历半年，卒底于成，不能不佩社员之毅力。自此以前，尚为一鼓作气之时期。若前数期出版以后，渐渐弛其责无旁贷之决心，则此后之困难，正不弱于酝酿时期。愿社员永保此朝气，进行不怠，则于诸君唤醒国民之初心，始为无负也。

据《国民杂志》创刊号（1919 年 1 月出版）

致《公言报》函并答林琴南函*

《公言报》记者足下：

读本月十八日贵报，有《请看北京大学思潮变迁之近状》一则，其中有林琴南君致鄙人一函。虽原函称“不必示复”，而鄙人为表示北京大学真相起见，不能不有所辨正。谨以答林君函抄奉，请为照载。又，贵报称“陈、胡等绝对的非弃旧道德，毁斥伦常，诋排孔、孟”，大约即以林君之函为据，鄙人已于致林君函辨明之。惟所云“主张废国语而以法兰西文字为国语之议”，何所据而云然？请示复。

答林琴南君函如下：

琴南先生左右：

于本月十八日《公言报》中，得读惠书，索刘应秋先生事略。忆第一次奉函时，曾抄奉赵君原函，恐未达览，特再抄一通奉上，如荷题词，甚幸。（赵体孟原函附后）

公书语长心重，深以外间谣诼纷集为北京大学惜，甚感。惟谣诼必非实录，公爱大学，为之辨正可也。今据此纷集之谣诼，而加以责备，将使耳食之徒，益信谣诼为实录，岂公爱大学之本意乎？原公之所责备者，不外两点：一曰“覆孔、孟，铲伦常”。二曰“尽废古书，行用土语为文字”。请分别论之。

对于第一点，当先为两种考察：（甲）北京大学教员，曾有以“覆孔、孟，铲伦常”教授学生者乎？（乙）北京大学教授，曾有于学校以外，发表其“覆孔、孟，铲伦常”之言论者乎？

---

* 1919年3月18日。

请先察“覆孔、孟”之说。大学讲义涉及孔孟者，惟哲学门中之中国哲学史。已出版者，为胡适之君之《中国上古哲学史大纲》，请详阅一过，果有“覆孔、孟”之说乎？特别讲演之出版者，有崔怀瑾君之《论语足徵记》、《春秋复始》。哲学研究会中，有梁漱溟君提出“孔子与孟子异同”问题，与胡默青君提出“孔子伦理学之研究”问题，尊孔者多矣，宁曰覆孔？

若大学教员于学校以外自由发表意见，与学校无涉，本可置之不论。今姑进一步而考察之，则惟《新青年》杂志中，偶有对于孔子学说之批评，然亦对于孔教会等托孔子学说以攻击新学说者而发，初非直接与孔子为敌也。公不云乎？“时乎井田封建，则孔子必能使井田封建一无流弊。时乎潜艇飞机，则孔子必能使潜艇飞机不妄杀人。卫灵问陈，孔子行。陈桓弑君，孔子讨。用兵不用兵，亦正决之以时耳。”使在今日，有拘泥孔子之说，必复地方制度为封建；必以兵车易潜艇飞机；闻俄人之死其皇，德人之逐其皇，而曰必讨之。岂非昧于“时”之义，为孔子之罪人，而吾辈所当排斥之者耶？

次察“铲伦常”之说。常有五：仁、义、礼、智、信，公既言之矣。伦亦有五：君臣、父子、兄弟、夫妇、朋友。其中君臣一伦，不适于民国，可不论。其他父子有亲，兄弟相友（或曰长幼有序），夫妇有别，朋友有信，在中学以下修身教科书中，详哉言之。大学之伦理学涉此者不多，然从未有以父子相夷，兄弟相阋，夫妇无别，朋友不信，教授学生者。大学尚无女学生，则所注意者，自偏于男子之节操。近年于教科以外，组织一进德会，其中基本戒约有不嫖、不娶妾两条。不嫖之戒，决不背于古代之伦理。不娶妾一条，则且视孔、孟之说为尤严矣。至于五常，则伦理学中之言仁爱，言自由，言秩序，戒欺诈，而一切科学皆为增进知识之需。宁有铲之之理欤？

若谓大学教员曾于学校以外发表其“铲伦常”之主义乎？则试问有何教员，曾于何书、何杂志，为父子相夷、兄弟相阋、夫妇无别、朋友不信之主张者？曾于何书、何杂志，为不仁、不义、不智、不信及无礼之主张者？公所举“斥父母为自感情欲，于己无恩”，谓随园文中有之，弟则忆《后汉书·孔融传》，路粹枉状奏融有曰："前与白衣祢衡跌荡放言，云：父之于子，当有何亲？论其本意，实为情欲发耳；子之于母，亦复奚为？譬如寄物瓶中，出则离矣。"孔融、祢衡并不以是损其声价，而路粹则何如者？且公能指出谁何教员，曾于何书、何杂志，述路粹或随园之语，而表其极端赞成之意者？且弟亦从不闻有谁何教员，崇拜李贽其人而愿拾唾余者。所谓"武曌为圣王，卓文君为贤媛"，何人曾述斯语，以号于众，公能证明之欤？

对于第二点，当先为三种考察：(甲)北京大学是否已尽废古文而专用白话？(乙)白话果是否能达古书之义？(丙)大学少数教员所提倡之白话的文字，是否与引车卖浆者所操之语相等？

请先察"北京大学是否已尽废古文而专用白话"。大学预科中，有国文一课，所据为课本者，曰模范文，曰学术文，皆古文也。其每月中练习之文，皆文言也。本科中有中国文学史、西洋文学史、中国古代文学、中古文学、近世文学；又本科、预科皆有文字学，其编成讲义而付印者，皆文言也。《北京大学月刊》中，亦多文言之作。所可指为白话体者，惟胡适之君之《中国古代哲学史大纲》，而其中所引古书，多属原文，非皆白话也。

次考察"白话是否能达古书之义"。大学教员所编之讲义，固皆文言矣。而上讲坛后，决不能以背诵讲义塞责，必有赖于白话之讲演，岂讲演之语，必皆编为文言而后可欤？吾辈少时，读《四书集注》、《十三经注疏》，使塾师不以白话讲演之，而编为类似集注、类似注疏之文言以相授，吾辈岂能解乎？若谓白话不足以讲说文，讲古籀，讲钟鼎之文，则岂于讲坛上当背诵徐氏《说文解字系传》、郭氏《汗简》、薛氏《钟鼎款识》之文，或编为类此之文言而后可，必不容以白话讲演之欤？

又次考察"大学少数教员所提倡之白话的文字，是否与引车买浆者所操之语相等"。白话与文言，形式不同而已，内容一也。《天演论》、《法意》、《原富》等，原文皆白话也，而严幼陵君译为文言。少仲马、迭更司、哈德等所著小说，皆白话也，而公译为文言。公能谓公及严君之所译，高出于原本乎？若内容浅薄，则学校招考时之试卷，普通日刊之论说，尽有不值一读者，能胜于白话乎？且不特引车卖浆之徒而已，清代目不识丁之宗室，其能说漂亮之京话，与《红楼梦》中宝玉、黛玉相埒，其言果有价值欤？熟读《水浒》、《红楼梦》之小说家，能于《续水浒传》、《红楼复梦》等书以外，为科学、哲学之讲演欤？公谓"《水浒》、《红楼》作者，均博极群书之人，总之非读破万卷，不能为古文，亦并不能为白话"。诚然，诚然。北京大学教员中，善作白话文者，为胡适之、钱玄同、周启孟诸君。公何以证知为非博极群书，非能作古文，而仅以白话文藏拙者？胡君家世汉学，其旧作古文，虽不多见，然即其所作《中国哲学史大纲》言之，其了解古书之眼光，不让于清代乾嘉学者。钱君所作之文字学讲义、学术文通论，皆大雅之文言。周君所译之《域外小说》，则文笔之古奥，非浅学者所能解。然则公何宽于《水浒》、《红楼》之作者，而苛于同时之胡、钱、周诸君耶？

至于弟在大学，则有两种主张如下：

（一）对于学说，仿世界各大学通例，循"思想自由"原则，取兼容并包主义，与公所提出之"圆通广大"四字，颇不相背也。无论为何种学派，苟其言之成理，持之有故，尚不达自然淘汰之运命者，虽彼此相反，而悉听其自由发展。此义已于《月刊》之发刊词言之，抄奉一览。

（二）对于教员，以学诣为主。在校讲授，以无背于第一种之主张为界限。其在校外之言动，悉听自由。本校从不过问，亦不能代负责任。例如复辟主义，民国所排斥也，本校教员中，有拖长辫而持复辟论者，以其所授为英国文学，与政治无涉，则听之。筹安会之发起人，清议所指为罪人者也，本校教员中有其人，以其所授为古代文学，与政治无涉，则听之。嫖、赌、娶妾等事，本校进德会所戒也，教员中间有喜作侧艳之诗词，以纳妾、狎妓为韵事，以赌为消遣者，苟其功课不荒，并不诱学生而与之堕落，则姑听之。夫人才至为难得，若求全责备，则学校殆难成立。且公私之间，自有天然界限。譬如公曾译有《茶花女》、《迦茵小传》、《红礁画桨录》等小说，而亦曾在各学校讲授古文及伦理学，使有人诋公为以此等小说体裁讲文学，以狎妓、奸通、争有妇之夫讲伦理者，宁值一笑欤？然则革新一派，即偶有过激之论，苟于校课无涉，

亦何必强以其责任归之于学校耶？此复，并候
著祺

八年三月十八日　蔡元培敬启

此篇及附件，据《北京大学日刊》第338号（1919年3月21日出版），《新潮》杂志第1卷第4期（1919年4月1日出版），《公言报》1919年3月18日及4月1日

附一：林琴南致蔡元培函

鹤卿先生太史足下：

与公别十余年，壬子一把晤，忽忽八年，未通音问，至为歉仄。辱赐书以遗民刘应秋先生遗著，属为题词，书未梓行，无从拜读，能否乞赵君作一短简事略见示，谨撰跋尾归之。

呜呼！明室敦气节，故亡国时殉烈者众，而夏峰、梨洲、亭林、杨园、二曲诸老，均脱身斧钺，其不死，幸也。我公崇尚新学，乃亦垂念逋播之臣，足见名教之孤悬，不绝如缕，实望我公为之保全而护惜之，至慰，至慰。

虽然，尤有望于公者。大学为全国师表，五常之所系属。近者外间谣诼纷集，我公必有所闻，即弟亦不无疑信。或者有恶乎阘茸之徒，因生过激之论，不知救世之道，必度人所能行，补偏之言，必使人以可信。若尽反常轨，侈为不经之谈，则毒粥既陈，旁有烂肠之鼠，明燎宵举，下有聚死之虫。何者？趋甘就热，不中其度，则未有不毙者。

方今人心衰敝，已在无可救挽之时，更侈奇创之谈，用以哗众。少年多半失学，利其便已，未有不糜沸麕至而附和之者，而中国之命如属丝矣。晚清之末造，慨世者恒曰："去科举，停资格，废八股，斩豚尾，复天足，逐满人，扑专制，整军备，则中国必强。"今百凡皆遂矣，强又安在？于是更进一解，必覆孔、孟，铲伦常为快。呜呼！因童子之羸困，不求良医，乃追责其二亲之有隐瘵，逐之，而童子可以日就肥泽，有是

理耶？外国不知孔、孟，然崇仁、仗义、矢信、尚智、守礼，五常之道，未尝悖也，而又济之以勇。弟不解西文，积十九年之笔述，成译著一百二十三种，都一千二百万言，实未见中有违忤五常之语。何时贤乃有此叛亲蔑伦之论？此其得诸西人乎，抑别有所受耶？

我公心右汉族，当在杭州时，间关避祸，与夫人同茹辛苦，宗旨不变，勇士也。方公行时，弟与陈叔通惋惜公行，未及一送。申、伍异趣，各行其是。盖今公为民国宣力，弟仍清室举人，交情固在，不能视若冰炭，故辱公寓书，殷殷于刘先生序跋，实隐示明、清之季各有遗民，其志均不可夺也。弟年垂七十，富贵功名，前三十年视若弃灰，今笃老，尚抱守残缺，至死不易其操。前年梁任公倡马、班革命之说，弟闻之失笑。任公非劣，何为作此媚世之言？马、班之书，读者几人，殆不革而自革，何劳任公费此神力。若云死文字有碍生学术，则科学不用古文，古文亦无碍科学。英之迭更，累斥希腊、腊丁、罗马之文为死物，而至今仍存者，迭更虽躬负盛名，固不能用私心以蔑古，矧吾国人尚有何人如迭更者耶？

须知天下之理，不能就便而夺常，亦不能取快而滋弊。使伯夷、叔齐生于今日，则万无济变之方。孔子为圣之时，时乎井田封建，则孔子必能使井田封建一无流弊；时乎潜艇飞机，则孔子必能使潜艇飞机不妄杀人，所以名为时中之圣。时者，与时不悖也。卫灵问陈，孔子行；陈恒弑君，孔子讨。用兵与不用兵，亦正决之以时耳。今必曰天下之弱，弱于孔子，然则天下之强，宜莫强于威廉。以柏灵一隅，抵抗全球，皆败衄无措，直可为万世英雄之祖。且其文治、武功、科学、商务，下及工艺，无一不冠欧洲，胡为恹恹为荷兰之寓公？若云成败不可以论英雄，则又何能以积弱归罪孔子？彼庄周之书，最摈孔子者也，然《人间世》一篇，盛推孔子。所谓《人间世》者，不能离人而立之谓。其托颜回，托叶公子高之问难孔子，陈以接人处世之道，则庄周亦未尝不近人情，而忤孔子。乃世士不能博辨，为千载以上之庄周，竟咆哮为千载以下之桓魋，抑何其可笑也！

且天下惟有真学术、真道理，始足独树一帜，使人景从。若尽废古书，行用土语为文字，则都下引车卖浆之徒，所操之语，按之皆有文法，不类闽广人为无文法之啁啾。据此，则凡京津之稗贩，均可用为教授矣。若《水浒》、《红楼》，皆白话之圣，并足以教科之书，不知《水浒》中辞吻多采岳珂之《金陀萃篇》，《红楼》亦不止为一人手笔，作者均博极群书之人。总之，非读破万卷，不能为古文，亦并不能为白话。若化古子之言为白话演说，亦未尝不是。按《说文》，演，长流也，亦有延之、广之之义。法当以短演长，不能以古子之长演为白话之短。且使人读古子者，须读其原书耶，抑凭讲师之二三语即算为古子？若读原书，则又不能全废古文矣。矧于古子之外，尚以说文讲授。《说文》之学，非俗书也，当参以古籀，证以钟鼎之文，试思用籀篆可化为白话耶？果以籀篆之文，杂之白话之中，是引汉、唐之环、燕与村妇谈心，陈商、周之俎豆，为野老聚饮，类乎不类？弟闽人也，南蛮鴃舌，亦愿习中原之语言。脱授我者不以中原之语言，仍令我为鴃舌之闽语，可乎？盖存国粹而授《说文》，可也，以《说文》为客，以白话为主，不可也。

乃近来尤有所谓新道德者，斥父母为自感情欲，于己无恩。此语曾一见之随园文中。仆方以为儗不于伦，斥袁枚为狂谬，不图竟有用为讲学者。人头畜鸣，辩不屑辩，置之可也。彼又云："武曌为圣王，卓文君为名媛。"此亦拾李卓吾之余唾。卓吾有禽兽行，故发是言。李穆堂又拾其余唾，尊严嵩为忠臣。今试问二李之名，学生能举之否？同为埃灭，何苦增兹口舌？可悲也。大凡为士林表率，须圆通广大，据中而立，方能率由无弊。若凭位分势利而施趋怪走奇之教育，则惟穆罕默德左执刀而右传教，始可如其愿望。今全国父老以子弟托公，愿公留意，以守常为是。

况天下溺矣，藩镇之祸，迩在眉睫，而又成为南北美之争。我公为南士所推，宜痛哭流涕，助成和局，使民生有所苏息；乃以清风亮节之躬，而使议者纷纷集，甚为我公惜之。

此书上后，可以不必示复，惟静盼好音，为国民端其趣向，故人老悖，甚有幸焉。愚直之言，万死，万死。

林纾顿首

附二:《公言报》:《请看北京学界思潮变迁之近状》

北京大学之新旧学派……两种杂志之对抗……第三者之调停派学说……三者以外之学者议论……林琴南致蔡鹤卿书。

北京近日教育虽不甚发达,而大学教师各人所鼓吹之各种学说,则五花八门,颇有足纪者。

国立北京大学,自蔡孑民氏任校长后,气象为之一变,尤以文科为甚。

文科学长陈独秀氏,以新派首领自居,平昔主张新文学甚力。教员中与陈氏沆瀣一气者,有胡适、钱玄同、刘半农、沈尹默等。学生闻风兴起,服膺师说,张大其辞者,亦不乏人。其主张,以为文学须顺应世界思潮之趋势。若吾中国历代相传者,乃为雕琢的、阿谀的贵族文学,陈腐的、铺张的古典文学,迂晦的、艰涩的山林文学,应根本推翻。代以平民的、抒情的国民文学,新鲜的、立诚的写实文学,明了的、通俗的社会文学。此文学革命之主旨也。自胡适氏主讲文科哲学门后,旗鼓大张,新文学之思潮,亦澎湃而不可遏。既前后抒其议论于《新青年》杂志;而于其所教授之哲学讲义,亦且改用白话文体裁;近又由其同派之学生,组织一种杂志曰《新潮》者,以张皇其学说。《新潮》之外,更有《每周评论》之印刷物发行。其思想议论之所及,不仅反对旧派文学,冀收摧残廓清之功,即于社会所传留之思想,亦直接间接发见其不适合之点,而加以抨击。盖以人类社会之组织,与文学本有密切之关系,人类之思想,更为文学实质之所存,既反对旧文学,自不能不反对旧思想也。

顾同时与之对峙者,有旧文学一派。旧派中以刘师培氏为之首,其他如黄侃、马叙伦等,则与刘氏结合,互为声援者也。加以国史馆之耆老先生,如屠敬山、张相文之流,亦复深表同情于刘、黄。刘、黄之学,以研究音韵、说文、训诂为一切学问之根,以综博考据讲究古代制接迹汉代经史之轨,文章则重视八代而轻唐宋,目介甫、子瞻为浅陋寡学。其于清代所谓桐城派之古文家，则深致不满，谓彼辈学无所根，而徒斤斤于声调。更借文以载道之说，假义理为文章之面具，殊不值通人一笑。从前大学讲坛，为桐城派古文家所占领者，迄入民国，章太炎学派代之以兴。在姚叔节、林琴南辈，目击刘、黄诸后生之皋比坐拥，已不免有文艺衰微之感。然若视新文学派之所主张，更当认为怪诞不经，似为其祸之及于人群，直无异于洪水猛兽，转顾太炎新派，反若涂轨之犹能接近矣。顷者刘、黄诸氏以陈、胡等与学生结合，有种种印刷物发行也，乃亦组织一种杂志，曰《国故》。组织之名义，出于学生，而主笔政之健将，教员实居其多数。盖学生中固亦分旧、新两派，而各主其师说者也。二派杂志，旗鼓相当，互相争辩，当然有裨于文化。第不言忘其辩论之范围，纯任意气，各以恶声相报复耳。

至于介乎二派者，则有海盐朱希祖氏。朱亦太炎之高足弟子也，邃有国学，且明于世界文学进化之途径，故于旧文学之外，兼冀组织新文学。惟彼之所谓新者，非脱却旧之范围，盖其手段不在于破坏，而在于改良。以记者之愚，似觉朱氏之主张较为适当也。

日前喧传教育部有训令达大学，令其将陈、钱、胡三氏辞退。但经记者之详细调查，则知尚无其事。惟陈、胡等对于新文学之提倡，不第旧文学一笔抹杀，而且绝对的菲弃旧道德，毁斥伦常，诋排孔孟，并且有主张废国语而以法兰西文字为国语之议。其卤莽灭裂，实亦太过。顷林琴南氏有致蔡孑民一书，洋洋千言，于学界前途，深致悲悯。兹将原书刊布于下。读者可以知近日学风变迁之剧烈矣。

附三：蔡元培抄寄之赵体孟来函

敬恳者：

敝郡明遗老刘应秋先生遗著(《说经史》十卷、《草楼诗集》五卷、《砚斋文集》五卷)，特求台端加以品题。此书虽非一种学说，然文章之美，则上窥汉魏，下摭初唐，尚不失为彬雅。先生讳应秋，字体元。生平甘贫乐道，杜门谢客，康熙癸未时，曾辞神木司铎之命。郡人父老相传，顾亭林游历至此，与先生订为文字交。然遗著零落，无可考究，是以为憾。是稿原先生不能灾木，后付张鹏飞补山先生发印，曾经吴门陆俨庭先生鉴定，又未果。今原稿存补山家中一二，移散友人处五六。孟思先生一生咿唔斗室八十余载，若不献世，则沧海桑田，焉不烬灭。先是补山先生某日至学园，见焚字纸者，近取谛视，则先生之遗著在焉，审之则一半已付秦灭。言原著四十余本，今所有者则二十一二耳。先生后嗣至六世而遂绝，故孟欲集梓行，而力未胜；今介绍商务书馆，以重价始让版权发行。不揣冒昧，谨为先容，尚希雅鉴。恳介绍任公、太炎，又林琴南诸先生代为品题。

辞北大校长职呈*

为呈请辞职事：窃元培自任国立北京大学校长以来，奉职无状，久思引退。适近日本校全体学生又以爱国热诚，激而为骚扰之举动，约束无方，本当即行辞职；徒以少数学生被拘警署，其他学生不忍以全体之咎归诸少数，终日皇皇，不能上课，本校秩序极难维持，不欲轻卸责任，重滋罪戾。今被拘各生业已保释，全体学生均照常上课，兹事业已告一段落。元培若再尸位本校，不特内疚无穷，亦大有累于大总统暨教育总长知人之明。敬竭诚呈请辞职，并已即日离校。一切校务，暂请温宗禹学长代行。敬请大总统简任贤者，刻期接任，实为公便。谨呈。

附：大总统指令

令北京大学校长蔡元培呈为奉职无状恳请解职由。

呈悉。该校长殚心教育，任职有年。值兹整饬学风，妥筹善后，该校长职责所在，亟待认真擘理，挽济艰难。所请解职之处，着毋庸议。此令。

据《益世报》(1919年5月10、16日)

---

* 1919年5月8日。

辞北大校长职出京启事*

我倦矣！“杀君马者道旁儿。”“民亦劳止，汔可小休。”我欲小休矣。北京大学校长之职，已正式辞去；其他向有关系之各学校，各集会，自五月九日起，一切脱离关系。特此声明，惟知我者谅之。

附：程演生教授答学生常惠书

“杀君马者路旁儿。”《风俗通》曰：“杀君马者，路旁儿也。”言长吏养马肥而希出，路旁小儿观之，却惊致死。按长吏马肥，观者快之，乘者喜其言，驰驱不已，至于死。

梁张士简用此意作《走马引》，曰：“良马龙为友，玉珂金作羁。驰骛宛与洛，半骤复半驰。条〔倏〕忽而千里，光景不及移。九方惜未见，薛公宁所知。敛辔且归去，吾畏路旁儿。”

蔡先生用此语，大约谓己所处之地位，设不即此审备所在，徒循他人之观快，将恐溺身于害也。与士简诗意正相合。所以上文曰：“吾倦矣！”自伤之情，抑何深痛！（元培案：引此语但取积劳致死一义，别无他意。）

“民亦劳止，汔可小休。”《毛诗·大雅·民劳》第二章曰：“民亦劳止，汔可小休。惠此中国，以为民逑。无纵诡随，以谨惛怓。式遏寇虐，无俾民忧。无弃尔劳，以为王休。”

蔡先生用此语，盖非取全章之义。所谓民者，或自射其名耳（子

* 1919年5月9日。

民)。言已处此忧劳之余,庶几可以小休矣。倘取全章之义,则不徒感叹自身,且议执政者也。(元培案:引此语但取劳则可休一义,别无他意。)

常惠君足下:

顷讯蔡先生启事中引用之语,兹已检查明确,希即转示同学。“杀君马”之语,外面误解者亦甚夥,且有望文生义者,谓君者指政府,马者指曹、章,路旁儿指各校学生。若是说去,成何意义?可发一笑。贤者虽明哲保身,抑岂忍重责于学生耶!综观上所条举之书及诗,蔡先生引用此语之本心,读者当可了解矣。足下何日南下?有暇望过我一叙。此答。余不一一。

五月十日　二古白

据《北京大学日刊》第374号(1919年5月9日出版);
第375号(1919年5月10日出版)

告北大同学诸君*

北京大学同学诸君鉴：

仆深信诸君本月四日之举，纯出于爱国之热诚。仆亦国民之一，岂有不满于诸君之理！惟在校言校，为国立大学校长者，当然引咎辞职。仆所以不于五日即提出辞呈者，以有少数学生被拘警署，不得不立于校长之地位，以为之尽力也。今幸承教育总长、警察总监之主持，及他校校长之援助，被拘诸生，均经保释。仆所能尽之责，止于此矣。如不辞职，更待何时？至一面提出辞呈，一面出京，且不以行踪告人者，所以避挽留之虚套，而促继任者之早于发表，无他意也。北京大学之教授会，已有成效，教务处亦已组成，校长一人之去留，决无妨于校务。惟恐请君戒不见谅，以仆之去职，为有不满于诸君之意，故特在途中匆促书此，以求谅于诸君。

十日　蔡元培启

据《北京大学日刊号外》(1919 年 5 月 11 日)；

并参阅《益世报》(1919 年 5 月 16 日)

---

* 1919 年 5 月 10 日。

由天津车站南下时的谈话*

本埠确实消息：蔡孑民已于十日乘津浦车南下。登车时，适有一素居天津之友人往站送他客。遇蔡君，大诧异曰：君何以亦南行？

蔡君曰：我已辞职。

友曰：辞职当然，但何以如此坚决？

蔡曰：我不得不然。当北京学生示威运动之后，即有人频频来告，谓政府方面之观察，于四日之举，全在于蔡，蔡某不去，难犹未已。于是有焚烧大学、暗杀校长之计划。我虽闻之，犹不以为意也。八日午后，有一平日甚有交谊、而与政府接近之人又致一警告，谓：君何以尚不出京！岂不闻焚烧大学、暗杀校长等消息乎？我曰：诚闻之，然我以为此等不过反对党恫吓之词，可置不理也。其人曰：不然，君不去，将大不利于学生。在政府方面，以为君一去，则学生实无能为，故此时以去君为第一义。君不闻此案已送检察厅，明日即将传讯乎？彼等决定，如君不去，则将严办此等学生，以陷君于极痛心之境，终不能不去。如君早去，则彼等料学生当无能为，将表示宽大之意敷衍之，或者不复追究也。我闻此语大有理。好在辞呈早已预备，故即于是晚分头送去，而明晨速即离校，以保全此等无辜之学生。

询以此后作何计划？

蔡曰：我将先回故乡视舍弟，并觅一幽僻之处，杜门谢客，温习德、法文，并学英语。以一半时力，译最详明之西洋美术史一部，最著名之美学若干部。此即我此后报国之道也。

据《益世报》(1919年5月17日)

* 1919年5月10日。

致徐世昌等电*

大总统、总理、教育总长钧鉴:奉大总统指令慰留,不胜愧悚。学生举动,逾越常轨,元培当任其咎。政府果曲谅学生爱国愚诚,宽其既往,以慰舆情;元培亦何敢不勉任维持,共图补救。谨陈下悃,伫候明示。元培。

据《益世报》(1919 年 5 月 21 日)

* 1919 年 5 月 20 日。

不肯再任北大校长的宣言*

(一)我绝对不能再作那政府任命的校长:为了北京大学校长是简任职,是半官僚性质,便生出许多官僚的关系,那里用呈,那里用咨,天天有一大堆无聊的照例的公牍。要是稍微破点例,就要呈请教育部,候他批准。什么大学文、理科叫做本科的问题,文、理合办的问题,选科制的问题,甚而小到法科暂省学长的问题,附设中学的问题,都要经那拘文牵义的部员来斟酌。甚而部里还常常派了什么一知半解的部员来视察,他报告了,还要发几个训令来训饬几句。我是个痛恶官僚的人,能甘心仰这些官僚的鼻息么?我将进北京大学的时候,没有想到这一层,所以两年有半,天天受这个苦痛。现在苦痛受足了,好容易脱离了,难道还肯投入去么?

(二)我绝对不能再作不自由的大学校长:思想自由,是世界大学的通例。德意志帝政时代,是世界著名开明专制的国,他的大学何等自由。那美、法等国,更不必说了。北京大学,向来受旧思想的拘束,是很不自由的。我进去了,想稍稍开点风气,请了几个比较的有点新思想的人,提倡点新的学理,发布点新的印刷品,用世界的新思想来比较,用我的理想来批评。还算是半新的。在新的一方面偶有点儿沾沾自喜的,我还觉得好笑。哪知道旧的一方面,看了这点半新的,就算"洪水猛兽"一样了。又不能用正当的辩论法来辩论,鬼鬼祟祟,想借着强权来干涉。于是教育部来干涉了,国务院来干涉了,甚而什么参议院也来干涉了,世界有这种不自由的大学么?还要我去充这种大学

---

* 1919年6月15日。

的校长么?

(三)我绝对不能再到北京的学校任校长:北京是个臭虫窠(这是民国元年袁项城所送的徽号,所以他那时候虽不能到南京去,却有移政府到南苑去的计划)。无论何等高尚的人物,无论何等高尚的事业,一到北京,便都染了点臭虫的气味。我已经染了两年有半了,好容易逃到故乡的西湖、鉴湖,把那个臭气味淘洗净了。难道还要我再作逐臭之夫,再去尝尝这气味么?

我想有人见了我这一段的话,一定要把"我不入地狱,谁入地狱"的话来劝勉我。但是我现在实在没有到佛说这句话的时候的程度,所以只好谨谢不敏了。

据《蔡元培全集》第三卷(中华书局,1984年出版)

致全国学生联合会等电*

上海全国学生联合会、北京中等以上学校学生联合会、北京大学学生干事部公鉴:仆出京以后,宿疾屡发,本拟借此息肩。乃叠接函电,并电方、杨、朱、许、蒋、李、熊、狄诸君代表,备述诸君雅意;重以各方面责望之殷,已不容坚持初志。惟深望诸君亦能推爱仆之心,有所觉悟;否则教育前途,必生障碍。非特仆难辞咎,诸君亦与有责焉。元培。佳。

据《益世报》(1919年7月14日)

附:北大全体学生复蔡元培电

(杭州)中国银行蔡谷卿先生转孑民先生鉴:佳电蒙允不坚持初志,感激之私,无任涕零。自先生翘然南旋,生等夙夜祇惧,茫无所归。不图今兹复得承教君子。旷时废学,惟有痛心。兢兢自守,幸无陨越。此后当益自策励,求学救国,万不至逾越轨范,以贻先生忧。校务万端待理,请即日北上。临电迫切,惟先生命之。北京大学全体学生叩。灰。

据《申报》(1919年7月13日)

---

* 1919年7月9日。

告北大学生暨全国学生书*

北京大学学生诸君并请全国学生联合会诸君公鉴：

诸君自五月四日以来，为唤醒全国国民爱国心起见，不惜牺牲神圣之学术，以从事于救国之运动。全国国民，既动于诸君之热诚，而不敢自外，急起直追，各尽其一分子之责任。即当局亦了然于爱国心之可以救国，而容纳国民之要求。在诸君唤醒国民之任务，至矣尽矣，无以复加矣！社会上感于诸君唤醒之力，不能为筌蹄之忘，于是开会发电，无在不愿与诸君为连带之关系，此人情之常，无可非难。然诸君自身，岂亦愿永羁于此等连带关系之中，而忘其所牺牲之重任乎？世界进化，实由分功，凡事之成，必资预备。即以提倡国货而言，贩卖固其要务，然必有制造货品之工厂与培植原料之农场，以开其源。若驱工厂农场之人才，而悉从事于贩卖，其破产也，可立而待。诸君自思，在培植制造时代乎？抑在贩卖时代乎？我国输入欧化，六十年矣，始而造兵，继而练军，继而变法，最后乃始知教育之必要。其言教育也，始而专门技术，继而普通学校，最后乃始知纯粹科学之必要。吾国人口号四万万，当此教育万能、科学万能时代，得受普通教育者，百分之几，得受纯粹科学教育者，万分之几。诸君以环境之适宜，而有受教育之机会，且有研究纯粹科学之机会，所以树吾国新文化之基础，而参加于世界学术之林者，皆将有赖于诸君。诸君之责任，何等重大。今乃为参加大多数国民政治运动之故，而绝对牺牲之乎？

抑诸君或以唤醒同胞之任务，尚未可认为完成，不能不再为若干

* 1919年7月。

日之经营，此亦非无理由。然以仆所观察，一时之唤醒，技止此矣，无可复加。若令为永久之觉醒，则非有以扩充其知识，高尚其志趣，纯洁其品性，必难幸致。自大学之平民讲演，夜班教授，以至于小学之童子军，及其他学生界种种对于社会之服务，固常为一般国民之知识，若志趣，若品性，各有所尽力矣。苟能应机扩充，持久不怠，影响所及，未可限量。而其要点，尤在注意自己之知识，若志趣，若品性，使有左右逢源之学力，而养成模范人物之资格，则推寻本始，仍不能不以研究学问为第一责任也。

且政治问题，因缘复杂，今日见一问题，以为至重要矣，进而求之，犹有重要于此者。自甲而乙，又自乙而丙丁，以至癸子等等，互相关联。故政客生涯，死而后已。今诸君有见于甲乙之相联，以为毕甲不足，毕乙而后可，岂知乙以下之相联而起者，曾无已时。若与之上下驰逐，则夸父逐日，愚公移山，永无踌躇满志之一日，可以断言。此次世界大战，德法诸国，均有存亡关系，罄全国胜兵之人，为最后之奋斗，平日男子职业，大多数已由妇女补充，而自小学以至大学，维持如故。学生已及兵役年限者，间或提前数月毕业，而未闻全国学生，均告奋勇，舍其学业，而从事于军队，若职业之补充，岂彼等爱国心不及诸君耶？愿诸君思之。

仆自出京，预备杜门译书，重以卧病，遂屏外缘。乃近有“恢复五四以前教育原状”之呼声，各方面遂纷加责备，迫以复出，仆遂不能不加以考虑。夫所谓“教育原状”者，宁有外于诸君专研学术之状况乎？使诸君果已抱有恢复原状之决心，则往者不谏，来者可追，仆为教育前途起见，虽力疾从公，亦义不容辞。读诸君十日三电，均以“力学报国”为言，勤勤恳恳，实获我心。自今以后，愿与诸君共同尽瘁学术，使大学为最高文化中心，定吾国文明前途百年大计。诸君与仆等，当共负其责焉。

据《北京大学日刊》第 421 号（1919 年 7 月 23 日出版）

回任北大校长在全校教职员欢迎会上的演说词*

最近四个月，校中正值多事，全赖诸先生合力维持，鄙人卧病故乡，不能稍稍分劳，正抱歉的了不得。今日在此相见，诸先生乃又以欢迎为言，并陈过承奖藉之欢迎词，鄙人更加惭愧了。

学校是有机的组织，校中职员，普通语分为教员、职员两部，其实没有一事不互相关联的。不是平日间互相了解，合力进行，那校务早已停滞，还能进行到现在的状况么？

学潮期内，多有仓促发生的事变，各人观察不同，间生误会，但不过一时现象；一转瞬间，仍是互相了解，合力进行，所以能维持大学，作种种开学的预备，到今日竟能照常开学。

经了这一次经验，平日间不知不觉间互相了解合力进行的习惯，加了一层深刻的印象。此后这种习惯的强度，必要加增，校务的进行必更顺利，这是鄙人敢断言的。鄙人深愿此后校中文牍，不要再循普通语为教员、职员的分别，竟按照规程，普称职员，并名称上界限也破除了。想诸先生也必赞成的。

总之，本校事务，是全体职员共同负责的。全体职员的组织，果然稳固，即有一二分子的变动。为〔如〕更换校长等事，当然不成问题。鄙人今日既感谢诸先生见爱的盛意，尤不敢不把鄙人的感想宣布于诸先生，请诸先生教正。

据《北京大学日刊》第443号（1919年9月22日出版）

* 1919年9月20日。

回任北大校长在全体学生欢迎会上的演说词*

别来忽忽四个月，今日得与诸君相见，我心甚为愉快。但自我出京以后，诸君经了许多艰难危险的境遇；我卧病在乡，不能稍效斡旋维持的劳，实在抱歉得很。我以为诸君一定恨我骂我，要与我绝交了；不意我屡次辞职，诸君要求复职，我今勉强来了，与诸君相见，诸君又加以欢迎的名目，并陈极恳挚之欢迎词，真叫我感谢之余，惭愧的了不得。

诸君的爱国运动，事属既往，全国早有公论，我不必再加评论。惟我从别方面观察，觉得在这时期，看出诸君确有自治的能力，自动的精神，想诸君也能自信的。诸君但能在校中保持这种自治的能力，管理上就不成问题。能发展这种自动的精神，学问上除得几个积学的教员随时指导，有图书仪器足供参考试验外，没有什么别的需要。至于校长一职，简直可不必措意了。

诸君都知道，德国革命以前是很专制的，但是它的大学是极端的平民主义；它的校长与各科学长，都是每年更迭一次，由教授会公举的；它的校长，由四科教授迭任，如甲年所举是神学科教授，乙年所举是医学科教授，丙年所举是法学科教授，丁年所举是哲学科教授，周而复始，照此递推。诸君试想，一科的教授，当然与他科的学生很少关系；至于神学科教授，尤为他科的学生所讨厌的。但是他们按年轮举，全校学生，从没有为校长生问题的。这是何等精神呵！

我初到北京大学，就知道以前的办法是，一切校务都由校长与学

* 1919年9月20日。

监主任、庶务主任少数人办理，并学长也没有与闻的，我以为不妥，所以第一步组织评议会，给多数教授的代表，议决立法方面的事；恢复学长权限，给他们分任行政方面的事。但校长与学长，仍是少数。所以第二步组织各门教授会，由各教授与所公举的教授会主任，分任教务。将来更要组织行政会议，把教务以外的事务，均取合议制。并要按事务性质，组织各种委员会，来研讨各种事务。照此办法，学校的内部，组织完备，无论何人来任校长，都不能任意办事。即使照德国办法，一年换一个校长，还成问题么？

这一次爱国运动，要是认定单纯的目的，到德约决不签字，曹、陆、章免职，便算目的达到，可以安心上课了。不幸牵入校长问题，又生出许多支节，这不能不算是遗憾。所望诸君此后，能保持自治的能力，发展自动的精神，并且深信大学组织，日臻稳固，不但一年换一个校长，就是一年换几个校长，对于诸君研究学问的目的，是决无妨碍的。诸君不要再为校长的问题分心，这就不辜负我们今日的一番聚会了。

据《北京大学日刊》第443号（1919年9月22日出版）

北大第二十二年开学式演说词*

今日为北京大学第二十二年的开学日。新到诸生差不多占四分之一。本来旧生所知道的,也当为新生申说大概。况此次学潮以后,外边颇有谓北京大学学生专为政治运动,能动不能静的。不知道本校学生这次的加入学潮,是激于一时的爱国热诚,为特别活动,一到研究学问的机会,仍是非常镇静的。外边流言,实是误会。但是,我们也不可不作"有则改之、无则加勉"的打算。所以,我现在把北京大学的教育方针说说,不但给新生指示趋向,也是为旧生提醒一番的意思。

诸君须知,大学并不是贩卖毕业文凭的机关,也不是灌输固定知识的机关,而是研究学理的机关。所以,大学的学生并不是熬资格,也不是硬记教员讲义,是在教员指导之下自动的研究学问的。为要达上文所说的目的,所以延聘教员,不但是求有学问的,还要求于学问上很有研究的兴趣,并能引起学生的研究兴趣的。不但世界的科学取最新的学说,就是我们本国固有的材料,也要用新方法来整理它。这种标准,虽不是一时就能完全适合,但我们总是向这方面进行。又如图书、杂志、仪器、标本,研究学理上所必不可少的,我们限于经费,虽不能一时购置完善,但也是逐年增加的。且既然认定大学是研究学理的机关,对于纯粹学理的文理科,自当先作完全的建设。我们因文理科尚有许多门类,为经费与地位所限,不能一时并设,所以,乘北洋大学同是国立,同有土木工科、采矿冶金科的关系,把工科归并北洋。即用工科的经费与教室、实验室,来扩充理科的一部分。研究学理,不可不屏

---

* 1919年9月20日。

除纷心的嗜好，所以，本校提倡进德会，对于嫖赌的恶习，官吏议员的运动，是悬为戒律的。研究学理，必要有一种活泼的精神，不是学古人“三年不窥园”的死法能做到的，所以，本校提倡体育会、乐音会、书画研究会等，来涵养心灵。大凡研究学理的结果，必要影响于人生。倘没有养成博爱人类的心情，服务社会的习惯，不但印证的材料不完全，就是研究的结果也是虚无。所以本校提倡消费公社、平民讲演、校役夜班与《新潮》杂志等，这些都是本校最注重的事项，望诸君特别注意。

抑本校很愿多延各国硕学来校讲授，惜机会很不易得。今年适值杜威博士来华游历，本校得博士与哥仑比亚大学校长的允许，得请博士留华一年，在本校讲授哲学，这是很难得的机会。所以，今日特请博士演说，并先为绍介。

据《北京大学日刊》第443号(1919年9月22日出版)

杜威六十岁生日晚餐会演说词*

今日是北京教育界四团体公祝杜威博士六十岁生日的晚餐会。我以代表北京大学的资格，得与此会，深为庆幸。我所最先感想的，就是博士与孔子同一生日，这种时间的偶合。在科学上没有什么关系；但正值博士留滞我国的时候，我们发现这相同的一点，我们心理上不能不有特别感想。

博士不是在我们大学说：现今大学的责任，就该在东西文明作媒人么？又不是说：博士也很愿分负此媒人的责任么？博士的生日，刚是第六十次；孔子的生日，已经过二千四百七十次，就是四十一又十个六十次，新旧的距离很远了。博士的哲学，用十九世纪的科学作根据，用孔德的实证哲学、达尔文的进化论、詹美士的实用主义递演而成的，我们敢认为西洋新文明的代表。孔子的哲学，虽不能包括中国文明的全部，却可以代表一大部分；我们现在暂认为中国旧文明的代表。孔子说尊王，博士说平民主义；孔子说女子难养，博士说男女平权；孔子说述而不作，博士说创造。这都是根本不同的。因为孔子所处的地位、时期，与博士所处的地位、时期，截然不同；我们不能怪他。

但我们既然认旧的亦是文明！要在他里面寻出与现代科学精神不相冲突的，非不可能。即以教育而论，孔子是中国第一个平民教育家。他的三千个弟子，有狂的，有狷的，有愚的，有鲁的，有辟的，有喭的，有富的如子贡，有贫的如原宪；所以东郭、子思说他太杂。这是他破除阶级的教育的主义。他的教育，用礼、乐、射、御、书、数的六艺作

---

* 1919年10月20日。

普通学；用德行、政治、言语、文学的四科作专门学。照《论语》所记的，问仁的有若干，他的答语不一样；问政的有若干，他的答语也不是一样。这叫做是“因材施教”。可见他的教育，是重在发展个性，适应社会，决不是拘泥形式，专讲划一的。孔子说：“学而不思则罔，思而不学则殆。”这就是经验与思想并重的意义。他说：“多闻阙疑，慎言其余，多见阙殆，慎行其余。”这就是试验的意义。

我觉得孔子的理想与杜威博士的学说，很有相同的点。这就是东西文明要媒合的证据了。但媒合的方法，必先要领得西洋科学的精神，然后用它来整理中国的旧学说，才能发生一种新义。如墨子的名学，不是曾经研究西洋名学的胡适君，不能看得十分透澈，就是证据。孔子的人生哲学与教育学，不是曾研究西洋人生哲学与教育学的，也决不能十分透澈，可以适用于今日的中国。所以我们觉得返忆旧文明的兴会，不及欢迎新文明的浓至。因而对于杜威博士的生日，觉得比较那尚友古人，尤为亲切。自今以后，孔子生日的纪念，再加了几次或几十次，孔子已经没有自身活动的表示；一般治孔学的人，是否于社会上有点贡献是一个问题。博士的生日，加了几次以至几十次，博士不绝的创造，对于社会上必更有多大的贡献。这是我们用博士已往的历史可以推想而知的。兼且我们作孔子生日的纪念，与孔子没有直接的关系；我们作博士生日的庆祝，还可以直接请博士的赐教。所以对于博士的生日，我们觉得尤为亲切一点。我敬〔谨〕代表北京大学全体举一觞，祝杜威博士万岁！

据《北京大学日刊》第446号（1919年10月22日出版）

在北大音乐研究会演说词*

今日为吾校音乐研究会开同乐会之日，溯自五月间，在青年会开会后，迄今已半载矣。中更停顿，无限感慨。音乐为美术之一种，与文化演讲，有密切之关系。世界各国，为增进文化计，无不以科学与美术并重。吾国提倡科学，现已开始，美术则尚未也。欧洲各国，除有音乐专门学校以培植专门人才外，若音乐会，则时时有之。即小村落中，于星期日，亦在公园或咖啡馆内奏乐，若柏林、巴黎等大都会，更无论矣。吾国音乐，在秦以前颇为发达，此后反似退化。好音乐者，类皆个人为自娱起见，聊循旧谱，依式演奏而已。西洋音乐家，则往往有根据学理自制新谱者。盖创造之才，非独科学界所需要，美术界亦如是也。吾国今日尚无音乐学校，即吾校尚未能设正式之音乐科。然赖有学生之自动与导师之提倡，得以有此音乐研究会，未始非发展音乐之基础。所望在会诸君，知音乐为一种助进文化之利器，共同研究至高尚之乐理，而养成创造新谱之人才，采西乐之特长，以补中乐之缺点，而使之以时进步，庶不负建设此会之初意也。

据《北京大学日刊》第488号(1919年11月17日出版)

* 1919年11月11日。

北大平民夜校开学日演说词*

今日为北京大学学生会平民夜校开学日，此事不惟关系重大，也是北京大学准许平民进去的第一日。从前这个地方是不许旁人进去的，现在这个地方人人都可以进去。从前马神庙北京大学挂着一块匾，仿佛一块虎头牌一样，人家见着的，都以为这是学堂重地，不得擅入，把它看做全国最高的学府，只有大学学生同教员可以进去，旁人都是不能进去的。这种思想，在北京大学附近的人，尤其如此。现在这块匾已经取去了。

北京大学第一步的改变，便是校役夜班之开办。于是二十多年的京师大学堂里面，听差的也可以求学。从前京师大学堂里面的听差，不过赚几个钱，喊几声大人老爷；现在北京大学替听差的开个校役夜班，他们晚上不当差的时候，也可以随便的求点学问。于是大学中无论何人，都有了受教育的权利。不过单是大学中人有受教育的权利还不够，还要全国人都能享受这种权利才好。所以先从一部分做起，开办这个平民夜校。

"平民"的意思，是"人人都是平等的"。从前只有大学生可受大学的教育，旁人都不能够，这便算不得平等。现在大学生分其权利，开办这个平民夜校，于是平民也能到大学去受教育了。大学生为什么要办这个平民夜校呢？因为他们自己已经有了学问，看见旁的兄弟还没有学问，自己心中很难过，好像看见一家的弟兄都饿着，许多的兄弟姊妹都还饿着没有饭吃，自己心中就很难过一样，觉得他们很苦，所以就立

* 1920年1月18日。

刻办这个平民夜校。

“一个人不但愁着肚子饿，而且怕脑子饿。”大学生看见许多弟弟妹妹的肚子饿固然难过，他们看见你们的脑子饿，也是很难过的。因为人没有学问，不认识字，是很苦的一件事，甚至于写封信还要请人去写。要是自己会写，还受这种苦吗？我们有手而不能用，有目而不能见，我们心中一定很难过；我们的脑子饿了，看个电影也不能懂得，又何尝不是一样的苦呢？譬如大学生从小学住到中学，现在又住大学，仿佛已经吃的很多。要是看见旁人没有学问，没有知识，常常受“脑饿”的痛苦，他们自己一定很难过，很不爽快，因为不平，所以愿为大家尽力，开办这个平民夜校。大学生一方面既有这种好意思，住在大学附近的人家，也把他的子弟送去求学，现在竟有四百多人，仿佛肚子饿了要去求食一样。这种意思，实在好极，也算不负了办平民夜校的热心。

办平民夜校的，固然要热心；我对于夜校的学生同家长，还有两层希望：

一、教职员既然拿出全副的精神教我们，我们进去一两天后，觉得没有什么新奇，于是就不去了。要是这样，仿佛也对不起教员的一番热心。

二、住在大学附近的，才有这种特别权利，那些住得较远的，不能享有这种权利的，你们应该觉得很难过，把你们所已知的传达给他们——你们的亲戚或朋友——使他们的子弟也入他们附近的平民夜校去求学。

这都是很要紧的。这也是我所望于办平民夜校的与你们的。

据《北京大学日刊》第523号（1920年1月24日出版）

洪水与猛兽*

二千二百年前，中国有个哲学家孟轲，他说国家的历史，常是"一乱一治"的。他说第一次大乱，是四千二百年前的洪水；第二次大乱，是三千年前的猛兽。后来说到他那时候的大乱，是杨朱、墨翟的学说。他又把自己的拒杨墨，比较禹的抑洪水，周公的驱猛兽，所以崇奉他的人，就说杨墨之害，甚于洪水猛兽。后来一个学者，要是攻击别种学说，总是袭用"甚于洪水猛兽"这句话。譬如唐宋儒家攻击佛老，用它；清朝程朱派攻击陆王派，也用它；现在旧派攻击新派，也用它。

我以为用洪水来比新思潮，很有几分相像。它的来势很勇猛，把旧日的习惯冲破了，总有一部分的人感受痛苦；仿佛水源太旺，旧有的河槽，不能容受它，就泛滥岸上，把田庐都扫荡了。对付洪水，要是如鲧的用湮法，便愈湮愈决，不可收拾。所以禹改用导法，这些水归了江河，不但无害，反有灌溉之利了。对付新思潮，也要舍湮法，用导法，让它自由发展，定是有利无害的。孟氏称"禹之治水，行其所无事"，这正是旧派对付新派的好方法。

至于猛兽，恰好作军阀的写照。孟氏引公明仪的话："庖有肥肉，厩有肥马，民有饥色，野有饿莩，此率兽而食人也。"现在军阀的要人，都有几百万、几千万的家产，奢侈的了不得；别种好好作工的人，穷的饿死，这不是率兽食人的样子么？现在天津、北京的军人，受了要人的指使，乱打爱国的青年，岂不明明是猛兽的派头么？

所以中国现在的状况，可算是洪水与猛兽竞争。要是有人能把猛

---

* 1920年。

兽驯伏了，来帮同疏导洪水，那中国就立刻太平了。

据《新青年》第7卷第5号(1920年4月1日出版)

北大第二十三年开学日演说词*

今日为北京大学第二十三年开学日。回溯去年开学时候，这一年中很有几件重要的事情。我在去年开学时说过："我希望本校以诸教授为各种办事机关的中心点，不要因校长一人的去留使学校大受影响。"但那时已经组织的惟有评议会、教授会与教务会议。一年以来，行政会议与各种委员会均已次第成立。就中如组织委员会、聘任委员会、预算委员会、图书委员会等，都已经办得很有成效，与从前学长制时代大不相同。其次若仪器委员会、审计委员会等，也想积极进行。我们敢信这种新组织试办得很有效果，可以继续办下去。日内就要呈教育部，请他承认。

一年以来，觉得学生方面近来很有觉悟：把从前硬记讲义、骗文凭的陋见渐渐儿打破了，知道专研学术是学生的天职。本校也就循这种方针定了几种方法：

(一)不专叫学生在讲堂上听讲，要留出多少时间，让他自己去研究。把课程表从新整理一番，把几种不要紧的功课、可以让学生自修的，减去了。又预备特筹经费，扩张图书馆。

(二)本校所办的研究所，本为已毕业与将毕业诸生专精研究起见；但各系分设，觉得散漫一点，所以有几系竟一点没有成绩。现在改组为四大部，集中人才，加添设备，当能有点进步。

(三)从前中国研究纯粹科学的人本来不多，不能不假借一点。譬如，请矿物学者讲地质学，请农学者讲生物学或博物学，都是不得已。

---

* 1920年9月16日。

现在，专门的学者渐渐多了，我们此后聘任教员，总要请专门的，并要请愿意委身教育、不肯兼营他事的。这一学期，已经请到几位，我将为诸君介绍。

（四）除了各种学科必须专门学者而又热心教育的担任外，如有名人讲演的机会，我们也不肯放过。杜威先生已经是请来讲过多少次。从今年起，还要请他留华一年，在本校讲授。法国的社会学者来维勃吕尔先生、数学者班乐卫先生，均不能久留，只能请他讲一二次。英国的罗素先生、德国的爱因斯坦先生，不久都要来华，我们一定也要请他讲演。这种世界著名学者的著作，我们固然可以阅览，但亲听了他讲演以后，更可引起研究的兴味。

以上各种设施，都是为便于学生研究学问起见；但学生一年以来，不但有研究学术的兴趣，兼且有服务社会的热诚，这也是可喜的事。须知服务社会的能力，仍是以学问作基础，仍不能不归宿于切实用功。还有一层，望大家励行自治。诸君多有尽力于平民夜校与平民讲演的，就要能够以身作则。去年以来，尊重人格的观念，固然较从前为发达，然试各自检点，果能毫无愧怍么？以后望注意“自治”二字，人人能管理自己，同学能互相管理，不要如从前样子，定要学监、舍监等来管才好。

今日所报告的与希望的，不过如此。不日我就要到法国去，我本来预备七月就去，后来因为有事，改在十月。本校的新组织既然完全成立，我暂时离校，没有什么不放心。关于校务，拟暂请蒋梦麟先生代理。今天就乘此机会，与诸君作别。

据《北京大学日刊》第695号（1920年9月17日出版）

北京大学校旗图说*

各国的国旗。虽然也有采用天象、动物、王冠等等图案，但是用色彩作符号的占多数。法国三色旗，说是自由、平等、博爱三大主义的符号，是最彰明较著的。我国国旗用五色，说是表示五族共和，也是这一类。我们现在所定的校旗，右边是横列的红、蓝、黄三色，左边是纵列的白色，又于白色中间缀黑色的北大两篆文，并环一黑圈。这是借作科学、哲学、玄学的符号。

我们都知道，各种色彩，都可用日光七色中几色化成的。我们又都知道，日光中七色，又可用三种主要色化成的。现在通行三色印刷术，就是应用这个原理。科学界的关系，也是如是。世界事物，虽然复杂，总可以用科学说明它们；科学的名目，虽然也很复杂，总可以用三类包举它们。那三类呢？第一，是现象的科学，如物理、化学等等。第二，是发生的科学，如历史学、生物进化学等等。第三，是系统的科学，如植物、动物、生理学等等。我们现在用红、蓝、黄三色，作这三类科学的符号。

我们都知道，白是七色的总和，自然也就是三色的总和了。我们又都知道，有一种哲学，把种种自然科学的公例贯串起来，演成普遍的原理，叫做自然哲学。我们又都知道，有几派哲学，把自然科学的原理，应用到精神科学，又把各方面的原理系统贯串起来，如英国斯宾塞尔氏的综合哲学、法国孔德氏的实证哲学，就是。这种哲学，可以算是科学的总和。我们现在用总和七色的白色来表示它。

---

* 1920年10月。

但是人类求知的欲望，决不能以综合哲学与实证哲学为满足，必要侵入玄学的范围。但看法国当实证哲学盛行以后，还有别格逊的玄学，很受欢迎，就可算是最显的例证了。玄学的对象，叔本华叫它做“没有理解的意志”；斯宾塞尔叫它做“不可知”；哈特曼叫它做“无意识”。道家叫做“玄”；释家叫做“涅槃”。总之，不能用科学的概念证明，全要用玄学的直觉照到的就是了。所以我们用没有颜色的黑来代表它。

大学是包容各种学问的机关，我们固然要研究各种科学；但不能就此满足，所以研究融贯科学的哲学；但也不能就此满足，所以又研究根据科学而又超绝科学的玄学。科学的范围最广，哲学是窄一点儿，玄学更窄一点儿。就分门研究说，研究科学的人最多，其次哲学，其次玄学。就一人经历说，研究科学的时间最多，其次哲学，其次玄学。所以校旗上面，红、蓝、黄三色所占的面积最大，白次之，黑又次之。

这就是国立北京大学校旗所以用这几种色，而这几种色所占面积又不相同的缘故。

据《蔡子民先生言行录》

在北大话别会演说词*

我到大学校，已有三年，中间因事离校多日，现在又要远行了。诸君牺牲了许多时间功课，开会送我，我实在抱歉之至！

我这次出去，若是于本校不免发生困难，我一定不去。但是现在校中组织很周密，职员办事很能和衷，职员与学生间也都是开诚布公。我没有什么不放心的事了。

我出去的意思有好几层：

本校自民国元年到现在，可算是在试验时代中。近几年校里都有些改革了。就是大战之后，各国大学也有一番改革，大都将少数人所受的高等教育，求它普及，如平民大学、劳动大学等。其余专讲"国家主义"的，守旧的大学校，也不能不改革了。我很愿意知道他们改革的状况，我大约先到法国，再到比国，然后再到德、意等国。凡有可以参考的材料，临时由书信传达。

近几年，国内学术界觉得人才不足，是无可讳言的。我这次要实在的去考查专门学问用功研究的留学生，想法帮助他们，预约他们深造，留待将来校中聘请，一方面也想请外国的教习。从前我们请的外国教习，都是随便由使馆里私人关系请来的，或者所教非所学，或者一意敷衍。这次出去，都要请各大学里大学问家负责替我们介绍。且现代各国学者，如杜威、罗素诸先生，大都很愿到中国来。因为他们关于本国本洲材料，已经搜尽了；都觉得远东风习，很有参考的价值。所以有多少名人要到中国考察，住居一二年的，我遇见时，都可以预订

* 1920年10月20日，魏建功记。

行期。

本校仪器尚未完备，本可写信到外国去买，但我这次亲自去采办，也觉好些。现在全国没有一样关于美术的东西，说到美学、美术，我们都不敢开讲。这些材料，无论真本或摹本，我都要采集一点。

本校图书馆甚不完全。蒋先生筹划在第一院空地建筑一所大图书馆。但是经费不够，政府不能应给，只好向各方面募捐。华侨方面，时常有信来，要我到南洋去，并且他们也有好些子弟到此地来旁听的。所以我想在回来时，一到英属、荷属……各处去看看，顺便募点捐款。

退还庚子赔款，各国都很有此意，不过因经济关系，他们好多已经列入预算。美国和中国的日亲一日，多半因为退还赔款，开办清华的缘故。前回李石曾先生、陶孟和先生和南京高师的郭秉文先生，在各国曾经谈起过了。我们倘能收回，一面可以扩充国内的高等教育，一面也可以培植留学的人才。他们教我亲自和各国政府再商量商量，这也是我要做的。

里昂中国大学办宿舍和预科，且预备请章太炎先生出去，内里一切情形，他们也教我去看看。比国见了法国这样，也拨了一所房子，给中国人住，与工艺大学甚近；我们正好利用，使一辈勤工俭学的人，又能生活，又能求知识。其他如鲁番大学的恢复，国际大学的建设，都在比国；我也想去考察一番。德国大战之后，教育很有改革，我要再去一回，英、美尚未到过，这次回来的时候，必定从英、美经过，打南洋回国。自今天起，至我回来之日止，这个期内，所有职务已请蒋梦麟先生代理，诸位可以同他接洽。现在要到湖南去，也许还要回到北京一次。

我对诸位的临行赠言，也不过几句“老生常谈”。第一，望大家要特别注意体育。我们收了体育费，原望让大家自由去运动的，可是二年来尚少效果。诸位何必要做成“书痴”相，弄得曲背弯腰呢？这一层愿大家各就所好，多多运动。历年华北运动会，通知到我们，都没有法子。论人数北京大学最多，为什么一个都没有加入呢？虽然我们并不要在比赛场上出风头，但是有益的运动，我们决不可不练习。

次之，“五四”而后，大家很热心群众运动，示威运动。那一次大运动，大家虽承认它的效果，但这种骤用兴奋剂的时代已过去了。大家应当做脚踏实地的工夫。这时间父兄可以容我们用功，各方面都无牵制，而且现在校中行了选科制，正给诸君自动用功的好机会，哪可自己空耗光阴呢？若是错过，真对不起自己；过了几年，要学也没有机会了。但是并非只管用功，其余一概可以不管。“五四”后的惟一好结果，是平民教育。乘我们用功的余暇办些学校，教育那些失学的人，就是牺牲光阴，也是值得的。这种事也是脚踏实地的初步。即如现在的调查灾区，也是服务社会的要端。此等事很望不断的做下去！

其次自治。本校学生的自治近来比从前好多了。但是宿舍里、公寓里，也免不了闹笑话。校外说我们的人很多。即如从前学生里闹意见，往往丢了正文，两下打笔墨官司，种种揭帖，教人看了难受。要是看的人信了他们的话，那对面的人几乎不能做人了！设身处地，又当如何？我们见了别人的过失，总要用怜爱的意思劝告他，不可骤加攻击。我希望此后诸同学均互相亲爱，厚于责己，薄于责人。

我希望在回来时，得见诸位比现在更有进步，并且谢诸位开会送我的盛意。

据《北京大学日刊》第724号（1920年10月23日出版）；
并参照《蔡孑民先生言行录》校订

在北大欢迎蔡校长考察欧美教育回国大会上的演说词*

兄弟这次出去，差不多九个多月。这中间学校里出了许多想不到的事情，我在外边，不能同诸位一样的尽责任，诸位偏劳了，不责备我，主席顾先生还赐我许多奖饰的话，实在是不敢当的。不过初次来校，还没有到诸位那边奉访，现在有这个机会大家谈谈，也是很好的。

我这次到外国去考察他们的教育状况，自然要参观他们的教育机关。不过，我们去参观他们，他们也当然要问问我们的教育状况。我们的教育办得如何，我们自己是知道的；但是到了这个时候，也就不能不说几句撑场面的话。尤其是在檀香山的太平洋教育会议席上，各国的代表都要贡献他国内的教育成绩，而我们正是首都国立高等学校陷于破产的时候，使人心里实在难受。但这是过去的事，不必多说它了。

现在，我先说对于此次教育风潮的意见。这种事情是极不幸的，我想在会诸君，一定人人都希望不再发生。不过，要它不发生，只有使政府同别国的政府一样，能够维持预算案的信用，我们才可以安然做事。但是中国的政府，我们向来就知道是不可靠的，如何能希望不再发生此等不幸？所以，平时一定要有点预备，方不致临时失措。现在，我们觉得以前所用的罢课手段，实在牺牲太大了，罢课这么长久，而所收的效果，不过如此，这实是初料所不及的。我以为罢课是一种极端非常的手段，其损失比“以第三院作监狱”及“新华门受伤”还要厉害得多，因为想不到的一时的横逆，例如被狗咬、被疯人打，是无论如何文

* 1921年9月20日。

明的地方都不能免的，不算了不得的耻辱。独有我们惟一的天职我们不能不自己放弃他，这是最痛心的事。教育家认教育为天职，就是一点没有凭藉，也要勉强尽他。古代的孔子、墨子，何尝先求凭藉？就是二十年前，私立学校，不是有许多尽义务的教员么？现在，我们为教育所凭藉的经费而逼到罢教，世间痛心的事，还有过于此的么？

我想已往的算是上了当了，不必再提，现在要研究后来的。我们最好是使他不能再到那样困难的境遇。现在已经上课，总算我们已经有了可以回旋的余地，应该赶紧想办法。我已将半周刊看过一遍，中有主张收归国民自办的，其方法为不纳租税等等。我想这主意是很好的，其方法我想最好是发行教育公债，这债票可以去纳租税，这就是将教育费从由政府间接取得的变成直接向国民取得了。这是我一时想到的，其办法当然是复杂的，须待详细商议。

还有，政府要办所得税，以十分之七做教育经费，引起全国人的反对——即办教育的人亦反对。这实在并非根本反对所得税，是反对由这种政府来办。所以，我想只要有极周密的办法，使这钱不至被政府挪移，完全用在教育或实业上，我们应当赞成的。

我这次出去，有两件任务，就是调查高等教育及为本校图书馆捐款，也可以略略报告。我的考察，于大学外，并及博物院等，用极短的时间，经过多数地方，所以没有细细的考察，所得的材料没有读过就寄回北京的，也就不少。一定要用功整理一番，才能为有系统的报告。现在止能略叙我的感想。

从前胡适之先生曾提出提高与普及两语，正可借以形容欧美大学学风的特色。大约欧洲大学是偏重提高的。但就有几千几万学生，并不希望他们个个都成学者，不过给他们一种机会。有研究的能力与兴会的，都可以利用图书馆、试验室，在教员指导之下自由研究，而教员也是不绝的研究。老点的教员，不必教授，也许他支一定俸给继续研究。他们研究有得，自要报告，但并不拘以期限，这是偏重提高的。美国大学最多，大学生亦最多。女生的数，不弱于男生；偶有一二大学，女生比男生还多的。大学的目的，要把个个学生都养成有一种服务社会的能力。社会上需要的技术，不在中等普通学校范围的，都可在大学设科。而且一切文化事业，都由大学包办，如巡回图书馆、巡回影戏片、函授教育等等。在工商业的都会，大学就指导工厂、商业；在农业的州府，大学就指导农人，这是偏重普及的。但欧洲大学教授也有暑期讲习会或平民大学等，谋知识的普及。美国大学，近来也渐渐注重研究。有几个大学，全以教习与学生共同研究为主旨，还限定学额的。这可见提高与普及，本是并行不悖。

回头看我们自己呢，设备既如此不完备，可以聚而共同研究的人又很少，对于世界科学，还没有什么贡献，可以说是提高么？对于社会，除了少数同学所办的平民夜校及平民教育讲演团而外，也没有尽全体的力替社会做什么事，可以说是普及么？这是我们应当猛省的。

图书馆捐款的事，在美国的北大同学，很肯尽力。我自纽约到檀香山各处，对华侨也屡次演说，承他们各团体的领袖都热心赞同，允代为募集。但现在还无成数，我想能捐到几十万，第一要紧，就是建筑图书馆的新房子，以能免火险为主。这一回罢课时期内，不是有人放火么？因这种房屋作图书馆实在危险得很。但是几十万元的款，不能全靠国外的华侨，还要在国内募集。我在外即闻本校教职员议决，捐罢课期内一个月的薪水给图书馆，我即以此到处告人，并且旧金山、檀香山的报纸也登载了。我很希望诸位即日实行，有了这个，我们向外人募捐，也格外好开口一点。

我今日想到的，不过这几件事，我谢谢诸位的盛意。

据《北京大学日刊》第 847 号(1921 年 9 月 22 日出版)

北大一九二一年开学式演说词*

今年本校经过一番大风潮，或有不能开学之势。今日尚可以开学，我们不能不认为幸事。但后来意外之事，难免不再三遇着。我们既有了经验，就不要为所摇动了，我此次游历欧美，知各国虽经大战，其大学学生的精神，并未退步。学生在学校内，既要有活泼进取的精神，又要有坚实耐烦的精神。有第一种精神，所以有发明、有创造。有第二种精神，利害不为动，牵制有不受，专心一志，为发明创造的预备。这些精神，并非全恃天然可以养成。如法、美民族本偏于活泼，然而未尝不坚忍。英、德民族偏于坚忍，然而未尝不活泼。体育与美育，皆养成此等精神的作用，是诸位应该注意的。

至于大学学生，本为研究学问而来，不要误认这学问机关，为职业教育机关，但能图得生活上便利，即为已足。本校现正谋仪器、图书的扩充，正为供诸位研究用的。校内进行，可略报告：物理学有颜任光先生担任，预备由本校自办一仪器制造工厂，由颜任光先生监制，以图仪器之独立。心理学实验，请唐擘黄先生担任，凡关于实验上的设置，从今年好好的着手预备。生物学搜罗标本，再预备到明年，是可开设起来的。精神科学如哲学与英、法、德等文学，此项研究参考书，不能不多。本校现正积极购备图书，以供诸位研究的参考。经济学请顾先生孟馀担任，亦正预备提款设备。现在西洋各国，对于中国从来的文明，极想知道，正从事搜集中国的典籍，供他们学者研究。我们一方面注意西方文明的输入，一方面也应该注意将我固有文明输出。幸今日中

* 1921年10月11日。

外文明，既有沟通交换的机会，我们是格外要留心的。本校国学研究所，现由马幼渔先生、沈兼士先生担任整理贡献，望诸位性近于此者，多尽些责任研究。我年年说这大学是要诸位认做研究学问机关，不要当做职业机关的。望诸位自爱。

据《北京大学日刊》第 863 号（1921 年 10 月 12 日出版）

劝北大学生尊重教师布告*

自本学年开课以后，时闻学生诸君，研究学问之兴趣，较前发展，正在忻幸之中。近日乃闻有少数学生，在讲堂或实验室中，对于教员讲授与指导方法，偶与旧习惯不同，不能平心静气，徐图了解，辄悻悻然形于辞色，顿失学者态度。其间一二不肖者，甚至为鄙悖之匿名书信、匿名揭帖，以重伤教员之感情。以大学学生而有此等外乎情理之举动，诚吾人所大惑于不解者也。

世界学术进步，教授方法，日新月异，本校虽未能于短时期间大事更张，要亦决无故步自封之理。诸君须知教员采用新法，正为诸君容易进步起见，诸君方应欢迎之不遑，又何疑焉？即或诸君中有因方言之隔阂，程度之不及，一时稍感困难，因滋疑惑，亦当于授课之暇，本敬爱之诚，质疑问难，岂宜顺一时冲激，有自损人格之举动耶？

为教员者虽抱有满腔循循善诱之热诚，然岂能牺牲其人格自尊之观念。万一因少数者不慎之举动，而激其不屑教诲之感想，则诸君之损失何如？本校之损失何如？返之于诸君自爱及好学之本心，与爱护母校而冀其日日发达之初志，安耶否耶？

行道之人，偶迷方向，执途人而询之，必致谢词。欧美各国，入肆购物，彼以物来，此以钱往，必互道谢。为教员者，牺牲其研究学术之时间与心力，而教授诸君，指导诸君，所以裨益诸君者，较诸指途、售物，奚啻百倍？诸君宁无感谢之本意，而忍伤其感情耶？诸君学成以后，难保无躬任教员之一日，设身处地，能不爽然？

---

* 1921年12月7日。

深望自此以后，诸君对于教员？益益亲爱，益益诚恳，全体同学中，不再发现有不合情理之举动。无则加勉，有则改之，愿诸君各以自检，并于同学间互相劝告焉。

十二月七日

据《北京大学日刊》第912号(1921年12月8日出版)

出席北大教职员大会演说词*

今日邀诸位先生在此开会，有四种原因：

（一）报告近日筹划经费情形，并表示个人歉愧的意思。

（二）请举出代表，出席明日的教职员联合会议，挽回前次会议“总辞职”的提议。

（三）请组织“本校教职员互助维持会”。

（四）请组织保卫团。

春假完毕的时候，政府不能于二十五日以前，尽发积欠的经费，已经显而易见了。我们各校长把一百二十万元的九六债票，向各银行活动，也被拒绝了。那时候，交通部郑次长还说他可以把这些债票去抵点款项出来，我们还没有十分绝望。我们退一步，要求他自筹一个月费，又把五十万债票抵出一个月费，于二十五日前先发两个月费。交涉了几次，他说自筹是不可能，债票也决没有五折的价值。我们又退一步，愿把百二十万债票统统交给他，让他去活动。他同中国的银行商量，不行。同西洋的银行商量，又不行。同日本银行商量，又不行。一次一次的来报告，简直是绝望了。我不敢对诸位先生敷衍、搪塞，所以据实报告。但是诸位先生所受经济的痛苦，已经达到极点，我任校长的，还不过这么一种绝望的报告。我个人对于诸位先生的歉仄、惭愧，真非言语所能形容了。

前次二十五日的教职员联席会议，本校与女高师还没有代表列

* 1922年4月。

席。六校的代表议决通告，称“三十日十二时以前，不将积欠如数发清，即总辞职以另谋生计”云云。我想联席会议，所以有此通告，不过为逼促政府的一种手段，要他三十日以前一定发出经费。但现在的政府，实在没有受此等逼促的资格，近畿战事一起，更不必说了，现在距三十日的十二时，已不过二十小时，这个时间的发款，绝对无望，我已报告过了。万一三十日午后的教职员联席会议，为履行前次宣言的信用起见，要提议实行总辞职，我觉得很不妥当。因为前次宣言，仅出于六校代表的决议；而且现在时局骤变，与前次开会时，情形大不相同。若加入女高师与本校两校代表，因时局问题，声明不必再有“总辞职”之举，于联席会议的信用，可以毫无损害，若必固持前议，勉强通过，则实行宣告总辞职以后，非得到圆满的条件，不能轻易复职。第三学期，为日业已无多；关于学生方面，学科的结束，升级毕业的试验，比较别的学期，尤为重要。若是真要总辞职，政府既不能给我们圆满的条件，又决不能立刻派出许多教职员来接替，一转眼暑期就到了，我们怎么对得住学生呢？而且这个时候，辞职以后，不见得就谋到别的生计，也还是闲住着；教职员里面，那会有安心闲住、牺牲学生光阴的呢？照这么看来，就是联席会议勉强通过总辞职的提议，一定有许多教职员，不愿在这个时候辞职。就是为顾全联席会面子起见，承认总辞职名义，也一定要换个名义，仍然照常履行职务的。前次联席会议中，工专代表王茧庐先生已经声明，总辞职后仍以私人资格照常授课。昨日女高师全体教员，又预定了一个学术讲演会的办法。可见总辞职议案通过以后，徒使联席会议负了一个停顿教育的责任，实际上还等于零，这又何苦呢？

在现今经费既然竭蹶，又加以战事的恐慌，北京国立各校忽然有不能不停顿的境遇，或亦难免。但此种停顿，完全应由政府负责。现在教育部已有直接的准备了。前几日各校是为逼促政府起见，曾函告教育总长，提出三条办法：(一)于三十日前发出两个月经费。(二)如

第一条办不到，索性以战事及经费的理由，宣告提前放假。（三）如前两件都办不到，请准校长辞职，即派员接替。在我们的希望，固然在第一条。教育总长的传语，也说愿筹第一种办法。但今日午前见了教育当局，知道第一条是无法实行了。要求第三条，他们在此时，实在也没有能力，忽然觅得八个肯任“无米之炊”的校长，所以绝对不行。我们要求他们，三条以内，或者三条以外，总要给我们一个办法，他们既然没有三条以外的办法，又没有实行第一、第三条的能力，必不得已，只好趋向第二条了。在政府肯采用第二条，还不失为诚恳光明的态度。因为政府停顿教育的罪名，在不能按期发费时，早已坐实了。北京国立各校的维持，全在乎我们教职员对于教育的热心。但这种辛苦艰难的维持，只能出于教职员的自动，在教育当局断不能认为当然。若是他们到现在的时局，还要规避停顿教育的责任，空言搪塞，逼到教职员有罢课、总辞职等等举动，把停顿教育的罪名，分在教职员身上；他们的罪就更重大了。教育当局既肯完全负这种停顿教育的责任，我们又何苦提出有名无实的总辞职，去替他们分责任呢？有这许多的理由，所以很愿诸位先生今日就举出代表，加入明日的联席会议，诚恳劝告，不要把总辞职的前议做实了。

昨日在本校教务会议中，我已略略报告上列两条的情形，诸位主任均不赞成总辞职的举动，但要求有一种维持最低生活之组织。议决发起一个本校教职员互助维持会，以按照全体教职员与他们家属的人预备一个月粮食为第一义；其余各种条件，已请顾孟馀先生起草，拟请各教授会主任与各部主任会同筹备，想荷诸先生赞成。

从前直皖战争时，本校曾预定以校舍作妇孺救济会的一部分。现在北京公益维持会又提议这件事，本校也已经加入了。将来必不得已时，果有多数妇孺寄住校舍，虽然有军警照料，我们也不能不负保卫的责任。而且本校的书籍、仪器与建筑，也不可以不保护。昨日教务会议议决组织一个保卫团，来执行此事。本校举行春季运动会时，顾孟徐先生曾说知识阶层武化的必要，现在不是提倡武化的机会么？南开大学张伯苓校长宣言，南开至少可选出六百人保卫地方；本校人数比南开多一倍，愿加入保卫团的，不应该更多么？现拟请李四光、丁燮林、白雄远诸先生筹备此事，诸位先生愿意加入的请早早通告。

据《北京大学日刊》第1018号(1922年4月29日出版)

五四运动最重要的纪念*

五四运动,为的是山东问题。山东问题,现在总算告一段落,但是运动的结果,还不能算圆满。必要集股赎路,确有成绩,把胶济路很简单的赎回,其他问题,自然"迎刃而解"了。所以集股赎路是我们最重要的纪念,大家不可不努力。

我常常对人说,五四运动以后,学生有两种觉悟是最可宝贵的:一是自己觉得学问不足,所以自动的用功;二是觉得教育不普及的苦痛,所以尽力于平民教育。这两种觉悟,三年来,很见得与前不同;不能不算是五四运动的纪念。

自动的用功、平民教育,能实行两件或分占了一件,都是不辜负五四运动了。但实行两件或分占一件的究竟有若干人呢?随班听讲,以得到毕业证书为最大目的,现在已经没有这种人了么?听讲以外,听听戏,打打扑克,把时间消遣去了;不肯在公益上尽点义务;现在已经没有这种人了么?怕不但不是没有,而且还是很多。难道五四运动,止要一部分的人做纪念就够了么?

而且现在又是一个特别的时期。

北京国立各校,安徽、江西、湖南等省公立各校,常常为经费问题,闹罢课。不是学生个个觉悟,都能自动的用功,不常要失学么?

现在北京日日听炮声了。北京、保定、天津左近这些地方,已不知流了多少血,死了多少人了。为什么?为几十人争地盘罢了。为什么这些当兵的这么傻,牺牲自己的生命,牺牲许多平民的生命与财产,去

---

* 1922年5月4日。

替一两个人争地盘。没有受过教育罢了。我们还不觉到平民教育的范围,现在是很小很小,不可不竭力扩张么?

我觉得五四运动,用不着许多夸张的纪念,止要把三件重要的竭力进行:

(一)广集赎回胶济路的股款。

(二)自动的用功。

(三)扩充平民教育。

据北京《晨报》(1922年5月4日)

北大欢送一九二二年毕业同学茶话会演说词*

今日此会，一方面系为毕业诸君话别，一方面对于集股赎路事，须大家商量。近数年来，我人受时局之影响，以功课言，似不能谓毫无欠缺。然我以为人固不能不有所牺牲，只需视其所牺牲者是否值得而已。例如五四运动，君等固受莫大之痛苦，其中有数位，甚至丧失自由。然五四运动之目的为山东问题，今山东问题幸外赖列强之援助，内赖国民之呼号，在华盛顿会议中已得解决之方法，则亦可以稍慰矣。

故我以为诸君本届毕业，虽于功课方面似不能无所缺憾，然比之已往一二年之毕业者，有二层较为圆满之处：第一，已目睹山东问题之解决。前两届之毕业者，固皆参与五四运动之人，然当其离校时，尚未见其结果若何，心中终有所不足，而诸君见之，此可喜之甚者也。第二，得经过考试之手续。上届毕业生皆未经考试，虽其中有少数人，方以此为庆幸。然我人若一思自小学至大学，读书十余年，乃最后一次之毕业，手续上忽有所欠缺，岂非终身之憾乎？今年虽风潮振荡，几至罢课，然卒能勉强维持，考试完竣，诚大幸也。然上述二事，前者实较后者为更难得。虽此次华盛顿会议对于山东问题之解决方法，国人尚有以为不能满意者。惟以我国今日之国势衡之，终不能不谓差强人意。夫此次我国代表在华盛顿会议席上之所以成功，大半赖国民运动为其后盾。而国民之中，尤以学生为最；学生之中，尤以北京八校为最；北京八校之中，以北大为最。诸君为始终与此事有关系之人，则此次毕业之喜悦为何如耶？

* 1922年6月4日。

惟山东问题，尚不能谓完全解决。盖山东问题中，最重要者为胶济铁路问题，而胶济铁路，华〔盛顿〕会议〔议〕决须备价赎回者也。夫五年之期，为时非远，万一届时不能赎回，则我等前次之牺牲者，将尽付东流，不特无以对自己，无以对同胞，亦无以对世界各国之襄助者。故我以为我等今日一方面固可喜悦，而他一方面倍觉责任之重大，不能不勉力以赴之也。

夫赎路所需，照目下估计，约三千万元，虽日人所估计者为数较巨，然亦不过数千万也。以我国人口之多，若每人负担一元，则可得四万万元之谱。今日世界各国人民负担之税额，莫不甚巨。我国同胞若人负一元，已不算重，而况尚不足一元乎？且此次赎路之款，并非纳税性质，不特有路作抵，抑且有利可收。而此种股款，又非一次交足，有四年宽长之期限（今本校所定为二年半），在此长久期间，分期交纳，事较容易，则此种又尽义务又享权利之举，果何乐而不为乎？

山东问题，关系全国，故五四运动，全国一致响应。然若以五四运动时之精神而言之，则今日学界所负之责任，应比一般之国民为较重；而北京八校之学界，尤应比全国为重；本校同学，尤应比其他七校为重。此今日之欢送会中不能不提出此事。除请诸君各自认股外，并望各携捐册，分头进行，向各处劝募者也。

据《北京大学日刊》第1045号（1922年6月6日出版）

北大一九二二年始业式演说词*

今天是本校第二十五年开学日。本校的宗旨，每年开学时候总说一遍，就是“为学问而求学问”。这个宗旨的说明，旧学生当然屡次听过，新学生也许在印刷品上看到，不用多讲了。现在我把学校给学生研究学问的机会略说一说。

研究学问，要有基础。预科就是确定基础的时代。我们为改良预科起见，特组织一个预科委员会。不但课程有点改变，就是管理上也特别注意；把宿舍划出一部分让给新生，给他们便于自修自治。本校没有力量建筑广大的宿舍，使全体学生都住在宿舍里，实是一件憾事。但本年已添设了第四宿舍，并为女生设一宿舍；其余只可逐渐设法了。

为研究学问计，最要的是实验室。在这经济最困难的时候，我们勉强腾出几万元，增设物理、化学、地质各系的仪表标本，并修理实验室、陈列室，现在第二院已有与前不同之状。

为研究学问计，最普遍的是图书馆。近年虽陆续增购新书，但为数尚属有限；虽有建筑适宜图书馆的计划，而至今尚不能实现，美洲各处的北大同学会，募捐甚力，时有报告，载诸《日刊》。若在国内同样进行，必有成功的一日。

年来大家对于体育都很注意。不过由学生自组的体育会，成绩还不很昭著。从今年上半年起，渐改由学校组织。现分为学生军与体操两部。学生军一部，已请富有军事智识的蒋百里先生担任导师；体操一部拟请由美洲新回来之周思忠先生担任。无论哪系学生，此两部中

* 1922年10月5日。

必须认定一部，作为必修的功课；均需用心练习，不能敷衍了事。

科学的研究，固是本校的主旨；而美术的陶养，也是不可少的。本校原有书法、画法、音乐等研究会，但因过于放任，成绩还不很好。今年改由学校组织，分作两部：(一)音乐传习所，请萧友梅先生主持。(二)造形美术研究会，拟请钱稻孙先生主持。除规定课程外，每星期要有一次音乐演奏会，与美术展览会，以引起同学审美的兴味。

为毕业生再求进步计，更设研究所。现在已设立者为国学门。一年以来，校勘《太平御览》，已将竣。把历史博物馆所藏的清代内阁档案，渐渐整理出来。其较有价值的，已在日刊宣布。又承罗叔蕴、王静庵两先生允任导师。对于古物学，将积极进行，保存搜集，都是现在必要的任务。至于自然科学、社会科学、文学等三种研究所，我们也要预备起来。

至于研究学问，当然要有专门教员的指导。本校又新聘教员几位，当为诸生介绍。又适值本校名誉博士芮恩施先生来京，本日允到校演说，尤是同人所欢迎的。

据《北京大学日刊》第1078号(1922年10月6日出版)

组织北大同学会缘起书*

北大为全国最高学府，开办迄今，二十余年，四方来学者，日益以众。现时人数，将达三千，可谓极一时之盛矣。夫以济济多士，萃集一堂，研究学术，砥砺德业，本互助之精神，作他山之攻错，彼此情谊，实有联结之必要。无如时会迁流，先后既难接洽；精神涣散，新旧每多隔阂。萍水相逢，各不相识，名虽同学，实同路人。精神既不贯注，形势全同散沙。此诚我北大同学之一大恨事也。同人等有感于此，爰拟联合在校与毕业同学，暨教职员诸君组织一“北大同学会”，以为永久机关，借谋北大前途之发展。兹将组织要旨分述如下：

(一)联络感情　北大团体甚多，或以同乡为基础，而有同乡之组织；或以学术事业为基础，而有各团体之活动。然皆局于一部，并非以全体同学之利益、北大前途之发展为标准，而为共同之组织及计划也。甚或各团体间，常少调和之精神；而在校同学与毕业同学、暨教职员间，悬隔尤甚，误会滋多。此为联络感情贯注精神计，不可不组织同学会。

(二)提携事业　我校毕业同学，出外服务，恒不用违其长；亦或怀才莫展。加上社会上恶势力之压迫，坏习惯之熏染，亦间有神抑气沮因而堕落者。如有同学会之组织，则举凡关于职务上之介绍，事业上之互助，在在有强大之助力以为之后盾矣。此又同学会所以有组织之必要也。

(三)改进校务　北大之留学海外者，现已在各地方组织同学会；

---

* 1922年10月。

对于报告校闻、协助校友及本校图书馆捐款之募集，均已积极进行；而国内乃尚无何等组织，以为海外同学会之大本营。对于本校之改良及建设，如图书馆基金之募集，校舍之迁移，以及教授上、训育上之改进，均尚未有共同努力之表示。若能合全体同学与教职员而为有系统之组织，以尽力于本校，则本校前途之发展，必且无量。此亦同学会之不可不速为组织者也。

(四)服务社会　学校为社会之模范，文化之中心。无论对何种问题，直接间接，均能发生最大之影响。五四运动，其明证也。惟北大学生会，则早已无形消灭；凡有关于社会方面之运动，无非临时纠合，权为应付，长此因循，将何以应时变而杜纷纭？且北大同学，服务社会者，日见其多；将来对于社会之改良，实有莫大之关系。此为服务社会计，而同学会之组织，更不容缓也。

综上数端，可见北大同学会实有组织之必要。惟兹事体大，非少数人之能力所可将事。用特建议于全体同学与教职员诸君之前，征求同意。凡赞成组织北大同学会者，请即于各斋院号房签名，公同发起，定期开筹备会议，筹商进行，俾克早日成立，是所祷盼。

发起人蔡元培及本校同学

据《北京大学日刊》第1082号(1922年10月12日出版)

北大十月二十五日大会演说词*

现在我们是经过一回分离，又从新会晤了。大家都有痛定思痛的感想，与假期后开学式不同，这是无疑的。我这一回的辞职，有多数的人都说我“小题大做”。但是我对于十八日的暴举，实在看得很重大。第一，此等蔑视他人人格、即放弃自己人格的举动，虽极无知识的人，犹所羞为，今竟出于大学的学生。第二，尔日所要求的事，甚为微末，很有从容商量的余地，为什么要用这种蛮横的手段，显系借端生事，意图破坏。第三，二千几百人中，偶然有几个神经异常的人，不算奇怪，但是最少数人有这种异常的计划，为什么竟有一部分的人肯盲从？为什么其他大多数的人都像隔岸观火？事前既不加纠正，临时又毫无制裁；数千人的社会，其中分子，彼此不相关切如此；将来土崩瓦解的状况，可以预推了。我因此很抱悲观，所以决计辞职。

但是经过几日综合各方面的报告，觉得我那第三条感想，不免有神经过敏的地方：(一)因为这一次暴动，发得太骤，同学里面专心用功的人，事前实没有知道，临时又正在上课，对于少数人轨外的行动，实在猝不及防。(二)大多数不赞成暴动的学生，业已签名声明，可以证明那一日的暴动，不过几个人应该负责任了。我既然发见这个条件，而学生又屡来恳留，评议会亦催我复职，政府又不肯派人接替，退回辞呈，我再不回校，似乎有坐视本校破坏的决心，我实在不敢，所以不得不回校。

但是我回校以后，就能保证本校不破坏么？我一个人有多大能

* 1922年10月25日。

力？本校现正在最困难的地位，不是全校同人齐心协力来维持它，怕的终不免有破坏的一日呵！破坏的原因，起于外界的，还容易对付；起于内部的，对付较难。内部破坏的原因，在物质方面的，尚易挽回；若在精神方面，就不可救药了。精神方面的破坏，原因最大的就是感情隔阂。一个物体，若是内部的摄引力，受了障碍；它的各部分，受了外界较强的摄引，一定要分解，这是无可疑的。人群也是如此；若是一群里面，大家互相亲爱，就是有彼此不相了解的事，一定可以用很诚恳的态度，把两方为难的情形，比较研究，得到折衷的办法；就是一方面的意见，不能不完全牺牲，也一定可以无憾。若是感情有了隔阂了，遇着小小不方便的事，就可以看做有大作用在后面；听了旁人几句挑拨，信为千真万真；还要加上春秋诛意的方法，锻炼周内上去①。敌对的意思日增；良好的感情日消；那就无时无事不可起冲突了。我们若是为维持本校，要使求学的可以安心用功，教授与办事的人，都可以安心图求学者的利便，总要大家保持一种良好的感情，不要多所猜疑，就别的都容易解决了。

我也很知道现代的青年，所处的地位，实在困难。外面政治上、社会空气坏极了，叫人烦闷到极点，就不知不觉的激荡起来。我还记得二十年前革命主义宣传最盛的时候，学生都怀着革命的思想，跃跃欲试，就在学校里面试验起来。说是学生是学校的主人翁，譬如一国的国民；教职员是学生的公仆，譬如国家的政府；国民可以革政府的命，学生就可以革教职员的命。那时候长江一带，这样试验革命的学校，不知多少。它的导火线都很简单，大半为记分不公平或饭菜不好等小问题，反对一个教员或一个庶务员，后来迁怒于全体教职员，闹到散学。

但是我觉得用学校来比国家，实在有点不对。(一)国家是国民所建设的，国民不满意于本国，不能就离去本国，只好拼命的想改造国家的方法；学校不是学生所建设的，学生不满意于本校，可以改进他校，

① 原文如此，恐排印有误。

社会上断不以改造学校完全责备学生。（二）政府的人物，是由国民里面选出的；无论是否胜任，但他们年龄、资格、能力等等，在国民里面要寻出与他们同等的或超过他们的一定很多；教职员是不从学生里面选出来的；年龄大半与学生不同；教员的能力，总是以学生不能及的为合格；职员终日不休的办事，又决非学生所耐烦的。（三）国家的岁入，完全由国家缴纳；所以曾有"不出代议士不纳租税"的条件；学校的经费，并不是全由学生出的，将来国家财政充裕，竟可有完全不收学费的一日，断不能以国民的权利移用到学生上。所以我向来觉得学生以对于政府的观念移用到学校里是不可不改正的。现在政治上的失望与改革的热诚，激动人人的神经，又与二三十年前差不多了。学生在学校里面要试验革命的手段又有点开端了。我希望有知识的大学学生，很要细心检点。又近来政治不循轨道，各方面不循轨道的举动，在国会，在国务院，在各种行政机关，都已经数见不鲜；本难怪学生不能不受他们的影响。但是大学的学生，知识比常人为高，应该有自制的力量；作社会的模范，却不好以受外界暗示作护符。我所希望的，就是大家平日都保持良好的感情，有不了解的事，都立刻用开诚布公的意思解决它，不要蓄积起来，生出无数的误会。有事的时候，还要保持冷静的头脑，能划清界限，不为一时的冲动所左右。这不但在学校里面，可以克尽维持的责任，就是离校以后，在社会办事，也一定有益于社会。这是我们痛定思痛的时候，希望大家互相勉励的。

据《北京大学日刊》第1091号（1922年10月26日出版）

北大史学会成立会演说词*

前几天本校成立了一个化学研究会，今天又是史学会成立的日子，这种自动的研究学问，吾觉得非常高兴。诸君须知世界上一切事物的进化，离不开历史，并且是没有止境的。从前欧洲的人以欧洲为天下，中国的人以中国为天下，所以研究历史的，也只是一部分，不是全世界的。后来渐渐进化，知道空间有五大洲，时间有四五千年，历史的范围，是大而无边。而有人类以前的历史，还是不能知道。有人类以后的历史虽是很多，但是它的内容，也有许多真伪难明的地方。譬如我国自有《尚书》以来，数千年的历史是连续不断，历史的品类是很多的，真伪难明的地方也是不少。又如埃及、希腊、罗马的历史，是断续不连的。现在吾们要想补这种缺点，最要是发掘地中所埋没的史料，考察地质上的事实，拿来证明过去历史的真伪和补充历史的不足，这就是史学家的责任。

从前国史馆附在本校的时候，凡遇着暑假、年假等假期，各省的人回去，都要托他们搜集史料，将有关历史的东西，也一并调查得来，预备在史学界上有所贡献。后来可惜国史馆离了出去，这种办法就停顿了。

至于整理历史材料的方法，如从前的人所著《文献通考》等，大都不甚完全。又如马骕做的《绎史》，专收集秦以前的材料，方法很好，但是也就没有什么发挥的地方。现在诸君整理史学，搜集材料，固属最要。吾的意见，秦以后还要将时代分开。由诸君联合起来担任，譬如

---

* 1922年11月15日。

某数人担任研究和搜集某某一时代的史料，也是很要紧的。

现在吾们要考历史上的朝代、官名、地名和人名等，最好要做一部历史大词典，但是这部大辞典，不是几个人所能成功的，总要含多数人的能力，分门别类，纂集起来，将来或有成功的一日。从前国史馆已经着手进行，到了停顿以后，还有一些稿子，遗留在图书馆里面。

我想诸君要做这部大辞典，必定觉得枯燥无味的。所以诸君不能用聪明的功夫，总要用一种笨的功夫，不折不挠，有始有终，如清朝的汉学家然。此外如掘地发藏，搜集古物，凡可以为史料的，诸君须要努力做去才好。

现在史学会成立了，吾希望诸君集合多数的力量，来整理数千年的历史，得寸进寸，得尺进尺，做些实实在在的事情。这是吾的意见。

据《北京大学日刊》第1116号（1922年11月24日出版）

北大成立二十五周年纪念会开会词*

本校自从京师大学堂开办以来，到了昨日，恰恰满足二十四年，今天是二十五年的第一日。本来打算满了二十五年再来开个纪念会，表示我们庆祝的意思。不过，回想从前二十周年的时候，也曾开过一个纪念会，当时抱了种种计划，要想在这五年内积极进行。不料中间经过许多困难，所抱的计划还有不能完全实现的顾虑。今天这个纪念会，是要想振起精神，在这一年内好好的预备一下，在明年开会时果然实现预定的计划，这是今天开纪念会的缘故。

我个人的感想：本校在这二十四年中可分三个时期来说：第一，自开办至民元，十数年中经过好多波折。这个时期，学校的制度大概是模仿日本的。当开办的时候，北京环境多是为顽固派所包围，办学的人不敢过违社会上倾向，所以，当时学校的方针叫做"中学为体，西学为用"。故教者、学者大都偏重旧学一方面；西学方面不容易请到好的教习，学的人也不很热心，很有点看做装饰品的样子。但是，中学方面参用书院旧法，考取有根底的学生，在教习指导之下，专研一门，这倒是有点研究院的性质。

第二，自民元至民六：民元时，始将经科并入文科，当时署理校长的是严又陵先生，自兼文科学长，其他学长也都是西洋留学生。当国体初更，百事务新，大有完全弃旧之概。教员、学生在自修室、休息室等地方，私人谈话也以口说西话为漂亮。那时候，中学退在装饰品的地位了。但当时的提倡西学，也还是贩卖的状况，没有注意到研究。

* 1922年12月17日，赵仲滨、郁士元记录。

第三，自民六至现在：这几年中，因为提倡研究学理风气，以工科归并于北洋，仅设文、理、法三科。又为沟通文理科及采用教授制起见，将学长制取消，设各系教授会，主持各系的事务。最近又由各系主任组织分组会议，凡此种种设施，都是谋以专门学者为本校主体，使不至因校长一人之更迭而摇动全校。课程一方面，也是谋贯通中西，如西洋发明的科学，固然用西洋方法来试验；中国的材料，就是中国固有的学问，也要用科学的方法来整理它。

我现在还有一种希望，就是明年今日：第一，无论如何困苦经营，必定要造成一个大会场，不要再像今天这样在席棚里边开会。还要造一所好的图书馆，能容多数人在里边看书。第二，到明年今日，至少也要有关于世界上最重要最有价值的三部丛书，照二十周年所预定的能印出来。第三，我们学校经过二十四年，还没有一个同学会，现在如戊戌同学已经成立了戊戌同学会，分科毕业同学会也已经成立，今天都有代表到会。希望一年内能组织一个普遍的同学会。

以上三种希望，不过是我们的最低限度，若能有比这更多的成绩，那是更好了。

今天承教育总长、毕业同学都派了代表来，汤尔和博士等也都到会，我们应该表示感谢，并请他们赐教。

据《北京大学日刊》第1138号(1922年12月23日出版)

向大总统辞北大校长职呈*

为呈请辞职事：窃元培承乏国立北京大学校长，虽职有专司，然国家大政所关，人格所在，亦不敢放弃国民天职，漠然坐视。数月以来，报章所记，耳目所及，举凡政治界所在最卑污之罪恶，最无耻之行为，无不呈现于中国。国人十年以来最希望之司法独立，乃行政中枢竟以威权干涉而推翻之。最可异者，钧座尊重司法独立之命令朝下，而身为教育最高行政长官之彭允彝，即于同日为干涉司法独立与蹂躏人权之提议，且已正式通过国务会议。似此行为，士林痛恨！佥谓彭允彝此次自告奋勇，侵越权限，无非为欲见好于一般政客，以为交换同意票之条件耳。元培目击时艰，痛心于政治清明之无望，不忍为同流合污之苟安；尤不忍于此种教育当局之下，支持教育残局，以招国人与天良之谴责。惟有奉身而退，以谢教育界及国人。谨此呈请辞职，迅予派员接替，立卸仔肩。此呈。

《教育杂志》第15卷2号(1923年2月出版)

---

* 1923年1月17日。

辞北大校长职声明*

元培为保持人格起见，不能与主张干涉司法独立、蹂躏人权之教育当局再生关系，业已呈请总统辞去国立北京大学校长之职，自本日起，不再到校办事，特此声明。

蔡元培

据《北京大学日刊》第1159号（1923年1月19日出版）

* 1923年1月19日。

关于不合作宣言*

《易传》说："小人知进而不知退。"我国近年来有许多纠纷的事情，都是由不知退的小人酿成的。而且退的举动，并不但是消极的免些纠纷，间接的还有积极的努力。

当民国七年南北和议将开的时候，北京有一个和平期成会，我也充作会员。会员里面有好几位任北方代表的，中有一位某君在会中发言道："诸君知道辛亥革命清室何以倒的这样快？惟一的原因，是清朝末年，大家知道北京政府绝无希望。激烈点的，固然到南方去做革命的运动；就是和平点的，也陆续离去北京。那时候的北京，几乎没有一个有知识有能力的人，所以革命军一起，袁项城一进北京，清室就像'摧枯拉朽'的倒了。现在的政府也到末日了，且看他觉悟了没有。若是这一次他还是不肯开诚布公的与南方协议，那就没有希望了。我们至少应该相率离京，并家眷也同去。"我那时听了这一番话，很为感动。当局的坏人，大抵一无所能的为多，偶有所能，也是不适于时势的。他所以对付时局，全靠着一般胥吏式机械的学者替他在衙署里面，办财政、办外交等，替他在文化事业上作装饰品。除了这几项外，他还有什么维持的能力呢？所以这班胥吏式机械式的学者，只要有饭吃，有钱拿，无论什么东西，都替他做工具，如俗语说的"有奶便是娘"的样子，实在是"助纣为虐"。他们的罪，比当局的坏人还多一点儿。

八年的春季，华北欧美同学会在清华学校开会，有一部分会员提出对于政治问题的意见，在会场上通过。我那时候就问他们："我们提

---

* 1923年1月21日。

出去了，万一政府竟置之不理，我们怎么样？我个人的意思，要是我们但为发表意见，同新闻记者的社论一样，那就不必说了。若是求有点效果，至少要有不再替政府帮忙的决心。”我那时候就缕述和平期成会中某君话告大众，并且申说：“现在政府哪一个机关，能离掉留学生？若学生相率辞职，政府当得起么？”此是我第一次宣传某君的名言。

去年春假，教职员联席会议，因教育经费没有着落，请八校校长出席发表意见。我因前一年从欧美归来，不久进病院，这一回算是第一次出席联席会议。我那时候声明我的意见，以为教育费不发，教职员无论为教课上进行障碍，或为个人生计困难，止须向校长辞职。若教职员辞职的多了，校长当向政府辞职。我想这种辞职的效力，要比罢课与包围教育当局还大得多，也缕述某君的一番话备他们参考。这是我第二次宣传某君的名言。

但是我个人性情，是曾经吴君稚晖品评过，叫做“律己不苟而对人则绝对放任”。我自己反省过来，觉得他的品评是很不错。我对于某君的名言，虽然极端佩服，但是除前说两次宣传外，偶然于谈话时传述过几次，却从没有用这种主张向何等人作积极的运动，不过为自己向这个方向准备。

我是一个比较的还可以研究学问的人，我的兴趣也完全在这一方面。自从任了半官式的国立大学校长以后，不知道一天要见多少不愿意见的人，说多少不愿意说的话，看多少不愿意看的信。想每天腾出一两点钟读读书，竟做不到，实在苦痛极了。而这个职务，又适在北京，是最高立法机关行政机关所在的地方。只见他们一天一天的堕落：议员的投票，看津贴有无；阁员的位置，禀军阀意旨；法律是舞文的工具；选举是金钱的决赛；不计是非，只计利害；不要人格，只要权利。这种恶浊的空气，一天一天的浓厚起来，我实在不能再受了。我们的责任在指导青年，在这种恶浊气里面，要替这几千青年保险，叫他们不致受外界的传染，我自忖实在没有这种能力。所以早早想脱离关系，让别个能力较大的人来担任这个保险的任务。

五四风潮以后，我鉴于为一个校长去留的问题，生了许多支节，我虽然抱了必退的决心，终不愿为一人的缘故，牵动学校，所以近几年来，在校中设立各种机关，完全倚几位教授为中坚，决不至因校长问题发生什么危险了。

到现在布置的如此妥当，我本来随时可以告退，不过为校中同人感情的牵扯，预备到学期假中设法脱离。不意有彭允彝提出罗案再议的事件，叫我忍无可忍，不得不立刻告退了。

罗案初起，我深恶吴景濂、张伯烈的险恶，因为他们为倒阁起见，尽可用质问弹劾的手续，何以定要用不法行为，对于未曾证明有罪的人，剥夺他的自由？我且深怪黎总统的大事糊涂，受二个人的胁迫，对于未曾证明有罪的人，草草的下令逮捕，与前年受张勋压迫，下令解散国会，实在同一糊涂。我那时候觉得北京住不得了，我的要退的意思，已经很急迫了。但是那时候这个案已交法庭，只要法庭依法办理，他们的倒阁目的已达，不再有干涉司法的举动，或者于法律保障人权的主义，经一番顿挫，可以格外昭明一点，不妨看他一看。现在法庭果然依法办理，宣告不起诉理由了，而国务员匆匆的提出再议的请求，又立刻再剥夺未曾证明有罪的人的自由，重行逮捕。而提出者又并非司法当局，而为我的职务上天天有关系的教育当局，我不管他们打官话打得怎么圆滑，我总觉得提出者的人格，是我不能再与为伍的。我所以不能再忍而立刻告退了。

据《申报》(1923年1月25日)

致北大学生函*

北京大学学生会诸君公鉴：

前承赐电，并承代表李骏君屈临舍间，携示诸君公函，见爱之挚，为之感泣。当日李君见语，北京政府颇有改良之兆，如果实现，务请进京一次，以慰诸同学之悬望。培尔时对于诸君之诚恳，与代表者之亲切，义不能无所感动，爰答以政局如有清明之端绪，则我于赴欧以前，一度进京，亦无不可；想李君早已报告于诸君矣。不意李君离绍兴不数日，而北京政局大变；不特于李君所预言之改良绝对无望，而黑暗倍蓰于培辞职出京之时。诸君爱人以德，既蒙挚爱，决不以进京责培矣。

北大校务，以诸教授为中心。大学教授由本校聘请，与北京政府无直接关系，但使经费有着，尽可独立进行。《传》曰："天下自乱，春秋自治。"《诗》曰："风雨如晦，鸡鸣不已。"此大学同人之责也。考北大经费每年七十余万，北京政府之不足以言，既已彰著，鄙意宜别组董事会以维持而发展之，已具复北京国立各校教职员联席会一函。

但董事会未成立以前，不能责诸教授为无米之炊，似可以学生诸君暂任之。姑以二千五百人计，若每人任筹三百元，即可得七十五万。较之香港大学学生岁需八百元者，尚不及半，似不为苛求也。培以为电报政策，群众运动，在今日之中国，均成弩末。诸君爱国爱校，均当表示实力，请于维持母校一试之。谨贡所见，作为临别赠言，幸诸君采纳焉。祗祝

* 1923年6月24日。

公祺不宣

据《教育杂志》第15卷第8号(1923年8月出版)

致北京国立各校教职员联席会议函*

北京国立各校教职员联席会议诸先生公鉴：

前奉惠电，敦促回京；见爱之挚，至深感荷。培之出京，本以北京为政治界恶浊空气所弥漫，不能再受，不得已而出此。今之恶浊，视五月以前，奚啻倍蓰，洵非诸先生发电时所能意料。事已至此，培不能进京，已不成问题。诸先生爱人以德，必能容恕也。

北京政府破产之势已成，而政客官僚摧残教育之计划且方兴未已。国立八校当此危险时代，若不急筹高等教育独立之良法，势必同归于尽。诸先生素抱维护八校之热诚，鄙意似宜及此时机，由八校教授会公推全国最有信用之人物，组织一北京国立八校董事会，负经营八校之全责。凡八校维持现状及积渐扩张之经费，均由董事会筹定的款。且对于中央或地方担任拨款，各机关切实监督，定期交付，不使有挪用或拖欠之余地。而各校校长宜先由各本校教授会公推，再由董事聘请，不复受政府任命，以保独立之尊严，而免受政治之影响。如此事果有端倪，则培以旧日同事之关系，虽远适异国，力所能及，不敢不尽。否则，来日方长，吾辈日日疲精力于应付现状，而终不免有同归于尽之叹，培不敏，不敢再与闻兹事矣。竭诚奉告，用备甄采。敬谢关注，

祗祝

公祺不宜

据《教育杂志》第 15 卷第 8 号（1923 年 8 月出版）

---

* 1923 年 6 月 24 日。

致北大教职员函*

北京大学教职员诸先生公鉴：

叠奉函电，并承杨、陈、段三先生代表屈临，晤详一切，具见诸先生维持北大之苦心，与对培个人之挚爱，感愧交并，几非笔墨所能形容。惟君子爱人以德，目前北京政局，视培辞职出京时，不特毫无改良，而黑暗乃倍蓰之，诚非诸先生缮发函电、推举代表之时所能意料及之者。事已至此，培之不能进京，业已不成问题，谅为诸先生所承认矣。对于北大及其他北京国立各校之根本救济，鄙意宜与北京政府划断直接关系，而别组董事会以经营之，已于复北京国立各校教职员联合会一函言其概略，想为诸先生所赞同也。五月以来，北大校务，赖评议会维持办理，培辞职已久，本不欲再来饶舌，惟前之辞呈未经政府批准，今之自命政府者，又不足与言此事，值兹学年终始之际，诸先生屡以校中重要行政无人负责为言，谓培今日决不能与北大脱离关系，培不能不有所贡献。窃以为此事根本解决，仍在上述之董事会；董事会未成立之前，拟请教务长、总务长与各组主任会设委员会，用合议制执行校长职务，并请委员会公推主席一人代表全权。照此进行，似无窒碍。合诸先生学理经验之所具，而益以和衷共济之精神，以运用于北京大学积年改进之组织，区区校务，游刃有余。培一人之去就，又何关轻重耶？诸希鉴亮，敬祝

公祺不宣

《教育杂志》第15卷第8号(1923年8月出版)

* 1923年6月24日。

《北京大学卅一周年纪念刊》序*

北京大学，到现在有三十一年的历史了。这三十一年内，名称改了几次；内容与外延的广狭，改了几次；学风改了几次。到了第三十一年，在党治之下，值教育部新改大学条例，又值北大的名称与关系屡次改变，而终于恢复。自此以后，又将有一时期可以专心致志于按部就班的进展，而不致轻易摇动。但我以为北大同人，若要维持不易动摇的状态，至少应注意两点：

（一）要去尽虚荣心，而发起自信心。有一部分的人，好引过去的历史北大的光荣，尤以五四一役为口头禅；不知北大过去中差强人意之举，半由于人才之集中，半亦由于地位之特别。盖当时首都仅有此惟一之国立大学，故于不知不觉中当艰难之冲，而隐隐然取得领袖之资格，而所谓贪天功以为己力之嫌疑，亦即由此而起。今则首都既已南迁。一市之中，大学林立，一国之中，大学更林立。北大不过许多大学中的一校，决不宜狃于已往的光荣，妄自尊大。要在有日进无疆的自信心，不凭藉何等地位，而自能崭然露头角。

（二）要以学术为惟一之目的，而不要想包办一切。从前，在腐败政府之下，服务社会者又不可多得，自命为知识阶级的大学，不得不事事引为己任。若就求学的目的说起来，牺牲未免太多，然在责无旁贷的时期，即亦无可如何。今则政府均属同志，勉为其难；宣传党义、运动民众等事，又已有党部负了专责。我们正好乘党政重任尚未加肩的时候，多做点预备的工夫，就是多做点学术上的预备。若此刻早已纷

* 1929 年 11 月 20 日。

心他事，荒弃学业，他日重任加身，始发不学无术的悔恨，就无及了。所以应守分工的例，不想包办一切，而专治学术。

若全校同人均能了解这两点，则北大的进步，将无限量。否则抱万能之愿，而无一得之擅，前途就可想而知。愿这次与北大三十一周年纪念诸君，要深切的注意。

中华民国十八年十一月二十日

蔡元培

据《国立北京大学卅一周年纪念刊》(1929 年出版)

整顿北京大学的经过*

今天北大同人会集于此，替我祝寿，得与诸先生、诸同学相见，我心甚为愉快，但实觉得不敢当。刚才听得主席王同学报告，及前教授石先生等致词，均属极恳挚的勉励和奖誉之言，真叫我于感激之余，惭愧的了不得。我今年实在还未到七十岁的足数日子，记得蘧伯玉有句话："行年五十，当知四十九年之非。"我今年就算七十，那么今是昨非之感，恐怕不过是六十九年的种种错误罢了。自今以后，极愿至其余年，加倍努力于党国及教育文化事业，以为报答，并希冀借此稍赎过愆。

今日在座者，皆北大有关系之人，请略说当年北大情形。北大在民元以前叫做京师大学堂，包有师范馆、仕学馆、译学馆等部分，我当时也曾任译学馆教员，是为我服务北大之始。尔后我因赴德国留学，遂与北大脱离。至民五冬，我在法国，接教育部电促回国，任北大校长。我回来，初到上海，有人劝我不必就职，说北大腐败极了，进去若不能整顿，反于自己的声名有碍。这当然出于爱我的意思。但也有少数人就说，既然知道北大腐败，更应进去整顿，就是失败，也算尽了心。这也是我不入地狱谁入地狱的意思。我到底服从后说而进北京。

自入北大以后，乃计议整顿北大的办法：第一，我拟办的是设立研究所，为教授、留校毕业生与高年级学生的研究机关。我在译学馆的时候，就晓得北京学生的习惯，他们平日对于学问上并没有什么兴会，只求年限满后，可以得到一张毕业文凭。教员自己也是不讲进修的。

---

* 1936 年 2 月 16 日在南京北大同学聚餐会上的演说词。

尤其是北大的学生，从京师大学堂老爷式学生嬗继下来，他们的目的不但在毕业，而尤重毕业以后的出路，所以专门研究学术的教员，他们不见得欢迎；若使一位政府有地位的人来兼课，虽然时常请假，他们还是攀附得很，因为毕业后有阔老师做靠山。这种科举时代遗留下来的劣根性，是于求学上很有妨碍的。所以我到校后第一次演说，就说明“大学生当以研究学术为天职，不当以大学为升官发财之阶梯”。然而这类习惯费了多少年打破工夫，终不免留下遗迹。

第二件事就是所谓开放女禁。其实中国大学无所谓女禁，像英国牛津等校似的。民九，有女学生要求进校，以考期已过，姑录为旁听生。及暑假招考，就正式招收女生。有人问我：“兼收女生是否创制新法？”我说：“教育部的大学令，并没有专收男生的条文；从前女生不抗议，所以不招女生，现在女生来要求，而程度又够得上大学，就没有拒绝的理由。”这是我国大学男女同学的开始。稍后，孔德学校也有女学生，于是各中、小学逐渐招收她们了。我一向是主张男女平等的，可惜今天到会的女同学，只有赵、谭、曹三位，仍觉得比男同学少得多。

第三件我提倡的事，就是变更文体，兼用白话，但不攻击文言。我本来不赞成董仲舒罢黜百家、独尊孔子一类的主张，因为学术上的派别也和政治上的派别一样，是相对的，不是永远不相容的。在北大当时，胡适之、陈仲甫、钱玄同、刘半农诸君，暨沈氏兄弟，积极的提倡白话文学；刘师培、黄季刚诸君，极端维护文言。我却相信，为应用起见，白话文必要盛行，我也常常做白话文，替白话文鼓吹；然而，我曾声明，作美术文，用文言未尝不好。例如我们写字，为应用起见，自然要写行楷，若如江艮庭的篆隶写药方，当然不可；若是为人写斗方或屏联作装饰品，即写篆隶章草，有何妨害。可是文言、白话的分别适用，到如今依然没有各得其当。

以上系我在北大时举办的或提倡的几件较大的事情。其他如注意美育，提倡军训，培养学生对于国家及人类的正确观念，都是没有放松。只可惜上述这些理想，总没有完全实现。可见个人或少数人的力量，终是有限。综计我居北大校长名义，自民六至民十五，共十年有半，而实际办事，不过五年有半，所成就者仅仅如是。一经回忆，对于知我罪我，不胜惭悚！

今天在座的，年龄皆少于我，未来服务于国家社会的机会正多，发展无量。况且以诸位的年龄，合计不知几千百倍于本人，而预料诸位将来达于七十岁的时候，对于国家社会的贡献，更不知将几千百倍于本人；所以今天诸位先生与同学以祝我的，我谨以还祝诸位健康。

据《中央周报》(1936 年 2 月 23 日出版)

第三辑　读书与做人

读书与救国*

今天承贵校校长费博士介绍，得来此参观，引为非常的荣幸！贵校的创设，有数十年的悠久历史，内中一切规模设备，甚是完美。不用说，这个学校是我们浙江惟一的高等学府。青年学子不必远离家乡，负笈千里，即可求得高深学问，这可不是我们浙江青年的幸福吗！

我看贵校的编制，分文、理二科，这正合西洋各大学以文、理为学校基本学科的本旨。我们大家晓得，攻文学的人，不独要在书本子里探讨，还当受大自然的陶熔。是以求学的环境，非常重要。请看英国牛津大学和美国哥伦比亚大学，他们都设在城外风景佳绝之地。因此，这两个学校里产出的文学巨子，亦较别校为多。贵校的校址，负山带河，面江背湖，空气固是新鲜，风景更属美丽。诸位求学于如此山明水秀之处所，自必兴趣丛生，收事半功倍之效。所以我很希望你们当中学文科的人，能多多造成几位东方之文学泰斗。

印度文明，太偏重于理想，不适合于二十世纪的国家。现在是科学竞争时代，物质万能时代，世界上的强国，无不是工业兴隆，对于声光化电的学问，研究得至微至细的。什么电灯啦，电报啦，轮船啦，火车啦，这些有利人类的一切发明，皆外人贡献的。我们中国就是本着古礼“来而不往，非礼也”的公式，也该有点发明，与世界各国相交换才是。这个责任，我希望贵校学理科的诸位，能自告奋勇地去担负起来。

现在国内一般人们，对于收回教育权的声浪，皆呼得非常之高，而我则以为这个时期还没到。试问国立的几所少数学校，是否能完全容

* 1927年3月在杭州之江大学演说词，王裕凯记录。

纳中国的学生，而使之无向隅之憾呢？中国目下的情形，是需要人才的时候，不应该拘执于微末之争。至云教会学校的学生，对于爱国运动很少参加，便是无爱国的热忱，这个见解更是错了。学生在求学时期，自应惟学是务，朝朝暮暮，自宜在书本子里用功夫。但大家不用误会，我并不是说学生应完全的不参加爱国运动，总要能爱国不忘读书，读书不忘爱国，如此方谓得其要旨。至若现在有一班学生，借着爱国的美名，今日罢课，明天游行，完全把读书忘记了，像这样的爱国运动，是我所不敢赞同的。

我在外国已有多年，并未多见罢课的事情。只有法国一个高等学堂里，因换一教员，同时有二人欲谋此缺，一新派，一旧派，旧派为保守党，脑筋旧，所以政府主用新人物，因此相争，旧派乃联络全城的高等学校罢课。当时西人认为很惊奇的一回事。而我国则不然，自“五四”以后，学潮澎湃，日胜一日，罢课游行，成为司空见惯，不以为异。不知学人之长，惟知采人之短，以致江河日下，不可收拾，言之实堪痛心啊！

总之，救国问题，谈何容易，决非一朝一夕空言爱国所可生效的。从前勾践雪耻，也曾用“十年生聚，十年教训”的工夫，而后方克遂志。所以我很希望诸位如今在学校里，能努力研究学术，格外穷理。因为能在学校里多用一点工夫，即为国家将来能多办一件事体。外务少管些，应酬以适环境为是，勿虚掷光阴。宜多多组织研究会，常常在试验室里下工夫。他日学成出校，为国宣力，胸有成竹，临事自能措置裕如。一校之学生如是，全国各学校之学生亦如是，那么中国的前途，便自然一天光明一天了。

据《知难月刊》第2期（1927年3月12日出版）

怎样才配做一个现代学生*

一般似乎很可爱的青年男女，住着男女同学的学校，就可以算做现代学生么？或者能读点外国文的书，说几句外国语；或者能够“信口开河”的谈什么……什么主义和什么什么……文学，也配称做现代学生么？我看，这些都是表面的或次要的问题。我以为至少要具备下列三个条件，才配称做现代学生。

（一）狮子样的体力　我国自来把读书的人叫做文人，本是因为他们所习的为文事的缘故，不料积久这“文人”两个字和“文弱的人”四个字竟发生了连带的关系。古时文士于礼、乐、书、数之外，尚须学习射、御，未尝不寓武于文。不料到后来，被一般野心帝王专以文字章句愚弄天下儒生，鄙弃武事，把知识阶级的体力继续不断的摧残下去；流毒至今，一般读书人所应有的健康，大都被毁剥了。羸弱父母，哪能生产康强的儿女？先天上既虞不足，而学校教育又未能十分注意体格的训练，后天上也就大有缺陷。所以现时我国的男女青年的体格，虽略较二十年前的书生稍有进步，但比起东、西洋学生壮健活泼、生机勃茂的样子来，相差真不可以道里计。新近有一位留学西洋多年而回国不久的朋友对我说：他刚从外洋回到上海的时候，在马路上走，简直不敢抬头，因为看见一般孱弱已极、毫无生气的中国男女，不禁发生恐惧和惭愧的感觉。这位朋友的话并不是随便邪说，任何人刚从外国返到中国国境，怕都不免有同样的印象。这虽是就普通的中国人观察，但是学校里的学生也好不了许多。先有健全的身体，然后有健全的思想和事

* 1930年。

业，这句话无论何人都是承认的，所以学生体力的增进，实在是今日办教育的生死关键。

现今欲求增进中国学生的体力，惟有提倡运动一法。中国废科举，办学校，虽已历时二十余年之久，对于体育一项的设备太不注意，甚至一个学校，连操场、球场都没有，至于健身房、游泳池等等关于体育上的设备，更说不上了。运动机会既因无“用武地”而减少，所以往往有聪慧勤学的学生，只因体力衰弱的缘故，纵使不患肺病、神经衰弱病及其他痼症而青年夭折，也要受精力不强、活动力减少的影响，不能出其所学贡献于社会，前途希望和幸福就从此断送，这是何等可悲痛的事！

今日的学生，便是明日的社会中坚、国家柱石，这样病夫式或准病夫式的学生，焉能担得起异日社会国家的重责？又焉能与外国赳赳武夫的学生争长比短？就拿本年日本举行的第九届远东运动会而论，我国运动员的成绩比起日本来，几于处处落人之后。较可取巧的足球，日本学生已成我劲敌。至于最费体力的田径赛，则完全没有我国学生的地位，这又是何等可羞耻的事！

体力的增进，并非一蹴而企。试观东、西洋学生，自小学以至大学，无一日不在锻炼陶冶之中。所以他们的青年，无不嗜好运动，兴趣盎然。一闻赛球，群起而趋。这种习惯的养成，良非易事，而健全国民的基础，乃以确定。这种情形，在初入其国的，尝误认为一种狂癖；观察稍久，方知其影响国本之大。这是我们所应憬然猛省的。

外人以我国度庞大而不自振作，特赠以“睡狮”的怪号。青年们！醒来吧！赶快回复你的“狮子样的体力”！好与世界健儿一较好身手；并且以健全的体力，去运用思想，创造事业！

（二）猴子样的敏捷　“敏捷”的意思，简单说起来就是“快”。在这二十世纪的时代做人，总得要做个“快人”才行。譬如赛跑或游泳一样，快的居前，不快的便要落后，这是无可避免的结果。我们中国的文化，在二千年前，便已发展到与现今的中国文化程度距离不远。那时欧洲大陆还是野蛮人横行的时代。至美洲，尚草莽未辟，更不用说。

然而今日又怎样呢？欧洲文化的灿烂，吾人既已瞠乎其后，而美洲则更发展迅速。美利坚合众国立国至今不过一百五十四年，其政治、经济的一切发展，竟有“后来居上”之势。这又是什么缘故呢？这固然是美国的环境好，适于建设。而美国人的举动敏捷，也是他们成功迅速的一个最大原因。吾人试游于美国的都市，汽车、街车等等的风驰电掣不算，就是在大街两旁道上走路的人，也都是迈往直前，绝少左顾右盼、姗姗行迟，像中国人所常有的样子；再到他们的工厂或办事房中去参观，他们也是快手快脚的各忙各的事体；至于学校里的学生，无论在讲堂上、操场上、图书馆里、实验室里，一切行动态度，总是敏捷异常，活泼得很，所以他们能够在一个短时期内，学得多，做得多，将来的成就也自然的多起来了。掉转头来看看我国的情形，一般人的行动颟顸迟缓，姑置勿论；就是学校里的学生，读书做事，也大半是一些不灵敏。所以在初中毕业的学生，国文不能畅所欲言；在大学里毕业的学生，未必能看外国文的书籍。这不是由于他们的脑筋迟钝，实在是由于习惯成自然。所以出了学校以后，做起事来，仍旧不能紧张，“从容不迫”的做下去。西洋人可以一天做完的事，中国人非两天或三天不能做完。在效率上相差得这样多，所成就的事体，自然也就不可同日而语了。

关于这种迟缓的不敏捷的行动，我说是一种习惯，而且这种习惯是由于青年时代养成的，并不是没有什么事实上的根据。我们可以用华侨子弟和留学生来做证明：在欧美生长的中国小孩，行动的敏捷，固足与外国小孩相颉颃；而一般留学生，初到外国的时候，总感觉得处处落人之后，走路没有人家快，做事没有人家快，读书没有人家快，在课堂上抄笔记也没有人家写得快、记得多，苦不堪言；但在这样环境中吃得苦头太多了以后，自然而然的一切行动也就渐渐的会变快了。所以留学生回国后，一切行动总比普通一般人要敏捷些；等待他们在百事迟钝的中国环境里住的时间稍为长久一点，他们的迟缓的老脾气，或者也会重新发作的。就拿与人约会或赴宴会做例子，在欧美住过几年的人，初回国的时候，大都是很肯遵守时间，按时而到；后来觉得自己到了，他人迟到，也是于事无益，呆坐着等人，还白白糟蹋了宝贵的时间，不如还是从俗罢。但是这种习惯的误事和不便，是人人所引为遗憾的。尤其是我们的青年人，应当积极纠正的。

青年们呀！现在已经是二十世纪的新时代了！这个时代的特征就是“快”。你看布满了各国大陆的铁道，浮遍了各国海洋的船舰，肉眼可看见的有线电的电线、不可见的无线电的电浪，可以横渡大西洋而远征南、北极的飞机，城市地面上驰骋着的街车与汽车，地面下隧道中通行的火车与电车，以及工厂、农场、公事房、家庭中所有的一切机器，哪一件不是为要想达到“快”的目的而设的？况且凡百科学，无不日新月异的在那里增加发明，我们纵不能自己发明，也得要迎头赶上去、学上去，这都是非快不为功的。

据进化论的昭示，我们人类由猿猴进化而来。却是人类在这比较安舒的环境中，行动渐次变了迟钝，反较猴子略逊一筹，而中国人的颟顸程度更特别的高。以开化最早的资格，现反远居人后，这是多么惭愧的事！现在我们的青年，如要想对于求学、做事两方面力振颓风，则非学“猴子样的敏捷”，急起直追不可！

（三）骆驼样的精神　在中国四万万同胞中，各人所负责任的重大，恐怕要算青年学生首屈一指了！就中国现时所处的可怜地位和可悲的命运而论，我们几乎可以说：凡是可摆脱这种地位、挽回这种命运的事情和责任，直接或间接都是要落在学生们的双肩上。

第一是对于学术上的责任。做学生的第一件事就要读书。读书从浅近方面说，是要增加个人的知识和能力，预备在社会上做一个有用的人才；从远大的方面说，是要精研学理，对于社会、国家和人类作最有价值的贡献。这种责任是何等的重大！读者要知道，一个民族或国家要在世界上立得住脚——而且要光荣的立住——是要以学术为基础的，尤其是，在这竞争剧烈的二十世纪，更要倚靠学术。所以学术昌明的国家，没有不强盛的；反之，学术幼稚和知识蒙昧的民族，没有不贫弱的。德意志便是一个好例证：德人在欧战时力抗群强，能力固已可惊；大败以后，曾不十年而又重列于第一等国之林，这岂不是由于他们的科学程度特别优越而建设力强所致么？我们中国人在世界上原来很有贡献的——如发明指南针、印刷术、火药之类——所以现时国力虽不充足,而仍为谈世界文化者所重视。不过经过两千年专制的锢蔽,学术遂致落伍。试问在现代的学术界,我们中国人对于人类幸福有贡献的究竟有几个人呢?无怪人家渐渐的看不起我们了。我们以后要想雪去被人轻视的耻辱,恢复我们固有的光荣,只有从学术方面努力,提高我们的科学知识,更进一步对世界为一种新的贡献,这些都是不能不首先属望于一般青年学生的。

第二是对于国家的责任。中国今日,外则强邻四逼,已沦于次殖民地的地位;内则政治紊乱,民穷财匮,国家的前途实在太危险了。今后想摆脱列强的羁绊,则非急图取消不平等条约不可。想把国民经济现状改良,使一般国民能享独立、自由、富厚的生活,则非使国内政治能上轨道不可。昔范仲淹为秀才时,便以天下为己任,果然有志竟成。现在的学生们,又安可不以国家为己任咧!

第三是对于社会的责任。先有好政治而后有好社会,抑先有好社会而后有好政治?这个问题用不着什么争论的,其实二者是相互影响的,所以学生对于社会也是负有对于政治同等的责任。我们中国的社会是一个很老的社会,一切组织形式及风俗习惯,大都陈旧不堪,违反现代精神而应当改良。这也是要希望学生们努力实行的。因为一般年纪大一点的旧人物,有时纵然看得出、想得到,而以濡染太久的缘故,很少能彻底改革的。所以关于改良未来的社会一层,青年所负的责任也是很大的。

以上所说的各种责任都放在学生们的身上,未免太重一些。不过生在这时的中国学生,是无法避免这些责任的。若不学着"骆驼样的精神"来"任重道远",又有什么办法呢?

除开上述三种基本条件而外,再加以"崇好美术的素养"和"自爱"、"爱人"的美德,便配称做现代学生而无愧了。

据《现代学生》月刊创刊号(1930年10月出版)

在清华学校高等科演说词*

两种感想　鄙人今日参观贵校，有两种感想：一为爱国心，一为人道主义。溯贵校之成立，远源于庚子之祸变。吾人对于往时国际交涉之失败，人民排外之蠢动，不禁愧耻，而油然生爱国之心，一也。美国以正义为天下倡，特别退还赔款，为教育人才之用，吾人因感其诚而益信人道主义之终可实现，二也。此二感想，同时涌现于吾心中。夫国家主义与人道主义，初若不相容者，如国家自卫，则不能不有常设之军队。而社会之事业，若交通，若商业，本以致人生之乐利。乃因国界之分，遂反生种种障碍，种种垄断。且以图谋国家生存、国力发展之故，往往不恤以人道为牺牲。欧洲战争，是其著例。吾人对现在国家之组织，断不能云满意，于是学者倡无政府主义，欲破坏政府之组织，以个人为单位，以人道为指归。国家主义与世界主义之不相容，盖如此矣。而何以在贵校所得之二感想，同时盘旋于吾心中？岂非以今日为两主义过渡之时代，吾人固同具此爱国心与人道观念欤？国家主义与世界主义之过渡，求之事实而可征。今日世界慈善事业，若红十字会等组织，已全泯国界。各国工会之集合，亦以人类为一体。至思想学术，则世界所公，本无国别。凡此皆日趋大同之明证。将来理想之世界，不难推测而知矣。盖道德本有三级：(一)自他两利；(二)虽不利己而不可不利他；(三)绝对利他，虽损己亦所不恤。人与人之道德，有主张绝对利他，而今之国际道德，止于自他两利，故吾人不能不同时抱爱国心与人道主义。惟其为两主义过渡之时代，不能不调剂之，使不相冲

---

* 1917年3月29日。

突也。

对清华学生之希望 吾人之教育，亦为适应此时代之预备。清华学生，皆欲求高深之学问于国外，对于此将来之学者，尤不能无特别之希望，故更贡献数言如下：

一曰发展个性 分工之理，在以己之所长，补人之所短，而人之所长，亦还以补我之所短。故人类分子，决不当尽归于同化，而贵在各能发达其特性。吾国学生游学他国者，不患其科学程度之不若人，患其模仿太过而消亡其特性。所谓特性，即地理、历史、家庭、社会所影响于人之性质者是也。学者言进化最高级为各具我性，次则各具个性。能保我性，则所得于外国之思想、言论、学术，吸收而消化之，尽为“我”之一部，而不为其所同化。否则留德者为国内增加几辈德人，留法者、留英者，为国内增加几辈英人、法人。夫世界上能增加此几辈有学问、有德行之德人、英人、法人，宁不甚善？无如失其我性为可惜也。往者学生出外，深受刺激，其有毅力者，或缘之而益自发愤；其志行稍薄弱者，即弃捐其“我”而同化于外人。所望后之留学者，必须以“我”食而化之，而毋为彼所同化。学业修毕，更遍游数邦，以尽吸收其优点，且发达我特性也。

二曰信仰自由 吾人赴外国后，见其人不但学术政事优于我，即品行风俗亦优于我，求其故而不得，则曰是宗教为之。反观国内，黑暗腐败，不可救疗，则曰是无信仰为之。于是或信从基督教，或以中国不可无宗教，而又不愿自附于耶教，因欲崇孔子为教主，皆不明因果之言也。彼俗化之美，仍由于教育普及，科学发达，法律完备。人人于因果律知之甚明，何者行之而有利，何者行之而有害，辨别之甚析，故多数人率循正轨耳。于宗教何与？至于社会上一部分之黑暗，何国蔑有，不可以观察未周而为悬断也。质言之，道德与宗教，渺不相涉。故行为不能极端自由，而信仰不可不自由。行为之标准，根于习惯；习惯之中，往往有并无善恶是非之可言，而社交上不能不率循之者。苟无必不可循之理由，而故与违反，则将受多数人无谓之嫌忌，而我固有之目的，将因之而不得达。故入境问禁，入国问俗，不能不有所迁就。此行为之不能极端自由也。若夫信仰则属之吾心，与他人毫无影响，初无迁就之必要。昔之宗教，本初民神话创造万物末日审判诸说，不合科学，在今日信者盖寡。而所谓与科学不相冲突之信仰，则不过玄学问题之一假定答语。不得此答语，则此问题终梗于吾心而不快。吾又穷思冥索而不得，则且于宗教哲学之中，择吾所最契合之答语，以相慰藉焉。孔之答语可也，耶之答语可也，其他无量数之宗教家、哲学家之答语亦可也。信仰之为用如此。既为聊相慰藉之一假定答语，吾必取其与我最契合者，则吾之抉择有完全之自由，且亦不能限于现在少数之宗教。故曰信仰期于自由也。明乎此，则可以勿眩于习闻之宗教说矣。

三曰服役社会　美洲有取缔华工之法律，虽由工价贱，而美工人不能与之竞争，致遭摈斥，亦由我国工人知识太低，行为太劣，而有以自取其咎。唐人街之腐败，久为世所诟病。留学生对于此不幸之同胞，有补救匡正之天职。欧洲留学界已有行之者，如巴黎之俭学会，对于法国招募华工，力持工价与法人平等及工人应受教育之议。俭学会并设一华工学校，授工人以简易国文、算术及法语，又刊《华工杂志》，用白话撰述，别附中法文对照之名词短语，以牖华工之知识。英国留学生亦有同样之事业，其所出杂志，定名《工读》。是皆于求学之暇，为同胞谋幸福者也。美洲华工，其需此种扶助尤急，而商人巨贾，不暇过问，惟待将来之学者急起图之耳。贵校平日对于社会服役，提倡实行，不遗余力，如校役夜课及通俗演讲等，均他校所未尝有。窃望常抱此主义，异日到美后，推行于彼处之华工，则造福宏矣。

据《蔡孑民先生言行录》

复兴民族与学生*

我们为什么要复兴民族?

复兴民族的意思,就是说,此民族并不是没有出息的,起先是很好的,后来不过是因为环境的压迫,以致退化,现在有了觉悟,所以想设法去复兴起来。复兴二字,在西方本为 Renaissance 一字,在西洋中世纪以前,本有极光明的文化,后为黑暗时期所埋没,后来又赖大家的努力,才恢复以前的光明,因而名之曰复兴。中国古时文化很盛,古书中常有记载,周朝的文物制度与希腊差不多,周季,有儒、墨、名、法、道家的哲学,此后如汉、唐的武功,也不能抹煞的。但到了现在,我们觉得事事都不如人,不但军事上、外交上不能与列强抗衡,就是所用的货物也到处觉得外国的物美价廉,胜于国货,这不能不说是我们的劣点。然而我们不能自认为劣等的民族,而只认为民族的退化,所以要复兴。

民族乃集合许多份子而成,现在欲复兴民族,须将民族全部分提高起来,提高些什么呢? 我们的答案是:

第一,体格——中国民族为什么不中用,第一步乃是身体不健全,死亡率、病象、作工能力、体育状况,无论哪一种统计,都显出我们民族的弱点,所以要复兴民族,第一步是设法使大家的身体强健起来。我闻张君俊先生说,中国民族衰老的现象,南方人智力较胜于北方人,而体力都较逊于北方人;北方人体魄强壮而智力远逊于古人,因北方常有黄河之灾,且常为游牧民族所侵略,因而民族之优秀者均迁南方,此

* 1936 年 6 月 5 日在大夏大学学生自治会演说词,王凤楼、蒋炤祖记录。

为历史证明的事实。如南北朝时代，如辽金元时代皆是，但南方气候潮湿，多寄生虫，不适宜优秀民族的发展。为复兴民族计，宜注重北方的开发。我以为北方固要开发，而南方亦可补救，我们若能发展北方人之智慧，增加南方人的体力，何尝不可用人为的力量，来克服自然呢？巴拿马旧以多蚊而不能施工事，后用科学灭蚊法而运河乃成。我们欲使民族强健起来，一定可用人力来做到。

第二，知识及能力——中国人的智能，并非不如外国人。中山先生在民族主义演讲中说："恢复中国固有的智能"，足以证明，如指南针、印刷术、火药的发明，长城、运河等建设，素为外人所称道，但到现在，科学的创造、建设的能力，各民族正非常发达，而我民族则不免落伍，然我们追想祖先的智力与能力，知道我们决非不能复兴的。例如波兰，虽经亡国之惨变，今仍能恢复，即有民族文化之故：远之如哥白尼之天文，近之如居礼夫人〔之〕化学，及其他著名之文学家、美术家，都是主动力，可以证明固有的知能足以兴国的。

第三，品性的修养——一民族之文化，一面在知识之发展，一面则赖其品性优良。向来称优良之品性为道德。道德不是绝对的，是相对的，是因各地方各时期的不同而定的。不过其中有一抽象的原则，是不可不注意的。此原则即为"爱人如己"。他的消极方面即为"己所勿欲，勿施于人"；其量则"由近而远"，初则爱己、爱家，继则爱族、爱乡、爱国，而至爱世界的人类，此种道德观念，与其用信条来迫促他，还不如用美感来陶冶他。我们看美术的进步，亦是由近而远，初用以文身，继用以装饰身体，或装饰花纹于用品上，远则用以装饰居室，且进而美化都市，其观念渐行扩大，由近而远，正与道德观念相应。

总之，复兴民族之条件为体格、智能和品性。这种条件，是希望个个人都能做到的。目前中国具了这三条件之人，请问有多少？可说是少数。但我们希望以后能达到。不过如何去达到呢，还不能不有赖于最有机会的人——学生，尤其是大学生，先来做榜样了。

大夏大学设在郊外，早已采取了牛津、剑桥大学的导师制，更有做榜样的资格。故如欲复兴民族，应由你们做起。在这里，我得介绍一位章渊若先生，他是提倡自力主义的，就是说人人都要从自己做起来再说。我现在就要劝诸位自己先做起来。学生自治会，就是促进各人自己努力的机关。

第一，以体育互相勉励——提倡体育是一个改进民族的很好的办法。日本人提倡体育，很有进步，就影响到了全体民族，所以，我们不能不有认识，体育乃是增加身体的健康，同时谋民族的健康，而非为出风头。以前的选手制，常犯了偏枯的毛病，根本失却了体育的本意，因而，常会发生下面的几种错误：(一)不平均——体育为少数人所专有；(二)太偏重——一部分选手则太偏于运动，牺牲了其他功课。今后对于体育之认识，则为根据于卫生的知识，不一定要求其做国手。听说贵大学现在实行普及体育，学生自治会又在促进普及体育的成功，这是可喜的。

第二，以知识及能力的增进互相勉励——大学内天天有教师讲授，但单靠教师讲授是不足的。还要自己去用功才行。用功要得法，单独的与集合的用功，都有优点，可以并行。同学之互相切磋，那是很有益的。自治会的组织，与同学的知能增进，有直接关系。从前我们有读书会，大家选定几本书，每人认一本去读，读了分期摘要报告，或加以批评，如听了觉得有兴味的，自己再去详读，否则，也就与自己读过无异了。这一类互助的方法很多，对于学问，很有补益的。

第三，以品性修养互相勉励——彼此互相检点，对于不应为的事情，互相告诫；对于应为的事情，互相督促；固然是自治会应有的条件，然完全为命令式的，如“你应该这样”，“你不应该怎样”，有时反引起对方的反感。所以我主张以美术来代替宗教，希望人人都有一种自然而然的善意。因为人类所以有不应为而为的事情，大抵起于自私自利的习惯。有时候迫于贪生怕死的成见，那就无所不为了。惟有美术的修养，能使人忘了小己，超然于生死利害之外，若人能有此陶冶，无论何等境遇，均不失其当为而为，不当为而不为之气概。前十七八年，我长北京大学时，北京还没有一个艺术学校，全国还没有一个音乐学校，所以我在北大内发起音乐研究会、书画研究会，使学生有自由选习的机会。现在艺术的空气已弥漫全国，上海一市，音乐艺术的人才尤为众多，贵自治会如有此等计划，必不难实现了。

贵自治会如能于上列三者，加意准备，则复兴民族的希望，已有端倪，我不能不乐观。

据上海《晨报》(1936年7月1日)

华工学校讲义*

德育三十篇

合群　吾人在此讲堂，有四壁以障风尘；有案有椅，可以坐而作书。壁者，积砖而成；案与椅，则积板而成者也。使其散而为各各之砖与板，则不能有壁与案与椅之作用。又吾人皆有衣服以御寒。衣服者，积绵缕或纤毛而成者也。使其散而为各各之绵缕或纤毛，则不能有衣服之作用。又返而观吾人之身体，实积耳、目、手、足等种种官体而成。此等官体，又积无数之细胞而成。使其散而为各各之官体，又或且散而为各各之细胞，则亦焉能有视听行动之作用哉？

吾人之生活于世界也亦然。孤立而自营，则冻馁且或难免；合众人之力以营之，而幸福之生涯，文明之事业，始有可言。例如吾等工业社会，其始固一人之手工耳。集伙授徒，而出品较多。合多数之人以为大工厂，而后能适用机械，扩张利益。合多数工厂之人，组织以为工会，始能渐脱资本家之压制，而为思患预防造福将来之计。岂非合群之效与？

吾人最普通之群，始于一家。有家而后有慈幼、养老、分劳、侍疾之事。及合一乡之人以为群，而后有守望之助，学校之设。合一省或一国之人以为群，而后有便利之交通，高深之教育。使合全世界之人以为群，而有无相通，休戚与共，则虽有地力较薄、天灾偶行之所，均不难于补救，而兵战、商战之惨祸，亦得绝迹于世界矣。

---

* 1916年夏。

舍己为群 积人而成群。群者，所以谋各人公共之利益也。然使群而危险，非群中之人出万死不顾一生之计以保群，而群将亡。则不得已而有舍己为群之义务焉。

舍己为群之理由有二：一曰，己在群中，群亡则己随之而亡。今舍己以救群，群果不亡，己亦未必亡也；即群不亡，而己先不免于亡，亦较之群己俱亡者为胜。此有己之见存者也。一曰，立于群之地位，以观群中之一人，其价值必小于众人所合之群。牺牲其一而可以济众，何惮不为？一人作如是观，则得舍己为群之一人；人人作如是观，则得舍己为群之众人。此无己之见存者也。见不同而舍己为群之决心则一。请以事实证之。一曰从军。战争，罪恶也。然或受野蛮人之攻击，而为防御之战，则不得已也。例如比之受攻于德，比人奋勇而御敌，虽死无悔，谁曰不宜？二曰革命。革命，未有不流血者也。不革命而奴隶于恶政府，则虽生犹死。故不惮流血而为之。例如法国一七八九年之革命，中国数年来之革命，其事前之鼓吹运动而被拘杀者若干人，临时奋斗而死伤者若干人，是皆基于舍己为群者也。三曰暗杀。暗杀者，革命之最简单手段也。歼魁而释从，惩一以儆百，而流血不过五步。古者如荆轲之刺秦王，近者如苏斐亚之杀俄帝尼科拉司第二，皆其例也。四曰为真理牺牲。真理者，和平之发见品也。然成为教会、君党、若贵族之所忌，则非有舍己为群之精神，不敢公言之。例如苏革拉底创新哲学，下狱而被鸩；哥白尼为新天文说，见仇于教皇；巴枯宁道无政府主义，而被囚被逐，是也。

其他如试演飞机、探险南北极之类，在今日以为敢死之事业，虽或由好奇竞胜者之所为，而亦有起于利群之动机者，得附列之。

注意公众卫生 古谚有云："千里不唾井。"言将有千里之行，虽不复汲此井，而不敢唾之以妨人也。殷之法，弃灰于道者有刑，恐其飞扬而眯人目也。孔子曰："君子敝帷不弃，为埋马；敝盖不弃，为埋狗。"言已死之狗、马，皆埋之，勿使暴露，以播其恶臭也。盖古人之注意于公众卫生者，既如此。

今日公众卫生之设备，较古为周。诚以卫生条件，本以清洁为一义。各人所能自营者，身体之澡浴，衣服之更迭，居室之洒扫而已。使其周围之所，污水停潴，废物填委，落叶死兽之腐败者散布于道周，传染病之霉菌，弥漫于空气，则虽人人自洁其身体、衣服及居室，而卫生之的仍不达。夫是以有公众卫生之设备。例如沟渠必在地中，溷厕必有溜水，道路之扫除，弃物之运移，有专职，有定时，传染病之治疗，有特别医院。皆所以助各人卫生之所不及也。

吾既受此公众卫生之益，则不可任意妨碍之，以自害而害人。毋唾于地；毋倾垢水于沟渠之外；毋弃掷杂物于公共之道路若川流。不幸而有传染之疾，则亟自隔离，暂绝交际。其稍重者，宁移居医院，而勿自溷于稠人广众之间。此吾人对于公众卫生之义务也。

爱护公共之建筑及器物 往者园亭之胜，花鸟之娱，有力者自营之、而自赏之也。今则有公园以供普通之游散；有植物、动物等园，以为赏鉴及研究之资。往者宏博之图书，优美之造像与绘画，历史之纪念品，远方之珍异，有力者得收藏之，而不轻以示人也。今则有藏书楼，以供公众之阅览，有各种博物院，以兴美感而助智育。且也，公园之中，大道之旁，植列树以为庇荫，陈坐具以供休憩，间亦注引清水以资饮料。是等公共之建置，皆吾人共享之利益也。

吾人既有此共同享受之利益，则即有共同爱护之义务；而所以爱护之者，当视一己之住所及器物为尤甚。以其一有损害，则爽然失望者，不止己一人已也。

是故吾人而行于道路，游于公园，则勿以花木之可爱，而轻折其枝叶；勿垢污其坐具，亦勿践踏而刻画之；勿引杖以扰猛兽；勿投石以惊鱼鸟；入藏书楼而有所诵读，若抄录，则当慎护其书，毋使稍有污损；进博物院，则一切陈列品，皆可以目视，而不可手触。有一于此，虽或幸逃典守者之目，而不遭诮让，然吾人良心上之呵责，固不能幸免矣。

尽力于公益 凡吾人共同享受之利益，有共同爱护之责任，此于《注意公众卫生》及《爱护公共之建筑及器物》等篇，所既言者也。顾公益之既成者，吾人当爱之；其公益之未成者，吾人尤不得不建立之。

自昔吾国人于建桥、敷路，及义仓、义塾之属，多不待政府之经营，而相与集资以为之。近日更有独立〔力〕建设学校者，如浙江之叶君澄衷，以小贩起家，晚年积资至数百万，则出其十分之一，以建设澄衷学堂。江苏之杨君锦春，以木工起家，晚年积资至十余万，则出其十分之三，以建设浦东中学校。其最著者矣。

虽然，公益之举，非必待富而后为之也。山东武君训，丐食以奉母，恨己之失学而流于乞丐也，立志积资以设一校，俾孤贫之子得受教育，持之十余年，卒达其志。夫无业之乞丐，尚得尽力于公益，况有业者乎？

英之翰回，商人也，自奉甚俭，而勇于为善；尝造伦敦大道；又悯其国育婴院之不善，自至法兰西、荷兰诸国考查之；归而著书，述其所见，于是英之育婴院为之改良。其殁也，遗财不及二千金，悉以散诸孤贫者。英之沙伯，业织麻者也，后为炮厂书记，立志解放黑奴，尝因辩护黑奴之故，而研究民法，卒得直；又与同志设一放奴公司，黑奴之由此而被释者甚众。英之菜伯，铁工也，悯罪人之被赦者，辄因无业而再罹于罪，思有以救助之；其岁入不过百镑，悉心分配，一家衣食之用者若干，教育子女之费若干，余者用以救助被赦而无业之人。彼每日作工，自朝六时至晚六时，而以其暇时及安息日，为被赦之人谋职业。行之十年，所救助者凡三百余人。由此观之，人苟有志于公益，则无论贫富，未有不达其志者，勉之而已。

己所不欲勿施于人　子贡问于孔子曰："有一言而可以终身行之者乎？"孔子曰："其恕乎：己所不欲，勿施于人。"他日，子贡曰："我不欲人之加诸我也，我亦欲无加诸人。"举孔子所告，而申言之也。西方哲学家之言曰："人各自由，而以他人之自由为界。"其义正同。例如我有思想及言论之自由，不欲受人之干涉也，则我亦勿干涉人之思想及言论；我有保卫身体之自由，不欲受人之毁伤也，则我亦勿毁伤人之身体；我有书信秘密之自由，不欲受人之窥探也，则我亦慎勿窥人之秘密；推而我不欲受人之欺诈也，则我慎勿欺诈人；我不欲受人之侮慢也，则我亦慎勿侮慢人。事无大小，一以贯之。

顾我与人之交际，不但有消极之戒律，而又有积极之行为。使由前者而下一转语曰："以己所欲施于人。"其可乎？曰是不尽然。人之所欲，偶有因遗传及习染之不善，而不轨于正者。使一切施之于人，则亦或无益而有损。例如腐败之官僚，喜受属吏之谄媚也，而因以谄媚于上官，可乎？迷信之乡愚，好听教士之附会也，而因以附会于亲族，可乎？至于人所不欲，虽亦间有谬误，如恶闻、直言之类，然使充不欲勿施之义，不敢以直言进人，可以婉言代之，亦未为害也。

且积极之行为，孔子固亦言之曰："己欲立而立人，己欲达而达人。"立者，立身也；达者，道可行于人也。言所施必以立达为界，言所勿施则以己所不欲概括之，诚终身行之而无弊者矣。

责己重而责人轻　孔子曰："躬自厚，而薄责于人，则远怨矣。"韩退之又申明之曰："古之君子，其责己也重以周，其责人也轻以约。重以周，故不怠；轻以约，故人乐为善。"其足以反证此义者，孟子言父子责善之非，而述人子之言曰："夫子教我以正，夫子未出于正也。"原伯及先且居皆以效尤为罪咎。椒举曰："惟无瑕者，可以戮人。"皆言责人而不责己之非也。

准人我平等之义，似乎责己重者，责人亦可以重，责人轻者，责己亦可以轻。例如多闻见者笑人固陋，有能力者斥人无用，意以为我既能之，彼何以不能也。又如怙过饰非者，每喜以他人同类之过失以自解，意以为人既为之，我何独不可为也。不知人我固当平等，而既有主观、客观之别，则观察之明晦，显有差池，而责备之度，亦不能不随之而进退。盖人之行为，常含有多数之原因：如遗传之品性，渐染之习惯，薰受之教育，拘牵之境遇，压迫之外缘，激刺之感情，皆有左右行为之势力。行之也为我，则一切原因，皆反省而可得。即使当局易迷，而事后必能审定。既得其因，则迁善改过之为，在在可以致力：其为前定之品性、习惯及教育所驯致耶，将何以矫正之；其为境遇、外缘及感情所逼成耶，将何以调节之。既往不可追，我固自怨自艾；而苟有不得已之故，决不虑我之不肯自谅。其在将来，则操纵之权在我，我何馁焉？至于他人，则其驯致与迫成之因，决非我所能深悉。使我任举推得之一因，而严加责备，宁有当乎？况人人各自有其重责之机会，我又何必越俎而代之？故责己重而责人轻，乃不失平等之真意，否则，迹若平而转为不平之尤矣。

勿畏强而侮弱 崧高之诗曰："人亦有言：柔则茹之，刚则吐之。惟仲山甫柔而不茹，刚亦不吐，不侮鳏寡，不畏强御。"人类之交际，彼此平等；而古人乃以食物之茹、吐为比例，甚非正当；此仲山甫之所以反之，而自持其不侮弱、不畏强之义务也。

畏强与侮弱，其事虽有施受之殊，其作用亦有消极与积极之别。然无论何一方面，皆蔽于强弱不容平等之谬见。盖我之畏强，以为我弱于彼，不敢与之平等也。则见有弱于我者，自然以彼为不敢与我平等而侮之。又我之侮弱，以为我强于彼，不必与彼平等也。则见有强于我者，自然以彼为不必与我平等而畏之。迹若异而心则同。矫其一，则其他自随之而去矣。

我国壮侠义之行有曰："路见不平，拔刀相助。"言见有以强侮弱之事，则亟助弱者以抗强者也。夫强者尚未浼我，而我且进与之抗，则岂其浼我而转畏之；弱者与我无涉，而我且即而相助，则岂其近我而转侮之？彼拔刀相助之举，虽曰属之侠义，而抱不平之心，则人所皆有。吾人苟能扩充此心，则畏强侮弱之恶念，自无自而萌芽焉。

爱护弱者 前于《勿畏强而侮弱》说，既言抱不平理。此对于强、弱有冲突时而言也。实则吾人对于弱者，无论何时，常有恻然不安之感想。盖人类心理，以平为安，见有弱于我者，辄感天然之不平，而欲以人力平之。损有余以益不足，此即爱护弱者之原理也。

在进化较浅之动物，已有实行此事者。例如秘鲁之野羊，结队旅行，遇有猎者，则羊之壮而强者，即停足而当保护之冲，俟全队毕过，而后殿之以行。鼠类或以食物饷其同类之瞽者。印度之小鸟，于其同类之瞽者，或受伤者，皆以时赡养之。曾是进化之深如人类，而羊、鼠、小鸟之不如乎？今日普通之人，于舟车登降之际，遇有废疾者，辄为让步，且值其艰于登降而扶持之。坐车中或妇女至而无空座，则起而让之；见其所携之物，有较繁重者，辄为传递而安顿。此皆爱护弱者之一例也。

航行大海之船，猝遇不幸，例必以救生之小舟，先载妇孺。俟有余地，男子始得而占之。其有不明理之男子，敢与妇孺争先者，虽枪毙之，而不为忍。为爱护弱者计，急不暇择故也。

战争之不免杀人，无可如何也。然已降及受伤之士卒，敌国之妇孺，例不得加以残害。德国之飞艇及潜水艇，所加害者众矣；而舆论攻击，尤以其加害于妇孺为口实。亦可以见爱护弱者，为人类之公意焉。

爱物 孟子有言："亲亲而仁民，仁民而爱物。"人苟有亲仁之心，未有不推以及物者，故曰："君子之于禽兽也：见其生，不忍见其死，闻其声，不忍食其肉。"孟孙猎，得麑，使秦西巴载之，持归，其母随之，秦西巴弗忍而与之。孟孙大怒，逐之。居三月。复召以为子传〔傅〕，曰："夫不忍于麑，又且忍于儿乎？"可以证爱人之心，通于爱物，古人已公认之。自近世科学进步，所以诱导爱物之心者益甚。其略如下：

一、古人多持"神造动物以供人用"之说。齐田氏祖于庭，食客千人。中有献鱼雁者。田氏视之，乃叹曰："天之于民厚矣！殖五谷，生鱼鸟，以为之用。"众客和之如响。鲍氏之子，年十二，预于次，进曰："不如君言。天地万物，与我并生，类也。类无贵贱，徒以大小智力而相制，迭相食，非相为而生之。人取可食者而食之，岂天本为人生之？且蚊蚋噆肤，虎狼食肉，岂天本为蚊蚋生人，虎狼生肉者哉？"鲍氏之言进矣。自有生物进化学，而知人为各种动物之进化者，彼此出于同祖，不过族属较疏耳。

二、古人又持"动物惟有知觉，人类独有灵魂"之说。自生理学进步，而知所谓灵魂者，不外意识之总体。又自动物心理学进步，而能言之狗，知算之马，次第发现，亦知动物意识，固亦犹人，特程度较低而已。

三、古人助力之俱〔具〕，惟赖动物；竭其力而犹以为未足，则恒以鞭策叱咤临之，故爱物之心，常为利己心所抑沮。自机械繁兴，转运工业，耕耘之工，向之利用动物者，渐以机械代之。则虐使动物之举，为之渐减。

四、古人食肉为养生之主要。自卫生发见肉食之害，不特为微生虫之传导，且其强死之时，发生一种毒性，有妨于食之者。于是蔬食主义渐行，而屠兽之场可望其日渐淘汰矣。

方今爱护动物之会，流行渐广，而屠猎之举，一时未能绝迹；然授之以渐，必有足以完爱物之量者。昔晋翟庄耕而后食，惟以弋钓为事，及长不复猎。或问："渔猎同是害生之事，先生只去其一，何哉?"庄曰："猎是我，钓是物，未能顿尽，故先节其甚者。"晚节亦不复钓。全世界爱物心之普及，亦必如翟庄之渐进，无可疑也。

戒失信　失信之别有二：曰食言，曰愆期。

食言之失，有原于变计者，如晋文公伐原，命三日之粮，原不降，命去之。谍出曰："原将降矣。"军吏曰："请待之。"是也。有原于善忘者，如卫献公戒孙文子、宁惠子食，日旰不召，而射鸿于囿，是也。有原于轻诺者，如老子所谓"轻诺必寡信"是也。然晋文公闻军吏之言而答之曰："得原失信，将焉用之?"见变计之不可也。魏文侯与群臣饮酒乐，而天雨，命驾，将适野。左右曰："今日饮酒乐，天又雨，君将安之?"文侯曰："吾与虞人期猎，虽乐，岂可无一会期哉?"乃往身自罢之，不敢忘约也。楚人谚曰："得黄金百，不如得季布诺。"言季布不轻诺，诺则必践也。

愆期之失，有先期者，有后期者，有待人者，有见待于人者。汉郭伋行部，到西河美稷，有童儿数百，各骑竹马，道次迎拜。及事讫，诸儿复送至郭外，问使君何日当还。伋计日告之。行部既还，先期一日，伋谓违信于诸儿，遂止于野，及期乃入。明不当先期也。汉陈太丘与友期行日中，过中不至。太丘舍去。去后乃至。元方时七岁，戏门外。客问元方："尊君在否?"答曰："待君久不至，已去。"友人便怒曰："非人哉，与人期行，相委而去。"元方曰："君与家君期，日中不至，则是失信。"友人惭。明不可后期也。唐肖至忠少与友期诸路。会雨雪。人引避。至忠曰："岂有与人期，可以失信?"友至，乃去。众叹服。待人不愆期也。吴卓恕为人笃信，言不宿诺，与人期约，虽暴风疾雨冰雪无不至。尝从建业还家，辞诸葛恪。恪问何时当复来。恕对曰："某日当复亲觐。"至是日，恪欲为主人，停不饮食，以须恕至。时宾客会者，皆以为会稽、建业相去千里，道阻江湖，风波难必，岂得如期。恕至，一座皆惊。见待于人而不愆期也。

夫人与人之关系，所以能预计将来，而一一不失其秩序者，恃有约言。约而不践，则秩序为之紊乱，而猜疑之心滋矣。愆期之失，虽若轻于食言，然足以耗光阴而丧信用，亦不可不亟戒之。

戒狎侮　人类本平等也。而或乃自尊而卑人，于是有狎侮。如王曾与杨亿同为侍从。亿善谈谑，凡寮友无所不狎侮，至与曾言，则曰："吾不敢与戏。"非以自曾以外，皆其所卑视故耶？人类有同情也。而或者乃致人于不快以为快，于是狎侮。如王凤使人蒙虎皮，怖其参军陆英俊几死，因大笑为乐是也。夫吾人以一时轻忽之故，而致违平等之义，失同情之真，又岂得不戒之乎？

古人常有因狎侮而得祸者。如许攸恃功骄慢，尝于聚坐中呼曹操小字曰："某甲，卿非吾不得冀州也。"操笑曰："汝言是也。"然内不乐，后竟杀之。又如严武以世旧待杜甫甚厚，亲诣其家，甫见之，或时不中，而性褊躁，常醉登武床，瞪视曰："严挺之乃有此儿。"武衔之。一日欲杀甫，左右白其母，救得止。夫操、武以不堪狎侮而杀人，固为残暴；然许攸、杜甫，独非自取其咎乎？

历史中有以狎侮而启国际间之战争者。春秋时，晋却克与鲁臧、孙许同时而聘于齐，齐君之母肖同侄子，踊于踣而窥客，则客或跛或眇。于是使跛者迓跛者，眇者迓眇者，肖同侄子笑之，闻于客。二大夫归，相与率师为鞍之战。齐师大败。盖狎侮之祸如此。

其狎侮人而不受何种之恶报者，亦非无之。如唐高固久在散位，数为俦类所轻笑，及被任为邠宁节度使，众多惧。固一释不问。宋孙文懿公，眉州人，少时家贫，欲赴试京师，自诣县判状。尉李昭言戏之曰："似君人物来试京师者有几？"文懿以第三登第，后判审官院。李昭言者，赴调见文懿，恐甚，意其不忘前日之言也。文懿特差昭言知眉州。如斯之类，受狎侮者诚为大度，而施者已不胜其恐惧矣。然则何乐而为之乎？

是故按之理论，验之事实，狎侮之不可不戒也甚明。

戒谤毁 人皆有是非之心：是曰是，非曰非，宜也。人皆有善善恶恶之情：善者善之，恶者恶之，宜也。惟是一事之是非，一人之善恶，其关系至为复杂，吾人一时之判断，常不能据为定评。吾之所评为是、为善，而或未当也，其害尚小。吾之所评为非、为恶，而或不当，则其害甚大。是以吾人之论人也，苟非公益之所关，责任之所在，恒扬其是与善者，而隐其非与恶者。即不能隐，则见为非而非之，见为恶而恶之，其亦可矣。若本无所谓非与恶，而我虚构之，或其非与恶之程度本浅，而我深文周纳之，则谓之谤毁。谤毁者，吾人所当戒也。

吾人试一究谤毁之动机，果何在乎？将忌其人名誉乎？抑以其人之失意为有利于我乎？抑以其人与我有宿怨，而以是中伤之乎？凡若此者，皆问之良心，无一而可者也。凡毁谤人者，常不能害人，而适以自害。汉中咸毁薛宣不孝，宣子祝赇客扬明遮斫咸于宫门外。中丞议不以凡斗论，宜弃市。朝廷直以为遇人，不以义而见疻者，宜与疻人同罪，竟减死。今日文明国法律，或无故而毁人名誉，则被毁者得为赔偿损失之要求，足以证谤毁者之适以自害矣。

古之被谤毁者，亦多持不校之义，所谓止谤莫如自修也。汉班超在西域，卫尉李邑上书，陈西域之功不可成，又盛毁超。章帝怒，切责邑，令诣超受节度。超即遣邑将乌孙侍子还京师。徐干谓超曰："邑前毁君，欲败西域，今何不缘诏书留之，遣他吏送侍子乎？"超曰："以邑毁超，故今遣之。内省不疚。何恤人言？"北齐崔暹言文襄宜亲重邢劭。劭不知，顾时毁暹。文襄不悦，谓暹曰："卿说子才（劭字子才）长，子才专言卿短。此痴人耳。"暹曰："皆是实事。劭不为痴。"皆其例也。虽然，受而不校，固不失为盛德；而自施者一方面观之，不更将无地自容耶？吾人不必问受者之为何如人，而不可不以施为戒。

戒骂詈 吾国人最易患之过失，其骂詈乎？素不相识之人，于无意之中，偶相触迕，或驱车负担之时，小不经意，彼此相撞，可以互相谢过了之者，辄矢口骂詈，经时不休。又或朋友戚族之间，论事不合，辄以骂詈继之。或斥以畜类，或辱其家族。此北自幽燕，南至吴粤，大略相等者也。

夫均是人也，而忽以畜类相斥，此何义乎？据生物进化史，人类不过哺乳动物之较为进化者；而爬虫实哺乳动物之祖先。故二十八日之人胎，与日数相等之狗胎、龟胎，甚为类似。然则斥以畜类，其程度较低之义耶？而普通之人，所见初不如是。汉刘宽尝坐有客，遣苍头沽酒。迟久之。大醉而还。客不堪之，骂曰："畜产。"宽须臾，遣人视奴，疑必自杀，顾左右曰："此人也，骂言畜产，辱孰甚焉，故我惧其死也。"又苻秦时，王堕性刚峻，疾董荣如仇雠，略不与言，尝曰："董龙是何鸡狗者，令国士与之言乎？"（龙为董荣之小字。）荣闻而惭憾，遂劝苻生杀之。及刑，荣谓堕曰："君今复敢数董龙作鸡狗乎。"夫或恐自杀，或且杀人，其激刺之烈如此。而今之人，乃以是相詈，恬不为怪，何欤？

父子兄弟，罪不相及，怒一人而辱及其家族，又何义乎？昔卫孙蒯饮马于重丘，毁其瓶，重丘人诟之曰："尔父为厉。"齐威王之见责于周安王也，詈之曰："咄嗟，尔母婢也。"此古人之诟及父母者也。其加以秽辞者，惟嘲戏则有之。《抱朴子·疾谬篇》曰："嘲戏之谈，或及祖考，下逮妇女。"既斥为谬而疾之。陈灵公与孔宁、仪行父通于夏徵舒之母，饮酒于夏氏。公谓行父曰："徵舒似汝。"对曰："亦似君。"灵公卒以是为徵舒所杀。而今之人乃以是相詈，恬不为怪，何欤？

无他，口耳习熟，则虽至不合理之词，亦复不求其故；而人云亦云，如叹词之暗呜咄咤云耳。《说苑》曰："孔子家儿不知骂，生而善教也。"愿明理之人，注意于陋习而矫正之。

文明与奢侈　读人类进化之历史：昔也穴居而野处，今则有完善之宫室；昔也饮血茹毛，食鸟兽之肉而寝其皮，今则有烹饪、裁缝之术；昔也束薪而为炬，陶土而为灯，而今则行之以煤气及电力；昔也椎轮之车，刳木之舟，为小距离之交通，而今则汽车及汽舟，无远弗届；其他一切应用之物，昔粗而今精，昔单简而今复杂，大都如是。故以今较昔，器物之价值，百倍者有之，千倍者有之，甚而万倍、亿倍者亦有之，一若昔节俭而今奢侈，奢侈之度，随文明而俱进。是以厌疾奢侈者，至于并一切之物质文明而屏弃之，如法之卢梭，俄之托尔斯泰是也。

虽然，文明之与奢侈，固若是其密接而不可离乎？是不然。文明者，利用厚生之普及于人人者也。敷道如砥，夫人而行之；漉水使洁，夫人而饮之；广衢之灯，夫人而利其明；公园之音乐，夫人而聆其音；普及教育，平民大学，夫人而可以受之；藏书楼之书，其数巨万，夫人而可以读之；博物院之美术品，其值不赀，夫人而可以赏鉴之。夫是以谓之文明。且此等设施，或以卫生，或以益智，或以进德，其所生之效力，有百千万亿于所费者。故所费虽多，而不得以奢侈论。

奢侈者，一人之费，逾于普通人所费之均数，而又不生何等之善果，或转以发生恶影响。如《吕氏春秋》所谓"出则以车，入则以辇，务以自佚，命之曰招蹶之机；肥酒厚肉，务以自疆，命之曰烂肠之食"是也。此等恶习，本酋长时代所遗留。在昔普通生活低度之时，凡所谓峻宇雕墙，玉杯象箸，长夜之饮，游畋之乐，其超越均数之费者何限？普通生活既渐高其度，即有贵族富豪以穷奢极侈著，而其超越均数之度，决不如酋长时代之甚。故知文明益进，则奢侈益杀。谓今日之文明，尚未能剿灭奢侈则可；以奢侈为文明之产物，则大不可也。吾人当详观文明与奢侈之别，尚其前者，而戒其后者，则折衷之道也。

理信与迷信　人之行为，循一定之标准，而不至彼此互相冲突、前后判若两人者，恃乎其有所信。顾信亦有别，曰理信，曰迷信。差以毫厘，失之千里，不可不察也。

种瓜得瓜，种豆得豆，有是因而后有是果，尽人所能信也。昧理之人，于事理之较为复杂者，辄不能了然。于其因果之相关，则妄归其因于不可知之神，而一切倚赖之。其属于幸福者，曰是神之喜我而佑我也；其属于不幸福者，曰是神之怒而祸我也。于是求所以喜神而免其怒者，祈祷也，祭告也，忏悔也，立种种事神之仪式，而于其所求之果，渺不相涉也。然而人顾信之，是迷信也。

础润而雨，征诸湿也；履霜坚冰至，验诸寒也；敬人者人恒敬之，爱人者人恒爱之，符诸情也；见是因而知其有是果，亦尽人所能信也。昧理之人，既归其一切之因于神，而神之情不可得而实测也，于是不胜其侥幸之心，而欲得一神人间之媒介，以为窥测之机关，遂有巫觋卜人星士之属，承其乏而自欺以欺人：或托为天使，或夸为先知，或卜以龟蓍，或占诸星象，或说以梦兆，或观其气色，或推其诞生年月日时，或相其先人之坟墓，要皆为种种预言之准备，而于其所求果之真因，又渺不相涉也。然而人顾信之，是亦迷信也。

理信则不然，其所见为因果相关者，常积无数之实验，而归纳以得之，故恒足以破往昔之迷信。例如日食、月食，昔人所谓天之警告也，今则知为月影、地影之偶蔽，而可以预定其再见之时。疫疠，昔人所视为神谴者也，今则知为微生物之传染，而可以预防。人类之所以首出万物者，昔人以为天神创造之时，赋畀独厚也；今则知人类为生物进化中之一级，以其观察自然之能力，同类互助之感情，均视他种生物为进步，故程度特高也。是皆理信之证也。

人能祛迷信而持理信，则可以省无谓之营求及希冀，以专力于有益社会之事业，而日有进步矣。

循理与畏威　人生而有爱己爱他之心像，因发为利己利他之行为。行为之己他两利，或利他而不暇利己者为善。利己之过，而不惜害他人者为恶。此古今中外之所同也。

蒙昧之世，人类心像尚隘，见己而不及见他，因而利己害他之行为，所在多有。有知觉较先者，见其事之有害于人群，而思所以防止之，于是有赏罚：善者赏之，恶者罚之，是法律所记〔托〕始也。是谓酋长之威。酋长之赏罚，不能公平无私也；而其监视之作用，所以为赏罚标准者，又不能周密而无遗。于是隶属于酋长者，又得趋避之术，而不惮于恶；而酋长之威穷。

有济其穷者曰："人之行为，监视之者，不独酋长也，又有神。吾人即独居一室，而不啻十目所视，十手所指。为善则神赐之福，为恶则神降之罚。神之赏罚，不独于其生前，而又及其死后：善者登天堂，而恶者入地狱。"或又为之说曰："神之赏罚，不独于其身，而又及其子孙：善者子孙多且贤，而恶者子孙不肖，甚者绝其嗣。"或又为之说曰："神之赏罚，不惟于其今生也，而又及其来世：善者来世为幸福之人，而恶者则转生为贫苦残废之人，甚者为兽畜。"是皆宗教家之所传说也。是谓神之威。

虽然，神之赏罚，其果如斯响应乎？其未来之苦乐，果足以抑现世之刺冲乎？故有所谓神之威，而人之不能免于恶如故。

且君主也，官吏也，教主也，辄利用酋长之威，及神之威，以强人去善而为恶。其最著者，政治之战、宗教之战是也。于是乎威者不但无成效，而且有流弊。

人智既进，乃有科学。科学者，舍威以求理者也。其理奈何？曰，我之所谓己，人之所谓他也。我之所谓他，人之所谓己也。故观其通，则无所谓己与他，而同谓之人。人之于人，无所不爱，则无所不利。不得已而不能普利，则牺牲其最少数者，以利其最大多数者，初不必问其所牺牲者之为何人也。如是，则为善最乐，又何苦为恶耶？

吾人之所为，既以理为准则，自然无恃乎威；且于流弊滋章之威，务相率而廓清之，以造成自由平等之世界，是则吾人之天责也。

坚忍与顽固　《汉书·律历》云："凡律度量衡用铜。为物至精，不为燥湿寒暑变其节，不为风雨暴露改其形，介然有常，有似于士君子之行。是以用铜。"《考工记》曰："金有六齐：六分其金而锡居一，谓之钟鼎之齐；五分其金而锡居一，谓之斧斤之齐；四分其金而锡居一，谓之戈戟之齐；三分其金而锡居一，谓之大刃之齐；五分其金而锡居二，谓之削杀矢之齐；金锡半，谓之鉴燧之齐。"贾疏曰："金谓铜也。"然则铜之质，可由两方面观察之：一则对于外界傥来之境遇，不为所侵蚀也；二则应用于器物之制造，又能调合他金属之长，以自成为种种之品格也。所谓有似于士君子之行者，亦当合两方面而观之。孔子曰："匹夫不可夺志。"孟子曰："富贵不能淫，贫贱不能移，威武不能屈。"非犹夫铜之不变而有常乎？是谓坚忍。孔子曰："见贤思齐焉。"又曰："多闻择善者而从之。"孟子曰："乐取于人以为善。"荀子曰："君子之学如蜕。"非犹夫铜之资锡以为齐乎？是谓不顽固。

坚忍者，有一定之宗旨以标准行为，而不为反对宗旨之外缘所憧扰，故遇有适合宗旨之新知识，必所欢迎。顽固者本无宗旨，徒对于不习惯之革新，而为无意识之反动；苟外力遇其堕性，则一转而不之返。是故坚忍者必不顽固，而顽固者转不坚忍也。

不观乎有清之季世乎？满洲政府，自慈禧太后以下，因仇视新法之故，而仇视外人，遂有“义和团”之役，可谓顽固矣。然一经庚子联军之压迫，则向之排外者，一转而反为媚外。凡为外人，不问贤否，悉崇拜之；凡为外俗，不问是非，悉仿效之。其不坚忍为何如耶？革命之士，慨政俗之不良，欲输入欧化以救之，可谓不顽固矣。经政府之反对，放逐囚杀，终不能夺其志。其坚忍为何如耶？坚忍与顽固之别，观夫此而益信。

自由与放纵　自由，美德也。若思想，若身体，若言论，若居处，若职业，若集会，无不有一自由之程度。若受外界之压制，而不及其度，则尽力以争之，虽流血亦所不顾，所谓“不自由，毋宁死”是也。然若过于其度，而有愧于己，有害于人，则不复为自由，而谓之放纵。放纵者，自由之敌也。

人之思想不缚于宗教，不牵于俗尚，而一以良心为准。此真自由也。若偶有恶劣之思想，为良心所不许，而我故纵容之，使积渐扩张，而势力遂驾于良心之上，则放纵之思想而已。

饥而食，渴而饮，倦而眠，卫生之自由也。然使饮食不节，兴寐无常，养成不良之习惯，则因放纵而转有害于卫生矣。

喜而歌，悲而哭，感情之自由也。然而里有殡，不巷歌，寡妇不夜哭，不敢放纵也。

言论可以自由也，而或乃讦发阴私，指挥淫盗；居处可以自由也，而或于其间为危险之制造，作长夜之喧嚣；职业可以自由也，而或乃造作伪品，贩卖毒物；集会可以自由也，而或以流布迷信，恣行奸邪。诸如此类，皆逞一方面极端之自由，而不以他人之自由为界，皆放纵之咎也。

昔法国之大革命，争自由也，吾人所崇拜也。然其时如罗伯士比及但敦之流，以过度之激烈，恣杀贵族，酿成恐怖时代，则由放纵而流于残忍矣。近者英国妇女之争选举权，亦争自由也，吾人所不敢菲薄也。然其胁迫政府之策，至于烧毁邮件，破坏美术品，则由放纵而流于粗暴矣。夫以自由之美德，而一涉放纵，则且流于粗暴或残忍之行为而不觉，可不慎欤？

镇定与冷淡 世界蕃变，常有一时突起之现象，非意料所及者。普通人当之，恒不免张皇无措。而弘毅之才，独能不动声色，应机立断，有以扫众人之疑虑，而免其纷乱，是之谓镇定。

昔诸葛亮屯军于阳平，惟留万人守城。司马懿垂至，将士失色，莫之为计。而亮意气自若，令军中偃旗息鼓，大开西城门，扫地却洒。懿疑有伏，引军趋北山。宋刘几知保州，方大会宾客；夜分，忽告有卒为乱；几不问，益令拆〔折〕花劝客。几已密令人分捕，有顷禽至。几复极饮达旦。宋李允则尝宴军，而甲仗库火。允则作乐饮酒不辍。少顷，火息，密檄瀛州以茗笼运器甲，不浃旬，军器完足，人无知者。真宗诘之。曰："兵机所藏，儆火甚严。方宴而焚，必奸人所为。若舍宴救火，事当不测。"是皆不愧为镇定矣。

镇定者，行所无事，而实大有为者也。若目击世变之亟，而曾不稍受其刺激，转以清静无为之说自遣，则不得谓之镇定，而谓之冷淡。

晋之叔世，五胡云扰。王衍居宰辅之任，不以经国为念，而雅咏玄虚。后进之士，景慕仿效，矜高浮诞，遂成风俗。洛阳危逼，多欲迁都以避其难；而衍独卖牛车以安众心。事若近乎镇定。然不及为备，俄而举军为石勒所破。衍将死，顾而言曰："呜呼，吾曹虽不如古人，向若不祖尚浮虚，戮力以匡天下，犹不至今日。"此冷淡之失也。

宋富弼致政于家，为长生之术，吕大临与之书曰："古者三公无职事，惟有德者居之：内则论道于朝，外则主教于乡，古之大人，当是任者，必将以斯道觉斯民。成己以成物，岂以位之进退，年岁之盛衰，而为之变哉？今大道未明，人趋异学，不入于庄，则入于释，人伦不明，万物憔悴。此老成大人恻隐存心之时，以道自任，振起坏俗。若夫移精变气，务求长年，此山谷避世之士，独善其心者之所好，岂世之所以望于公者。"弼谢之。此极言冷淡之不可也。

观衍之临死而悔，弼之得书而谢，知冷淡之弊，不独政治家，即在野者，亦不可不深以为戒焉。

热心与野心 孟子有言："鸡鸣而起，孳孳为善者，舜之徒也；鸡鸣而起，孳孳为利者，跖之徒者。”二者，孳孳以为之同，而前者以义务为的，谓之“热心”；后者以权利为的，谓之“野心”。禹思天下有溺者，犹己溺之；稷思天下有饥者，犹己饥之；此热心也。故禹平水土，稷教稼穑，有功于民。项羽观秦始皇帝曰：“彼可取而代也。”刘邦观秦始皇帝曰：“嗟夫！大丈夫当如是也。”此野心也。故暴秦既灭，刘、项争为天子，血战五年。羽尝曰：“天下汹汹数岁者，徒为吾两人耳。”野心家之贻害于世，盖如此。

美利坚之独立也，华盛顿尽瘁军事，及七年之久。立国以后，革世袭君主之制，而为选举之总统。其被举为总统也，综理政务，至公无私。再任而退职，躬治农圃，不复投入政治之旋涡。及其将死，以家产之一部分，捐助公共教育及其他慈善事业。可谓有热心而无野心者矣。

世固有无野心而并熄其热心者。如长沮桀溺曰：“滔滔者天下皆是也，而谁与易之？”马少游曰：“士生一世，但取衣食裁足，乘下泽车，御款段马，守坟墓，乡里称善人，斯可矣。”是也。凡隐遁之士，多有此失；不知人为社会之一分子，其所以生存者，无一非社会之赐。顾对于社会之所需要，漠然置之，而不一尽其力之所能及乎？范仲淹曰：“士当先天下之忧而忧，后天下之乐而乐。”李燔曰：“凡人不必待仕宦有位为职事方为功业，但随力到处，有以及物，即功业矣。”谅哉言乎！

且热心者，非必直接于社会之事业也。科学家闭户自精，若无与世事，而一有发明，则利用厚生之道，辄受其莫大之影响。高上之文学，优越之美术，初若无关于实利，而陶铸性情之力，莫之与京。故孳孳学术之士，不失为热心家。其或恃才傲物，饰智惊愚，则又为学术界之野心，亦不可不戒也。

英锐与浮躁　黄帝曰：“日中必熭，操刀必割。”《吕氏春秋》曰：“力重突，知贵卒。所为贵骥者，为其一日千里也；旬日取之，与驽骀同。所为贵镞矢者，为其应声而至；终日而至，则与无至同。”此言英锐之要也。周人之谚曰：“畏首畏尾，身其余几。”诸葛亮之评刘繇、王郎曰：“群疑满腹，众难塞胸。”言不英锐之害也。

楚丘先生年七十。孟尝君曰："先生老矣。"曰："使逐兽麋而搏虎豹，吾已老矣；使出正词而当诸侯，决嫌疑而定犹豫，吾始壮矣。"此老而英锐者也。范滂为清诏使，登车揽辔，慨然有澄清天下之志。此少而英锐者也。

少年英锐之气，常远胜于老人。然纵之太过，则流为浮躁，苏轼论贾谊、晁错曰："贾生天下奇才，所言一时之良策。然请为属国，欲系单于，则是处士之大言，少年之锐气。兵，凶事也，尚易言之，正如赵括之轻秦，李俱之易楚。若文帝亟用其说，则天下殆将不安矣。使贾生尝历艰难，亦必自悔其说。至于晁错，尤号刻薄，为御史大夫，申屠贤相，发愤而死，更改法令，天下骚然。至于七国发难，而错之术穷矣。"韩愈论柳宗元曰："子厚前时少年，勇于为人，不自贵重，顾借谓功业可立就，故坐废退，才不为世用，道不行于时。使子厚在台省时，已能自持其身，如司马刺史时，亦自不斥。"皆惜其英锐之过，涉于浮躁也。夫以贾、晁、柳三氏之才，而一涉浮躁，则一蹶不振，无以伸其志而尽其才。况其才不如三氏者，又安得不兢兢焉以浮躁为戒乎？

果敢与卤莽　人生于世，非仅仅安常而处顺也，恒遇有艰难之境。艰难之境，又非可畏惧而却走也，于是乎尚果敢。虽然，果敢非盲进之谓。盲进者，卤莽也。果敢者，有计划，有次第，持定见以进行，而不屈不挠，非贸然从事者也。

禹之治水也，当洪水滔天之际，而其父方以无功见殛，其艰难可知矣。禹于时毅然受任而不辞。凿龙门，辟伊阙，疏九江，决江淮，九年而水土平。彼盖鉴于其父之恃堤防而逆水性、以致败也，一以顺水性为主义。其疏凿排导之功，悉循地势而分别行之，是以奏绩。

墨翟之救宋也，百舍重茧而至楚，以窃疾说楚王。王既无词以对矣，乃托词于公输般之既为云梯，非攻宋不可。墨子乃解带为城，以褋为械，使公输般攻之。公输般九设攻城之机变，墨子九距之。公输般之攻械尽，墨子之守圉有余。公输般诎而曰："吾知所以距子矣，吾不言。"墨子亦曰："吾知子之所以距我，吾不言。"楚王问其故。墨子曰："公输子之意，不过欲杀臣。杀臣，宋莫能守，可攻也。然臣之弟子禽滑厘等三百人，已持臣守圉之器，在城上而待楚寇矣，虽杀臣不能绝也。”楚王曰：“善哉！吾请无攻宋。”夫以五千里之楚，欲攻五百里之宋，而又在攻机新成、跃跃欲试之际，乃欲以一处士之口舌阻之，其果敢为何如？虽然，使墨子无守圉之具，又使有其具而无代为守圉之弟子，则墨子亦徒丧其身，而何救于国哉？

蔺相如之奉璧于秦也，挟数从者，赍价值十二连城之重宝，而入虎狼不测之秦，自相如以外，无敢往者。相如既至秦，见秦王无意偿城，则严词责之，且以头璧俱碎之激举胁之。虽贪横无信之秦王，亦不能不为之屈也。非洞明敌人之心理，而预定制御之道，乌能从容如此耶？

夫果敢者，求有济于事，非沾沾然以此自矜也。观于三子之功，足以知果敢之不同于鲁莽，而且惟不鲁莽者，始得为真果敢矣。

精细与多疑　《吕氏春秋》曰：“物多类，然而不然。”孔子曰：“恶似而非者：恶莠，恐其乱苗也；恶紫，恐其乱朱也；恶郑声，恐其乱雅乐也；恶佞，恐其乱义也；恶利口，恐其乱信也；恶乡愿，恐其乱德也。”《淮南子》曰：“嫌疑肖象者，众人之所眩耀：故狠者，类知而非知；愚者，类仁而非仁；戆者，类勇而非勇。”夫物之类似者，大都如此，故人不可以不精细。

孔子曰：“众好之，必察焉；众恶之，必察焉。”又曰：“视其所以，观其所由，察其所安，人焉廋哉？”庄子曰：“人者厚貌深情，故君子远使之而观其敬，烦使之而观其能，卒然问之而观其知，急与之期而观其信，委之以财而观其仁，告之以危而观其节。”皆观人之精细者也。不惟观人而已，律己亦然。曾子曰：“吾日三省吾身：为人谋而不忠乎？与朋友交而不信乎？传不习乎？”孟子曰：“有人于此，其待我以横逆，则君子必自反：我必不仁也，必无礼也，此物奚宜至哉？其自反而仁矣，自反而有礼矣，其横逆由是也，君子必自反也：我必不忠。自反而忠矣，其横逆由是也，君子曰，此亦妄人也已矣。”盖君子之律己，其精细亦如是。

精细非他，视心力所能及而省察之云尔。若不事省察，而妄用顾虑，则谓之多疑。列子曰：“人有亡𫓧者，意其邻之子；视其行步，窃𫓧也；颜色，窃铁也；动作态度，无为而不窃铁也。俄而扬其谷，而得其铁。”荀子曰：“夏首之南有人焉，曰涓蜀梁。其为人也，愚而善畏，明月而宵行，俯视其影，以为伏鬼也，仰视其变，以为立魅也，背而走，比至其家，失气而死。”皆言多疑之弊也。

其他若韩昭侯恐泄梦言于妻子而独卧；五代张允，家资万计，日携众钥于衣下。多疑如此，皆所谓“天下本无事，庸人自扰之”者也。其与精细，岂可同日语哉？

尚洁与太洁　华人素以不洁闻于世界：体不常浴，衣不时浣，咯痰于地，拭涕于袖，道路不加洒扫，厕所任其熏蒸，饮用之水，不加滲漉，传染之病，不知隔离。小之损一身之康强，大之酿一方之疫疠。此吾侪所痛心疾首，而愿以尚洁互相劝勉者也。

虽然，尚洁亦有分际。沐浴洒扫，一人所能自尽也；公共之清洁，可互约而行之者也。若乃不循常轨，矫枉而过于正，则其弊亦多。

南宋何佟之，一日洗濯十余遍，犹恨不足；元倪瓒盥颒频易水，冠服拂拭，日以数十计，斋居前后树石频洗拭；清洪景融每赜面，辄自旦达午不休。此太洁而废时者也。

南齐王思远，诸客有诣己者，觇知衣服垢秽，方便不前，形仪新楚，乃与促膝，及去之后，犹令二人交拂其坐处。庾炳之，士大夫未出户，辄令人拭席洗床；宋米芾不与人共巾器。此太洁而妨人者也。

若乃采访风土，化导夷蛮，挽救孤贫，疗护疾病，势不得不入不洁之地，而接不洁之人。使皆以好洁之故，而裹足不前，则文明无自流布，而人道亦将歇绝矣。汉苏武之在匈奴也，居窟室中，啮雪与毡而吞之。宋洪皓之在金也，以马粪燃火，烘面而食之。宋赵善应，道见病者，必收恤之，躬为煮药。瑞士沛斯泰洛齐集五十余乞儿于一室而教育之。此其人视王思远、庾炳之辈为何如耶？

且尚洁之道，亦必推己而及人。秦苻朗与朝士宴会，使小儿跪而开口，唾而含出，谓之肉唾壶。此其昧良，不待言矣。南宋谢景仁居室极净丽，每唾，辄唾左右之衣。事毕，听一日浣濯。虽不似苻朗之忍，然亦纵己而蔑人者也。汉郭泰，每行宿逆旅，辄躬洒扫；及明去后，人至见之曰:"此必郭有道昨宿处也。"斯则可以为法者矣。

互助与倚赖 西人之寓言曰:"有至不幸之甲、乙二人。甲生而瞽,乙有残疾不能行。二人相依为命:甲负乙而行,而乙则指示其方向,遂得互减其苦状。"甲不能视而乙助之,乙不能行而甲助之,互助之义也。

互助之义如此。甲之义务,即乙之权利,而同时乙之义务,亦即甲之权利:互相消,即互相益也。推之而分工之制,一人之所需,恒出于多数人之所为,而此一人之所为,亦还以供多数人之所需。是亦一种复杂之互助云尔。

若乃不尽义务,而惟攫他人义务之产业为以权利,是谓倚赖。

我国旧社会依赖之风最盛。如乞丐,固人人所贱视矣。然而纨袴子弟也,官亲也,帮闲之清客也,各官署之冗员也,凡无所事事而倚人以生活者,何一非乞丐之流亚乎?

《礼·王制》记曰:"瘖、聋、跛、躃断者、侏儒,各以其器食之。"晋胥臣曰:"戚施直镈,籧篨蒙璆,侏儒扶卢,矇瞍修声,聋聩司火。"废疾之人,且以一艺自赡如此,顾康强无恙,而不以倚赖为耻乎?

往昔慈善家,好赈施贫人。其意甚美,而其事财足以助长倚赖之心。今则出资设贫民工艺厂以代之。饥馑之年,以工代赈。监禁之犯,课以工艺,而代蓄赢利,以为出狱后营生之资本。皆所以绝倚赖之弊也。

幼稚之年,不能不倚人以生,然苟能勤于学业,则壮岁之所致力,足偿宿负而有余。平日勤工节用,蓄其所余,以备不时之需,则虽衰老疾病之时,其力尚足自给,而不至累人,此又自助之义,不背于互助者也。

爱情与淫欲 尽世界人类而爱之,此普通之爱,纯然伦理学性质者也。而又有特别之爱,专行于男女之间者,谓之爱情,则以伦理之爱,而兼生理之爱者也。生理之爱,常因人而有专泛久暂之殊,自有夫妇之制,而爱情乃贞固。此以伦理之爱,范围生理之爱,而始有纯洁之爱情也。

纯洁之爱，何必限于夫妇？曰既有所爱，则必为所爱者保其康健，宁其心情，完其品格，芳其闻誉，而准备其未来之幸福。凡此诸端，准今日社会之制度，惟夫妇足以当之。若于夫妇关系以外，纵生理之爱，而于所爱者之运命，恝然不顾，是不得谓之爱情，而谓之淫欲。其例如下：

一曰纳妾。妾者，多由贫人之女卖身为之。均是人也，而侪诸商品，于心安乎？均是人也，使不得与见爱者敌体，而视为奴隶，于心安乎？一纳妾而夫妇之间，猜嫌迭起，家庭之平和为之破坏；或纵妻以虐妾，或宠妾而疏妻，种种罪恶，相缘以起。稍有人心，何忍出此？

二曰狎妓。妓者，大抵青年贫女，受人诱惑，被人压制，皆不得已而业此。社会上均以无人格视之。吾人方哀矜之不暇，而何忍亵视之。其有为妓脱籍者，固亦救拔之一法；然使不为之慎择佳偶，而占以为妾，则为德不卒，而重自陷于罪恶矣。

三曰奸通。凡曾犯奸通之罪者，无论男女，恒为普通社会所鄙视，而在女子为尤甚，往往以是而摧灭其终身之幸福：甚者自杀，又甚者被杀。吾人兴念及此，有不为之栗栗危惧，而悬为厉禁者乎？

其他不纯洁之爱情，其不可犯之理，大率类是，可推而得之。

方正与拘泥　孟子曰："人有不为也，而后可以有为。"盖人苟无所不为，则是无主宰，无标准，而一随外界之诱导或压制以行动。是乌足以立身而任事哉。故孟子曰："仰不愧于天，俯不怍于人。"又曰："富贵不能淫，贫贱不能移，威武不能屈。"言无论外境如何，而决不为违反良心之事也。孔子曰："非礼勿视，非礼勿听，非礼勿言，非礼勿动。"谓视听言动，无不循乎规则也。是皆方正之义也。

昔梁明山宾家中尝乏困，货所乘牛。既售，受钱，乃谓买主曰："此牛经患漏蹄，疗差已久，恐后脱发，无容不相语。"买主遽取还钱。唐吴兢与刘子玄，撰定武后实录，叙张昌宗诱张说诬证魏元忠事。后说为相，读之，心不善，知兢所为，即从容谬谓曰："刘生书魏齐公事，不少假借奈何？"兢曰："子玄已亡，不可受诬地下。兢实书之，其草故在。"说屡以情蕲改。辞曰："徇公之请，何名实录？"卒不改。一则宁失利而不肯欺人;一则既不诬友,又不畏势。皆方正之例也。

然亦有方正之故,而涉于拘泥者。梁刘进,兄献每隔壁呼进。进束带而后语。吴顾恺疾笃,妻出省之,恺命左右扶起,冠帻加袭,趣令妻还。虽皆出于敬礼之意,然以兄弟夫妇之亲,而尚此烦文,亦太过矣。子从父令,正也。然而《孝经》曰:"父有争子,则身不陷于不义。"孔子曰:"小杖则受,大杖则走,不陷父于不义。"然则从令之说,未可拘泥也。官吏当守法令,正也。然汉汲黯过河南,贫民伤水旱万余家,遂以便宜持节发仓粟以赈贫民,请伏矫制之罪。武帝贤而释之。宋程师孟,提点夔部,无常平粟,建请置仓;遘凶岁,赈民,不足,即矫发他储,不俟报。吏惧,白不可。师孟曰:"必俟报,饥者尽死矣。"竟发之。此可为不拘泥者矣。

谨慎与畏葸 果敢之反对为畏葸;而鲁莽之反对为谨慎。知果敢之不同于鲁莽,则谨慎之不同于畏葸,盖可知矣。今再以事实证明之。

孔子,吾国至谨慎之人也,尝曰:"谨而信。"又曰:"多闻阙疑,慎言其余,多见阙殆,慎行其余。"然而孔子欲行其道,历聘诸侯。其至匡也,匡人误以为阳虎,带甲围之数匝,而孔子弦歌不辍。既去匡,又适卫,适曹,适宋,与弟子习礼大树下。宋司马桓魋,欲杀孔子,拔其树。孔子去,适郑、陈诸国而适蔡。陈、蔡大夫,相与发徒役,围孔子于野,绝粮,七日不火食。孔子讲诵弦歌不衰。围既解,乃适楚,适卫,应鲁哀公之聘而始返鲁。初不以匡、宋、陈、蔡之厄而辍其行也。其作《春秋》也,以传指口授弟子,为有所刺、讥、褒、讳、挹、损之文辞,不可以书见也。是其谨慎也。然而笔则笔,削则削。吴楚之君自称王,而《春秋》贬之曰子。践土之会,晋侯实召周天子,而《春秋》讳之曰,天王狩于河阳。初无所畏也。故曰:"慎而无礼则葸。"言谨慎与畏葸之别也。人有恒言曰:"诸葛一生惟谨慎。"盖诸葛亮亦吾国至谨慎之人也。其《出师表》有曰:"先帝知臣谨慎,故临崩寄臣以大事也。"然而亮南征诸郡,五月渡泸,深入不毛;其伐魏也,六出祁山,患粮不继,则分兵屯田以济之。初不因谨慎而怯战。惟敌军之司马懿,一则于上邽之东,敛兵依险,军不得交;再则于卤城之前,又登山掘营不肯战,斯贾诩、魏平所谓畏蜀如虎者耳。

且危险之机，何地蔑有。试验化电，有爆烈之虞；运动机械，有轧轹之虑，车行或遇倾复；舟行或值风涛；救火则涉于焦烂；侍疫则防其传染。若一切畏缩而不前，不将与木偶等乎？要在谙其理性，预为防范。孟子曰："知命者，不立乎岩墙之下。"汉谚曰："前车覆，后车戒。"斯为谨慎之道，而初非畏葸者之所得而托也。

有恒与保守 有人于此，初习法语，未几而改习英语，又未几而改习俄语，如是者可以通一国之言语乎？不能也。有人于此，初习木工，未几而改习金工，又未几而改习制革之工，如是而可以成良工乎？不能也。事无大小，器无精粗，欲其得手而应心，必经若干次之练习。苟旋作旋辍，则所习者，旋去而无遗。例如吾人幼稚之时，手口无多能力，积二三年之练习，而后能言语，能把握。况其他学术之较为复杂者乎？故人不可以不有恒。

昔巴律西之制造瓷器也，积十八年之试验而后成。蒲丰之著自然史也，历五十年而后成。布申之习图画也，自十余岁以至于老死。使三子者，不久而迁其业，亦乌足以成名哉。

虽然，三子之不迁其业，非保守而不求进步之谓也。巴氏取土器数百，屡改新窑，屡傅新药，以试验之。三试而栗色之土器皆白，宜以自为告成矣；又复试验八年，而始成佳品。又精绘花卉虫鸟之形于其上，而后见重于时。蒲氏所著，十一易其稿，而后公诸世。布氏初学于其乡之画工，尽其技，师无以为教；犹不自足，乃赴巴黎，得纵目于美术界之大观；犹不自足，立志赴罗马，以贫故，初至佛棱斯而返，继止于里昂，及第三次之行，始达罗马，得纵观古人名作，习解剖学，以古造像为模范而绘之，假绘术书于朋友而读之，技乃大进。晚年法王召之，供奉于巴黎之画院。未二年，即辞职，复赴罗马。及其老而病也，曰："吾年虽老，吾精进之志乃益奋，吾必使吾技达于最高之一境。"向使巴氏以三试之成绩自画，蒲氏以初稿自画，布氏以乡师之所授、巴黎之所得自画，则其著作之价值，又乌能煊赫如是？是则有恒而又不涉于保守之前例也。无恒者，东驰西骛，而无一定之轨道也。保守者，跼躅于容足之地，而常循其故步者也。有恒者，向一定之鹄的，而又无时不进行者也。此三者之别也。

智育十篇

文字 人类之思想，所以能高出于其他动物，而且进步不已者，由其有复杂之语言，而又有划一之文字以记载之。盖语言虽足为思想之表识，而不得文字以为之记载，则记忆至艰。不能不限于单简；且传达至近，亦不能有集思广益之作用。自有文字以为记忆及传达之助，则一切已往之思想，均足留以为将来之导线；而交换知识之范围，可以无远弗届。此思想之所以日进于高深，而未有已也。

中国象形为文，积文成字，或以会意，或以谐声，而一字常止一声。西洋各国，以字母记声，合声成字，而一字多不止一声。此中西文字不同之大略也。

积字而成句，积句而成节，积节而成篇，是谓文章，亦或单谓之文。文有三类：一曰，叙述之文。二曰，描写之文。三曰，辩论之文。叙述之文，或叙自然现象，或叙古今之人事，自然科学之记载，及历史等属之。描写之文，所以写人类之感情，诗、赋、词、曲等属之。辩论之文，所以证明真理，纠正谬误，孔、孟、老、庄之著书，古文中之论说辩难等属之。三类之中，间亦互有出入，如历史常参论断，诗歌或叙故事是也。吾人通信，或叙事，或言情，或辩理，三类之文，随时采用。今之报纸，有论说，有新闻，有诗歌，则兼三类之文而写之。

图画 吾人视觉之所得，皆面也。赖肤觉之助，而后见为体。建筑、雕刻，体面互见之美术也。其有舍体而取面，而于面之中，仍含有体之感觉者，为图画。

体之感觉何自起？曰：起于远近之比例，明暗之掩映。西人更益以绘影写光之法，而景状益近于自然。

图画之内容：曰人，曰动物，曰植物，曰宫室，曰山水，曰宗教，曰历史，曰风俗。既视建筑雕刻为繁复，而又含有音乐及诗歌之意味，故感人尤深。

图画之设色者，用水彩，中外所同也。而西人更有油画，始于“文艺中兴”时代之意大利，迄今盛行。其不设色者，曰水墨，以墨笔为浓淡之烘染者也。曰白描，以细笔钩勒形廓者也。不设色之画，其感人也，纯以形式及笔势。设色之画，其感人也，于形式、笔势以外，兼用激刺。

中国画家，自临摹旧作入手。西洋画家，自描写实物入手。故中国之画，自肖像而外，多以意构，虽名山水之图，亦多以记忆所得者为之。西人之画，则人物必有概范，山水必有实景，虽理想派之作，亦先有所本，乃增损而润色之。

中国之画，与书法为缘，而多含文学之趣味。西人之画，与建筑、雕刻为缘，而佐以科学之观察，哲学之思想。故中国之画，以气韵胜，善画者多工书而能诗。西人之画，以技能及义蕴胜，善画者或兼建筑、图画二术。而图画之发达，常与科学及哲学相随焉。中国之图画术，记〔托〕始于虞、夏，备于唐，而极盛于宋，其后为之者较少，而名家亦复辈出。西洋之图画术，记〔托〕始于希腊，发展于十四、十五世纪，极盛于十六世纪。近三世纪，则学校大备，画人伙颐，而标新领异之才，亦时出于其间焉。

音乐　音乐者，合多数声音，为有法之组织，以娱耳而移情者也。其所托有二：一曰人声，歌曲是也。二曰音器，自昔以金、石、丝、竹、匏、土、革、木者为之；今所常用者，为金、革、丝、竹四种。音乐中所用之声，以一秒中三十二颤者为最低，八千二百七十六颤者为最高。其间又各自为阶，如二百五十颤至五百十七颤之声为一阶，五百十七颤至千有三十四颤之声又自为一阶等，谓之音阶是也。一音阶之中，吾国古人选取其五声以作乐。其后增为七及九。而西人今日之所用，则有正声七，半声五，凡十二声。

声与声相续，而每声所占之时价，得量为申缩。以最长者为单位。由是而缩之，为二分之一，四分之一，八分之一，十六分之一，三十二分之一，及六十四分之一焉。同一声也，因乐器之不同，而同中有异，是为音色。

不同之声，有可以相谐的，或隔八位，或隔五位，或隔三位，是为谐音。

合各种高下之声，而调之以时价，文之以谐音，和之以音色，组之而为调、为曲，是为音乐。故音乐者，以有节奏之变动为系统，而又不稍滞于迹象者也。其在生理上，有节宣呼吸、动荡血脉之功。而在心理上，则人生之通式，社会之变态，宇宙之大观，皆得缘是而领会之。此其所以感人深，而移风易俗易也。

戏剧 在闳丽建筑之中，有雕刻、装饰及图画，以代表自然之景物。而又演之以歌舞，和之以音乐，集各种美术之长，使观者心领神会，油然与之同化者，非戏剧之功用乎？我国戏剧，托始于古代之歌舞及徘优；至唐而始有专门之教育；至宋、元而始有完备之曲本；至于今日，戏曲之较为雅驯、声调之较为沈郁者，惟有“昆曲”，而不投时人之好，于是“汉调”及“秦腔”起而代之。汉调亦谓之皮黄，谓西皮及二黄也。秦腔亦谓之梆子。

西人之戏剧，托始于希腊，其时已分为悲剧、喜剧两种，各有著名之戏曲。今之戏剧，则大别为歌舞及科白二种。歌舞戏又有三别：一曰正式歌舞剧（Opera），全体皆用歌曲，而性质常倾于悲剧一方面者也。二曰杂体歌舞剧（Opera - Comique），于歌曲之外，兼用说白，而参杂悲剧以喜剧之性质者也。三曰小品歌舞剧（Opérette），全为喜剧之性质，亦歌曲与说白并行，而结体较为轻佻者也。科白剧又别为二：一曰悲剧（Tragedie），二曰喜剧（Comédie），皆不歌不舞，不和以音乐，而言语行动，一如社会之习惯。今我国之所谓新剧，即仿此而为之。西人以戏剧为社会教育之一端，故设备甚周。其曲词及说白，皆为著名之文学家所编；学校中或以是为国文教科书。其音谱，则为著名之音乐家所制。其演剧之人，皆因其性之所近，而研究于专门之学校，能洞悉剧本之精意，而以适当之神情写达之。故感人甚深，而有功于社会也。其由戏剧而演出者，又有影戏：有像无声，其感化力虽不及戏剧之巨，然名手所编，亦能以种种动作，写达意境；而自然之胜景，科学之成绩，尤能画其层累曲折之状态，补图书之所未及。亦社会教育之所利赖也。

诗歌　人皆有情。若喜、若怒、若哀、若乐、若爱、若惧、若怨望、若急迫,凡一切心理上之状态,皆情也。情动于中,则声发于外,于是有都、俞、噫、咨、吁、嗟、乌呼、咄咄、荷荷等词,是谓叹词。

虽然,情之动也,心与事物为缘。若者为其发动之因,若者为其希望之果。且情之程度,或由弱而强,或由强而弱,或由甲种之情而嬗为乙种,或合数种之情而冶诸一炉,有决非简单之叹词所能写者,于是以抑扬之声调,复杂之语言形容之。而诗歌作焉。

声调者,韵也,平、侧声也。"平"者,声之位于长短疾徐之间者也。其最长最徐之声曰"去",较短较徐之声曰"上",最短最徐之声曰"入"。三者皆为侧声。

语言者,词句也。古者每句多四言,而其后多五言及七言。以八句为一首者,曰律诗。十二句以上,曰排律。四句者,曰绝句。(绝句偶有六言者。)古体诗则句数无定。诗之字句有定数,而歌者或不能不延一字为数声,或蹙数字为一声,于是乎有准歌声之延蹙以为诗者,古者谓之乐府,后世则谓之词。词之复杂而通俗者谓之曲。词所用之字,不惟辨平侧,而又别清浊,所以谐于歌也。

古者别诗之性质为三:曰风,曰雅,曰颂。风,纯乎言情者也;雅,言情而兼叙事者也;颂,所以赞美功德者也。后世之诗,亦不外乎此三者。

与诗相类者有赋,有骈文。其声调皆不如诗之谨严。赋有韵,而骈文则不必有韵。

历史　历史者,记载已往社会之现象,以垂示将来者也。吾人读历史而得古人之知识,据以为基本,而益加研究,此人类知识之所以进步也。吾人读历史而知古人之行为,辨其是非,究其成败,法是与成者,而戒其非与败者,此人类道德与事业之所以进步也。是历史之益也。

我国历史旧分三体:一曰纪传体。为君主作本纪,为其他重要之人物作列传,又作表以记世系及大事,作志以记典章:如《史记》、《汉书》等二十四史是也。二曰编年体。循事记事，便于稽前后之关系，如《左氏春秋传》及《资治通鉴》等是也。三曰纪事本末体。每纪一事，自为首尾，便于索相承之因果：如《尚书》及《通鉴纪事本末》等是也。三者皆以政治为主，而其他诸事附属之。

新体之历史，不偏重政治，而注意于人文进化之轨辙。凡夫风俗之变迁，实业之发展，学术之盛衰，皆分治其条流，而又综论其统系。是谓文明史。

又有专门记载，如哲学史、文学史、科学史、美术史之类。是为文明史之一部分，我国纪传史中之儒林，文苑诸传，及其他《宋元学案》、《畴人传》、《画人传》等书，皆其类也。

附注　《畴人传》，清阮元著，所传皆算学家。

地理　地理者，所以考地球之位置区画及其与人生之关系者也，可别为三部。

一曰数学地理：如地球与日球及他行星之关系，及其自转、公转之规则等是也。此吾人所以有昼夜之分，与夫春、夏、秋、冬之别。

二曰天然地理：如土壤之性质，山脉、河流之形势，动、植、矿各物之分布，气候之递变，雨量、风向之比例等是也。吾人之状貌、性情、习尚，及职业，往往随所居之地而互相差别者，以此。

三曰人文地理：又别为二：其一，关于政治，如大地分为若干国，有中华民国及法国等。一国之中，又分为若干省，如中华民国有二十四省，法国有八十六省是。其不编为省者曰属地，如中华民国有蒙古、西藏，法国有安南及美、非、澳诸州属地是。其一〔二〕，关于生计，如物产之丰啬，铁道、运河之交通，农、林、渔、牧之区域，工商之都会等是。二者，皆地理与人生有直接之关系者也。故谓之人文地理。

凡记载此等各部之现状者，谓之地理志，亦曰地志。合全地球而记载之，是谓世界地志。其限于一国者，为某国地志，如中华民国地志，及法国地志等是也。地理非图不明，故志必有图，而图不必皆附于志。

建筑　人之生也，不能无衣、食与宫室。而此三者，常于实用之外，又参以美术之意味。如食物本以适口腹也，而装置又求其悦目；衣服本以御寒暑也，而花样常见其翻新；宫室本以蔽风雨也，而建筑之术，尤于美学上有独立之价值焉。

建筑者，集众材而成者也。凡材品质之精粗，形式之曲直，皆有影响于吾人之感情。及其集多数之材，而成为有机体之组织，则尤有以代表一种之人生观。而容体气韵，与吾人息息相通焉。

吾国建筑之中，具美术性质者，略有七种：一曰宫殿。古代帝王之居处与陵寝，及其他佛寺道观等是也。率皆四阿而重檐，上有飞甍，下有崇阶，朱门碧瓦，所以表尊严富丽之观者也。二曰别墅。萧斋邃馆，曲榭回廊，间之以亭台，映之以泉石，宁朴毋华，宁疏毋密，大抵极清幽潇洒之致焉。三曰桥。叠石为穹窿式，与罗马建筑相类。惟罗马人广行此式，而我国则自桥以外罕用之。四曰城。叠砖石为之，环以雉堞，隆以谯门，所以环卫都邑也。而坚整之概，有可观者，以万里长城为最著。五曰华表。树于陵墓之前，间用六面形，而圆者特多，冠以柱头，承以文础，颇似希腊神祠之列栏；而两相对立，则又若埃及之方尖塔然。六曰坊。所以旌表名誉，树于康衢或陵墓之前，颇似欧洲之凯旋门，惟彼用穹形，而我用平构，斯其异点也。七曰塔。本诸印度而参以我国固有之风味，有七级、九级、十三级之别，恒附于佛寺，与欧洲教堂之塔相类。惟常于佛殿以外，呈独立之观，与彼方之组入全堂结构者不同。要之，我国建筑，既不如埃及式之阔大，亦不类峨特式之高骞，而秩序谨严，配置精巧，为吾族数千年来守礼法尚实际之精神所表示焉。

雕刻　音乐、建筑皆足以表示人生观；而表示之最直接者为雕刻。雕刻者，以木、石、金、土之属，刻之范之，为种种人物之形象者也。其所取材，率在历史之事实，现今之风俗，即有推本神话宗教者，亦犹是人生观之代表云尔。

雕刻之术，大别为二类：一浅雕凸雕之属，像不离璞，仅以圻塄起伏之文写示之者也。如山东嘉祥之汉武梁祠画像，及山西大同之北魏造像等属之。一具体之造像，雕刻之工，面面俱到者也。如商武乙为偶人以像天神，秦始皇铸金人十二，及后世一切神祠佛寺之像皆属之。

雕刻之精者，一曰匀称，各部分之长短肥瘠，互相比例，不违天然之状态也。二曰致密，琢磨之工，无懈可击也。三曰浑成，无斧凿痕也。四曰生动，仪态万方，合于力学之公例，神情活现，合于心理学之公例也。吾国之以雕刻名者，为晋之戴逵，尝刻一佛像，自隐帐中，听人臧否，随而改之。如是者十年，厥工方就。然其像不传。其后以塑像名者，唐有杨惠之，元有刘元。西方则古代希腊之雕刻，优美绝伦；而十五世纪以来，意、法、德、英诸国，亦复名家辈出。吾人试一游巴黎之鲁佛尔及卢克逊堡博物院，则希腊及法国之雕刻术，可略见一斑矣。

相传越王勾践尝以金铸范蠡之像，是为我国铸造肖像之始。然后世鲜用之。西方则自罗马时竞尚雕铸肖像，至今未沫。或以石，或以铜，无不面目逼真焉。

我国尚仪式，而西人尚自然，故我国造像，自如来袒胸，观音赤足，仍印度旧式外，鲜不具冠服者。西方则自希腊以来，喜为裸像；其为骨骼之修广，筋肉之张弛，悉以解剖术为准。作者固不能不先有所研究，观者亦得为练达身体之一助焉。

装饰(Art Dècoratif)　装饰者，最普通之美术也。其所取之材，曰石类，曰金类，曰陶土，此取诸矿物者也；曰木，曰草，曰藤，曰棉，曰麻，曰果核，曰漆，此取诸植物者也；曰介，曰角，曰骨，曰牙，曰皮，曰毛羽，曰丝，此取诸动物者也。其所施之技，曰刻，曰铸，曰陶，曰镶，曰编，曰织，曰绣，曰绘。其所写像者，曰几何学之线面，曰动植物及人类之形状，曰神话宗教及社会之事变。其所附丽者，曰身体，曰被服，曰器用，曰宫室，曰都市。

身体之装饰，一曰文身，二曰亏体。文身之饰，或绘或刺，为未开化所常有。我国今惟演剧时或以粉墨涂面；而臂上花绣，则惟我国之拳棒家，外国之航海家，间或有之。亏体之饰，如野蛮人穿鼻悬环，凿唇安木之属。我国妇女，旧有缠足、穿耳之习，亦其类也。

被服之装饰，如冠、服、带、佩及一切金、钻、珠、玉之饰皆是。近世文明民族，已日趋简素；惟帝王、贵族及军人，犹有特别之制服；而妇女冠服，尚喜翻新。巴黎新式女服，常为全欧模范。德、法开战以后，德政府尝欲创日耳曼式以代之，而德之妇女，未能从焉。

器用之装饰，大之如坐卧具，小之如陈设品皆是。我国如商、周之钟鼎，汉之铲镜，宋以后之瓷器，皆其选也。

宫室之装饰，如檐楣柱头，多有刻文；承尘及壁，或施绘画；集色彩之玻板以为窗，缀斑驳之石片以敷地，皆是。其他若窗幕、地毡之类，亦附属之。

部〔都〕市之装饰，如《考工记》："匠人营国，方九里，旁三门，国中九经九纬，经涂九轨。"所以求均称而表庄严也。巴黎一市，揽森河左右，纬以长桥，界为驰道，间以广场，文以崇闳之建筑，疏以广大之园林，积渐布置，蔚成大观；而驰道之旁，荫以列树，芬以花塍；广场及公园之中，古木杂花，喷泉造像，分合错综，悉具意匠。是皆所以餍公众之美感，而非一人一家之所得而私也。

由是观之，人智进步，则装饰之道，渐异其范围。身体之装饰，为未开化时代所尚；都市之装饰，则非文化发达之国，不能注意。由近而远，由私而公，可以观世运矣。

据《蔡子民先生言行录》

世界观与人生观*

世界无涯涘也，而吾人乃于其中占有数尺之地位；世界无终始也，而吾人乃于其中占有数十年之寿命；世界之迁流，如是其繁变也，而吾人乃于其中占有少许之历史。以吾人之一生较之世界，其大小久暂之相去，既不可以数量计；而吾人一生，又决不能有几微遁出于世界以外。则吾人非先有一世界观，决无所容喙于人生观。

虽然，吾人既为世界之一分子，决不能超出世界以外，而考察一客观之世界，则所谓完全之世界观，何自而得之乎？曰：凡分子必具有全体之本性；而既为分子，则因其所值之时地而发生种种特性；排去各分子之特性，而得一通性，则即全体之本性矣。吾人为世界一分子，凡吾人意识所能接触者，无一非世界之分子。研究吾人之意识，而求其最后之原素，为物质及形式。物质及形式，犹相对待也。超物质形式之畛域而自在者，惟有意志。于是吾人得以意志为世界各分子之通性，而即以是为世界之本性。

本体世界之意志，无所谓鹄的也。何则？一有鹄的，则悬之有其所，达之有其时，而不得不循因果律以为达之之方法，是仍落于形式之中，含有各分子之特性，而不足以为本体。故说者以本体世界为黑暗之意志，或谓之盲瞽之意志，皆所以形容其异于现象世界各各之意志也。现象世界各各之意志，则以回向本体为最后之大鹄的。其间接以达于此大鹄的者，又有无量数之小鹄的。各以其间接于最后大鹄的之远近，为其大小之差。

---

* 1912年冬。

最后之大鹄的何在？曰：合世界之各分子，息息相关，无复有彼此之差别，达于现象世界与本体世界相交之一点是也。自宗教家言之，吾人固未尝不可于一瞬间，超轶现象世界种种差别之关系，而完全成立为本体世界之大我。然吾人于此时期，既尚有语言文字之交通，则已受范于渐法之中，而不以顿法，于是不得不有所谓种种间接之作用，缀辑此等间接作用，使厘然有系统可寻者，进化史也。

统大地之进化史而观之，无机物之各质点，自自然引力外，殆无特别相互之关系。进而为有机之植物，则能以质点集合之机关，共同操作，以行其延年传种之作用。进而为动物，则又于同种类间为亲子朋友之关系，而其分职通功之例，视植物为繁。及进而为人类，则由家庭而宗族、而社会、而国家、而国际。其互相关系之形式，既日趋于博大，而成绩所留，随举一端，皆有自阂而通、自别而同之趋势。例如昔之工艺，自造之而自用之耳。今则一人之所享受，不知经若干人之手而后成。一人之所操作，不知供若干人之利用。昔之知识，取材于乡土志耳。今则自然界之记录，无远弗届。远之星体之运行，小之原子之变化，皆为科学所管领。由考古学、人类学之互证，而知开明人之祖先，与未开化人无异。由进化学之研究，而知人类之祖先与动物无异。是以语言、风俗、宗教、美术之属，无不合大地之人类以相比较。而动物心理、动物言语之属，亦渐为学者所注意。昔之同情，及最近者而止耳。是以同一人类，或状貌稍异，即痛痒不复相关，而甚至于相食。其次则死之，奴之。今则四海兄弟之观念，为人类所公认。而肉食之戒，虐待动物之禁，以渐流布。所谓仁民而爱物者，已成为常识焉。夫已往之世界，经其各分子之经营而进步者，其成绩固已如此。过此以往，不亦可比例而知之欤。

道家之言曰："知足不辱，知止不殆。"又曰："小国寡民，使有什伯之器而不用，使民重死而不远徙，虽有舟舆，无所乘之。虽有甲兵，无所陈之。使民复结绳而用之。甘其食，美其服，安其居，乐其俗。邻国相望，鸡狗之声相闻，民至老死而不相往来。"此皆以目前之幸福言之也。自进化史考之，则人类精神之趋势，乃适与相反。人满之患，虽自昔借为口实，而自昔探险新地者，率生于好奇心，而非为饥寒所迫。南北极苦寒之所，未必于吾侪生活有直接利用之资料，而冒险探极者踵相接。由推轮而大辂，由桴槎而方舟，足以济不通矣；乃必进而为汽车、汽船及自动车之属。近则飞艇、飞机，更为竞争之的。其构造之初，必有若干之试验者供其牺牲，而初不以及身之不及利用而生悔。文学家、美术家最高尚之著作，被崇拜者或在死后，而初不以及身之不得信用而辍业。用以知：为将来牺牲现在者，又人类之通性也。

人生之初，耕田而食，凿井而饮，谋生之事，至为繁重，无暇为高尚之思想。自机械发明，交通迅速，资生之具，日超〔趋〕于便利。循是以往，必有菽粟如水火之一日，使人类不复为口腹所累，而得专致力于精神之修养。今虽尚非其时，而纯理之科学，高尚之美术，笃嗜者固已有甚于饥渴，是即他日普及之朕兆也。科学者，所以祛现象世界之障碍，而引致于光明。美术者，所以写本体世界之现象，而提醒其觉性。人类精神之趋向，既毗于是，则其所到达之点，盖可知矣。

然则进化史所以诏吾人者：人类之义务，为群伦不为小己，为将来不为现在，为精神之愉快而非为体魄之享受，固已彰明而较著矣。而世之误读进化史者，乃以人类之大鹄的，为不外乎其一身与种姓之生存，而遂以强者权利为无上之道德。夫使人类果以一身之生存为最大之鹄的，则将如神仙家所主张，而又何有于种姓？如曰人类固以绵延其种姓为最后之鹄的，则必以保持其单纯之种姓为第一义，而同姓相婚，其生不蕃。古今开明民族，往往有几许之混合者。是两者何足以为究竟之鹄的乎？孔子曰："生无所息。"庄子曰："造物劳我以生。"诸葛孔明曰："鞠躬尽瘁，死而后已。"是吾身之所以欲生存也。北山愚公之言曰："虽我之死，有子存焉。子又生孙，孙又生子，子子孙孙，无穷匮也；而山不加增，何若而不平。"是种姓之所以欲生存也。人类以在此世界有当尽之义务，不得不生存其身体；又以此义务者非数十年之寿命所能竣，而不得不谋其种姓之生存；以图其身体若种姓之生存，而不能不有所资以营养，于是有吸收之权利。又或吾人所以尽义务之身体若种姓，及夫所资以生存之具，无端受外界之侵害，将坐是而失其所以尽义务之自由，于是有抵抗之权利。此正负两式之权利，皆由义务而演出者也。今曰：吾人无所谓义务，而权利则可以无限。是犹同舟共济，非合力不足以达彼岸，乃强有力者以进行为多事，而劫他人所持之棹楫以为己有，岂非颠倒之尤者乎。

昔之哲人，有见于大鹄的之所在，而于其他无量数之小鹄的，又准其距离于大鹄的之远近，以为大小之差。于其常也，大小鹄的并行而不悖。孔子曰："己欲立而立人，己欲达而达人。"孟子曰："好乐，好色，好货，与人同之。"是其义也。于其变也，绌小以申大。尧知子丹朱之不肖，不足授天下。授舜则天下得其利而丹朱病，授丹朱则天下病而丹朱得其利。尧曰，终不以天下之病而利一人，而卒授舜以天下。禹治洪水，十年不窥其家。孔子曰："志士仁人，无求生以害仁，有杀身以成仁。"墨子摩顶放踵，利天下为之。孟子曰："生与义不可得兼，舍生而取义。"范文正曰："一家哭，何如一路哭。"是其义也。循是以往，则所谓人生者，始合于世界进化之公例，而有真正之价值。否则庄生所谓天地之委形委蜕已耳，何足选也。

据巴黎《民德杂志》创刊号"社说二"，见《旅欧教育运动》(世界社 1916 年秋在法国都尔斯出版)

孔子之精神生活*

精神生活，是与物质生活对待的名词。孔子尚中庸，并没有绝对的排斥物质生活，如墨子以自苦为极，如佛教的一切惟心造；例如《论语》所记："失饪不食，不时不食"，"狐貉之厚以居"，谓"卫公子荆善居室"，"从大夫之后，不可以徒行"，对于衣食住行，大抵持一种素富贵行乎富贵、素贫贱行乎贫贱的态度。但使物质生活与精神生活在不可兼得的时候，孔子一定偏重精神方面。例如孔子说："饭疏食，饮水，曲肱而枕之，乐亦在其中矣；不义而富且贵，于我如浮云。"可见他的精神生活，是决不为物质生活所摇动的。今请把他的精神生活分三方面来观察。

第一，在智的方面。孔子是一个爱智的人，尝说："盖有不知而作之者，我无是也；多闻，择其善者而从之，多见而识之。"又说"多闻阙疑"，"多见阙殆"。又说："知之为知之，不知为不知，是知也。"可以见他的爱智，是毫不含糊，决非强不知为知的。他教子弟通礼、乐、射、御、书、数的六艺，又为分设德行、言语、政事、文学四科，彼劝人学诗，在心理上指出"兴"、"观"、"群"、"怨"，在伦理上指出"事父"、"事君"。在生物上指出"多识于鸟兽草木之名"。（他如《国语》说：孔子识肃慎氏之石砮，防风氏骨节，是考古学；《家语》说：孔子知萍实，知商羊，是生物学；但都不甚可信。）可以见知力范围的广大。至于知力的最高点，是道，就是最后的目的，所以说："朝闻道，夕死可矣。"这是何等的

---

* 1936年8月17日。

高尚！

第二，在仁的方面。从亲爱起点，“泛爱众，而亲仁”，便是仁的出发点。他的进行的方法用恕字，消极的是“己所不欲，勿施于人”；积极的是“己欲立而立人，己欲达而达人”。他的普遍的要求，是“君子无终食之间违仁，造次必于是，颠沛必于是”。他的最高点，是“伯夷、叔齐，古之贤人也，求仁而得仁，又何怨？”“志士仁人，无求生以害仁，有杀人〔身〕以成仁。”这是何等伟大！

第三，在勇的方面。消极的以见义不为为无勇；积极的以童汪踦能执干戈卫社稷可无殇。但孔子对于勇，却不同仁、智的无限推进，而时加以节制。例如说：“小不忍则乱大谋。”“一朝之忿，忘其身以及其亲，非惑欤？”“好勇不好学，其蔽也乱。”“君子有勇而无义为乱，小人有勇而无义为盗。”“暴虎凭河，死而无悔者，吾不与焉，必也临事而惧，好谋而成者也。”这又是何等的谨慎！

孔子的精神生活，除上列三方面观察外，尚有两特点：一是毫无宗教的迷信，二是利用美术的陶养。孔子也言天，也言命，照孟子的解释，莫之为而为是天，莫之致而至是命，等于数学上的未知数，毫无宗教的气味。凡宗教不是多神，便是一神；孔子不语神，敬鬼神而远之，说“未能事人，焉能事鬼”，完全置鬼神于存而不论之列。凡宗教总有一种死后的世界，孔子说：“未知生，焉知死”“之死而致死之，不仁而不可为也；之死而致生之，不知而不可为也”。毫不能用天堂地狱等说来附会他。凡宗教总有一种祈祷的效验，孔子说：“丘之祷久矣。”“获罪于天，无所祷也。”毫不觉得祈祷的必要。所以孔子的精神上，毫无宗教的分子。

孔子的时代，建筑、雕刻、图画等美术，虽然有一点萌芽，还算是实用与装饰的工具，而不认为独立的美术；那时候认为纯粹美术的是音乐。孔子以乐为六艺之一，在齐闻韶，三月不知肉味。谓：“韶尽美矣，又尽善也。”对于音乐的美感，是后人所不及的。

孔子所处的环境与二千年后的今日，很有差别；我们不能说孔子的语言到今日还是句句有价值，也不敢说孔子的行为到今日还是样样可以做模范。但是抽象的提出他精神生活的概略，以智、仁、勇为范围，无宗教的迷信而有音乐的陶养，这是完全可以为师法的。

据《江苏教育》月刊第5卷第9期(1936年9月出版)

美育与人生*

人的一生，不外乎意志的活动，而意志是盲目的，其所恃以为较近之观照者，是知识；所以供远照、旁照之用者，是感情。

意志之表现为行为。行为之中，以一己的卫生而免死、趋利而避害者为最普通；此种行为，仅仅普通的知识，就可以指导了。进一步的，以众人的生及众人的利为目的，而一己生与利即托于其中。此种行为，一方面由于知识上的计较，知道众人皆死而一己不能独生；众人皆害而一己不能独利。又一方面，则亦受感情的推动，不忍独生以坐视众人的死，不忍专利以坐视众人的害。更进一步，于必要时，愿舍一己的生以救众人的死；愿舍一己的利以去众人的害，把人我的分别，一己生死利害的关系，统统忘掉了。这种伟大而高尚的行为，是完全发动于感情的。

人人都有感情，而并非都有伟大而高尚的行为，这由于感情推动力的薄弱。要转弱而为强，转薄而为厚，有待于陶养。陶养的工具，为美的对象，陶养的作用，叫做美育。

美的对象，何以能陶养感情？因为它有两种特性：一是普遍；二是超脱。

一瓢之水，一人饮了，他人就没得分润；容足之地，一人占了，他人就没得并立；这种物质上不相入的成例，是助长人我的区别、自私自利的计较的。转而观美的对象，就大不相同。凡味觉、臭觉、肤觉之含有质的关系者，均不以美论；而美感的发动，乃以摄影及音波辗转传达之

* 1931 年前后。

视觉与听觉为限。所以纯然有“天下为公”之概；名山大川，人人得而游览；夕阳明月，人人得而赏玩；公园的造像，美术馆的图画，人人得而畅观。齐宣王称“独乐乐不若与人乐乐”，“与少乐乐不若与众乐乐”；陶渊明称“奇文共欣赏”；这都是美的普遍性的证明。

植物的花，不过为果实的准备；而梅、杏、桃、李之属，诗人所咏叹的，以花为多。专供赏玩之花，且有因人择的作用，而不能结果的。动物的毛羽，所以御寒，人固有制裘、织呢的习惯；然白鹭之羽，孔雀之尾，乃专以供装饰。宫室可以避风雨就好了，何以要雕刻与彩画？器具可以应用就好了，何以要图案？语言可以达意就好了，何以要特制音调的诗歌？可以证明美的作用，是超越乎利用的范围的。

既有普遍性以打破人我的成见，又有超脱性以透出利害的关系；所以当着重要关头，有“富贵不能淫，贫贱不能移，威武不能屈”的气概；甚且有“杀身以成仁”而不“求生以害仁”的勇敢；这种是完全不由于知识的计较，而由于感情的陶养，就是不源于智育，而源于美育。

所以吾人固不可不有一种普通职业，以应利用厚生的需要；而于工作的余暇，又不可不读文学，听音乐，参观美术馆，以谋知识与感情的调和，这样，才算是认识人生的价值了。

据蔡元培手稿

科学之修养*

鄙人前承贵校德育部之召，曾来校演讲；今又蒙修养会见召，敢述修养与科学之关系。

查修养之目的，在使人平日有一种操练，俾临事不致措置失宜。盖吾人平日遇事，常有计较之余暇，故能反复审虑，权其利害是非之轻重而定取舍。然若至仓促之间，事变横来，不容有审虑之余地，此时而欲使诱惑、困难不能隳其操守，非凭修养有素不可，此修养之所以不可缓也。

修养之道，在平日必有种种信条：无论其为宗教的或社会的，要不外使服膺者储蓄一种抵抗之力，遇事即可凭之以定抉择。如心所欲作而禁其不作，或心所不欲而强其必行，皆依于信条之力。此种信条，无论文明、野蛮民族均有之。然信条之起，乃由数千万年习惯所养成；及行之既久，必有不适之处，则怀疑之念渐兴，而信条之效力遂失。此犹就其天然者言也。乃若古圣先贤之格言嘉训，虽属人造，要亦不外由时代经验归纳所得之公律，不能不随时代之变迁而易其内容。吾人今日所见为嘉言懿行者，在日后或成故纸；欲求其能常系人之信仰，实不可能。由是观之，则吾人之于修养，不可不研究其方法。在昔吾国哲人，如孔、孟、老、庄之属。均曾致力于修养，而宋、明儒者尤专力于此。然学者提倡虽力，卒不能使天下之人尽变为良善之士，可知修养亦无一定之必可恃者也。至于吾人居今日而言修养，则尤不能如往古道家

* 1919 年 4 月在北京高等师范学校修养会演说词。

之蛰影深山，不闻世事。盖今日社会愈进，世务愈繁。已入社会者，因不能舍此而他从；即未入社会之学校青年，亦必从事于种种学问，为将来入世之准备。其责任之繁重如是，故往往易为外务所缚，无精神休假之余地，常易使人生观陷于悲观厌世之域，而不得志之人为尤甚。其故即在现今社会与从前不同。欲补救此弊，须使人之精神有张有弛。如作事之后，必继之以睡眠，而精神之疲劳，亦必使有机会得以修养。此种团体之结合，尤为可喜之事。但鄙人以为修养之致力，不必专限于集会之时，即在平时课业中亦可利用其修养。故特标此题曰："科学的修养"。

今即就贵会之修养法逐条说明，以证科学的修养法之可行。如贵会简章有"力行校训"一条。贵校校训为"诚勤勇爱"四字。此均可于科学中行之。如"诚"字之义，不但不欺人而已，亦必不可为他人所欺。盖受人之欺而不自知，转以此说复诏他人，其害与欺人者等也。是故吾人读古人之书，其中所言苟非亲身实验证明者，不可轻信；乃至极简单之事实，如一加二为三之数，亦必以实验证明之。夫实验之用最大者，莫如科学。譬如报纸纪事，臧否不一，每使人茫无适从。科学则不然。真是真非，丝毫不能移易。盖一能实验，而一不能实验故也。由此观之，科学之价值即在实验。是故欲力行"诚"字，非用科学的方法不可。

其次"勤"：凡实验之事，非一次所可了。盖吾人读古人之书而不慊于心，乃出之实验。然一次实验之结果，不能即断其必是，故必继之以再以三，使有数次实验之结果。如不误，则可以证古人之是否；如与古人之说相刺谬，则尤必详考其所以致误之因，而后可以下断案。凡此者反复推寻，不惮周详，可以养成勤劳之习惯。故"勤"之力行亦必依赖夫科学。

再次"勇"：勇敢之意义，固不仅限于为国捐躯、慷慨赴义之士，凡作一事，能排万难而达其目的者，皆可谓之勇。科学之事，困难最多。如古来科学家，往往因试验科学致丧其性命，如南北极及海底探险之类。又如新发明之学理，有与旧传之说不相容者，往往遭社会之迫害，如哥白尼、加里勒之惨祸。可见研究学问，亦非有勇敢性质不可；而勇敢性质，即可于科学中养成之。大抵勇敢性有二：其一发明新理之时，排去种种之困难阻碍；其二，既发明之后，敢于持论，不惧世俗之非笑。凡此二端，均由科学所养成。

再次“爱”：爱之范围有大小。在野蛮时代，仅知爱自己及与己最接近者，如家族之类。此外稍远者，辄生嫌忌之心。故食人之举，往往有焉。其后人智稍进，爱之范围渐扩，然犹不能举人我之见而悉除之。如今日欧洲大战，无论协约方面或德奥方面，均是己非人，互相仇视，欲求其爱之普及甚难。独至于学术方面则不然：一视同仁，无分畛域；平日虽属敌国，及至论学之时，苟所言中理，无有不降心相从者。可知学术之域内，其爱最溥。又人类嫉妒之心最盛，入主出奴，互为门户。然此亦仅限于文学耳；若科学，则均由实验及推理所得惟一真理，不容以私见变易一切。是故嫉妒之技无所施，而爱心容易养成焉。

以上所述，仅就力行校训一条引申其义。再阅简章，有静坐一项。此法本自道家传来。佛氏之坐禅，亦属此类。然历年既久，卒未普及社会；至今日日本之提倡此道者，纯以科学之理解释之。吾国如蒋竹庄先生亦然，所以信从者多，不移时而遍于各地。此亦修养之有赖于科学者也。

又如不饮酒、不吸烟二项，亦非得科学之助力不易使人服行。盖烟酒之嗜好，本由人无正当之娱乐，不得已用之以为消遣之具，积久遂成痼疾。至今日科学发达，娱乐之具日多，自不事此无益之消遣。如科学之问题，往往使人兴味加增，故不感疲劳而烟酒自无用矣。

今日所述，仅感想所及，约略陈之。惟宜注意者，鄙人非谓学生于正课科学之外，不必有特别之修养，不过正课之中，亦不妨兼事修养，俾修养之功，随时随地均能用力，久久纯熟，则遇事自不致措置失宜矣。

据《北京大学日刊》第360号（1919年4月24日出版）

我的新生活观

什么叫旧生活？是枯燥的，是退化的。什么叫新生活？是丰富的，是进步的。旧生活的人，是一部分不做工，又不求学的，终日把吃喝嫖赌做消遣。物质上一点也没有生产，精神上也一点没有长进。又一部分是整日做苦工，没有机会求学。身体上疲乏得了不得，所做的工是事倍功半，精神上得过且过。岂不全是枯燥的么？不做工的人，体力是逐渐衰退了；不求学的人，心力又逐渐委靡了。一代传一代，更衰退，更委靡。岂不全是退化么？新生活是每一个人，每日有一定所做工，又有一定的时候求学。所以制品日日增加。还不是丰富的么？工是愈练愈熟的，熟了出产必能加多，而且"熟能生巧"，就能增出新工作来。学是有一部分讲现在做工的道理，懂了这个道理，工作必能改良。又有一部分讲别种工作的道理，懂了那种道理，又可以改良别种的工。从简单的工改到复杂的工，从容易的工改到繁难的工，从出产较少的工改到出产较多的工。而且有一种学问虽然与工作没有直接的关系，但是学了以后，眼光一日一日的远大起来，心地一日一日的平和起来，生活上无形中增进许多幸福。这还不是进步的吗？要是有一个人肯日日做工，日日求学，便是一个新生活的人；有一个团体里面的人，都是日日做工，日日求学，便是一个新生活的团体；全世界的人都是日日做工，日日求学，那就是新生活的世界了。

据《蔡孑民先生言行录》

在中国科学社公祝蔡元培七秩寿宴上的演说词*

今天承诸位社友赐予盛宴,并致祝词,实不敢当。

诸君今年大家多一岁,都应当庆祝。人生在世,一百二十岁为上寿,一百岁为中寿,八十岁才称下寿。只有社会的寿最长,可以祝万岁。中国科学社到现在虽只有二十多岁年龄,但外国学会在百年以上者很多,法兰西学院已到三百年,故学会也是万寿无疆的。今以长寿的团体来祝个人,真是荣幸。

我幼时读孔子七十岁时的生命叙述,倘使与他比较,真是惭愧。孔子说:“吾十有五而志于学。”我十五岁还在私塾读书,当时考得取秀才叫做进学,所谓志于学只好算志在进学而已。“三十而立”,不知何解。有一位八股先生说:“圣人至两十五之年,虽有椅子、板凳而不敢坐者也。”我在三十岁的时候,只好坐坐冷板凳,适与孔子相反。“四十而不惑”,也不知作何解,孟子解释为不动心。记得清曾国藩在治军时,幕府中有一位风流秘书李次青,甚为曾所赏识。一日,李在签室,偶见案头置一册,信手翻之,首列一题曰《不动心说》,盖幕宾所做的。中有曰:“今使置吾于曼妙娥眉之前,越女在左,燕姬在右,当此之时,动心否乎?曰不动。今使置我于红蓝大顶之旁,锦绣在前,刀锯在后,当此之时,动心否乎?曰不动。”李阅至此,不觉大笑,取笔题其后曰:“曼妙蛾眉侧,红蓝大顶旁,此心都不动,只想骗中堂。”我四十岁是到德国的第一年,还在求学,红顶花翎当然谈不到。“五十而知天命”,孟子解释为莫之致而至,莫之为而为。我五十岁是在民国五年,当时在

* 1936年1月19日。

欧洲，得教育部电报，嘱我回国办北大。因为我领用教部官费，不得不回，乃于〔民〕六春在北大任事。在欧洲时实想不到办北大，真是所谓莫之致而至，莫之为而为了。“六十而耳顺”，元朝施耐庵解释为顺风耳，或者就是德律风之类。我六十岁时在上海，奉到南昌行营之命，赴宁波开政治分会会议，上海预备去的有七八人。那时浙江风声很不好，蒋梦麟、陈独秀等都劝我勿去，但我一切已预备好，仍然动身。后来到底从宁波雇了渔船亡命到福州，一切消息都不通。这都是因为没有顺风耳的缘故，否则宁波也不去了。“七十而从心所欲，不逾矩”，解释是，一有念头，随便可以行动，做得总是对的。孔子是圣人，做得到。我是决做不到的。

马先生的勉励，敬谨接受，并祝大家新年康乐！

据《社友》杂志53期（1936年2月10日出版）

第四辑　学术与美育

何谓文化[*]

我没有受过正式的普通教育，曾经在德国大学听讲，也没有毕业。哪里配在学术讲演会开口呢？我这一回到湖南来，第一，是因为杜威、罗素两先生是世界最著名的大哲学家，同时到湖南讲演，我很愿听一听。第二，是我对于湖南，有一种特别感想。我在路上，听一位湖南学者说："湖南人才，在历史上比较的很寂寞，最早的是屈原；直到宋代，有个周濂溪；直到明季，有个王船山，真少得很。"我以为蕴蓄得愈久，发展得愈广。近几十年，已经是湖南人发展的时期了。可分三期观察：一是湘军时代。有胡林翼、曾国藩、左宗棠及同时死战立功诸人。他们为满洲政府尽力，消灭太平天国，虽受革命党菲薄，然一时代人物，自有一时代眼光，不好过于责备。他们为维持地方秩序，保护人民生命，反对太平，也有片面的理由。而且清代经康熙、雍正以后，汉人信服满人几出至诚。直到湘军崛起，表示汉人能力，满人的信用才丧尽了。这也是间接促成革命。二是维新时代。梁启超、陈宝箴、徐仁铸等在湖南设立时务学堂，养成许多维新的人才。戊戌政变，被害的六君子中，以谭嗣同为最。他那思想的自由、眼光的远大，影响于后学不浅。三是革命时代。辛亥革命以前，革命党重要分子，湖南人最多，如黄兴、宋教仁、谭人凤等，是人人知道的；后来洪宪一役，又有蔡锷等恢复共和。已往的人才，已经如此热闹，将来宁可限量？此次驱逐张敬尧以后，励行文治，且首先举行学术讲演会，表示凡事推本学术的宗旨，尤为难得。我很愿来看看。这是我所以来的缘故。已经来了，不

---

* 1920年秋。

能不勉强说几句话。我知道湖南人对于新文化运动有极高的热度。但希望到会诸君想想,那一项是已经实行到什么程度?应该什么样的求进步?

文化是人生发展的状况,所以从卫生起点,我们衣食住的状况,较之茹毛饮血、穴居野处的野蛮人,固然是进化了。但是我们的着衣吃饭,果然适合于生理么?偶然有病,能不用乩方药签与五行生克等迷信,而利用医学药学的原理么?居室的光线、空气足用么?城市的水道及沟渠已经整理么?道路虽然平坦,但行人常觉秽气扑鼻,可以不谋改革么?

卫生的设备,必需经费,我们不能不联想到经济上。中国是农业国,湖南又是产米最多的地方;俗语说:"湖广熟,天下足。"可以证明。但闻湖南田每亩不过收谷三石,又并无副产,不特不能与欧美新农业比较,就是较之江浙间每亩得米三石,又可兼种蔬麦等,亦相差颇远。湖南富有矿产,有铁,有锑,有煤。工艺品如绣货、瓷器,亦皆有名。现在都还不大发达。因为交通不便,输出很不容易。考湖南面积比欧洲的瑞士、比利时、荷兰等国为大,彼等有三千以至七千启罗迈当的铁路,而湖南仅占有粤汉铁路的一段,尚未全筑。这不能不算是大缺陷。

经济的进化,不能不受政治的牵掣。湖南这几年,政治上苦痛,终算受足了。幸而归到本省人的手,大家高唱自治,并且要从确定省宪法入手,这真是湖南人将来的生死关头。颇闻为制宪机关问题,各方面意见不同,此事或不免停顿。要是果有此事,真为可惜。还望大家为本省全体幸福计,彼此排除党见,协同进行,使省宪法得早日产出,自然别种政治问题都可迎刃而解了。

近年政治家的纠纷,全由于政客的不道德,所以不能不兼及道德问题。道德不是固定的,随时随地,不能不有变迁,所以它的标准也要用归纳法求出来。湖南人性质沈毅,守旧时固然守得很凶,趋新时也趋得很急。遇事能负责任,曾国藩说的"扎硬寨,打死仗",确是湖南人的美德。但也有一部分的人似带点夸大、执拗的性质,是不可不注意的。

上列各方面文化，要它实行，非有大多数人了解不可，便是要从普及教育入手。罗素对于俄国布尔塞维克的不满意，就是少数专制多数。但这个专制，是因多数未受教育而起的。凡一种社会，必先有良好的小部分，然后能集成良好的大团体。所以要有良好的社会，必先有良好的个人；要有良好的个人，就要先有良好的教育。教育并不是专在学校，不过学校是严格一点，最初自然从小学入手。各国都以小学为义务教育，有定为十年的，有八年的，至少如日本，也有六年。现在有一种人，不满足于小学教育的普及，提倡普及大学教育。我们现在这小学教育还没有普及，还不猛进么？

若定小学为义务教育，小学以上，尚应有一种补习学校。欧洲此种学校，专为已入工厂或商店者而设，于夜间及星期日授课。于普通国语、数学而外，备有各种职业教育，任学者自由选习。德国此种学校，有预备职业到二百余种的。国中有一二邦，把补习教育规定在义务教育以内，至少二年。我们学制的乙种实业学校，也是这个用意，但仍在小学范围以内，于已就职业的人，不便补习。鄙意补习学校，还是不可省的。

进一步，是中等教育。我们中等教育，本分两系：一是中学校，专为毕业后再受高等教育者而设；一是甲种实业学校，专为受中等教育后即谋职业者而设。学生的父兄沿了科举时代的习惯，以为进中学与中举人一样，不筹将来能否再进高等学校，姑令往学；及中学毕业以后，即令谋生，殊觉毫无特长，就说学校无用。有一种教育家，遂想在中学里面加职业教育，不知中等的职业教育，自可在甲种实业学校中增加科目，改良教授法，初不必破坏中学本体。又现在女学生愿受高等教育的，日多一日，各地方收女生的中学很少，湖南止有周南代用女子中学校一所，将来或增设女子中学，或各中学都兼收女生，是不可不实行的。

再进一步，是高等教育。德国的土地比湖南止大了一倍半，人口多了两倍，有大学二十；法国的土地比湖南大了一倍半，人口也止多了一倍半，有大学十六；别种专门学校，两国都有数十所。现在我们不敢说一省，就全国而言，只有国立北京大学稍为完备，如山西大学、北洋大学，规模都还很小。尚有外人在中国设立的大学，也是有名无实的居多。以北大而论，学生也只有两千多人，比较各国都城大学学生在万人以上的，就差得远了。湖南本来有工业、法政等专门学校，近且筹备大学，为提高文化起见，不可不发展此类高等教育。

教育并不专在学校，学校以外，还有许多的机关。第一是图书馆。凡是有志读书而无力买书的人，或是孤本、抄本，极难得的书，都可以到图书馆研究。中国各地方差不多已经有图书馆，但往往止有旧书，不添新书。并且书目的编制、取书的方法、借书的手续，都不便利于读书的人，所以到馆研究的很少。我听说长沙有一个图书馆，不知道内容什么样？

其次是研究所。凡大学必有各种科学的研究所，但各国为便利学者起见，常常设有独立的研究所。如法国的巴斯笃研究所，专研究生物、化学及微生物学，是世界最著名的。美国富人常常创捐基金，设立各种研究所，所以工艺上新发明很多。我们北京大学虽有研究所，但设备很不完全。至于独立的研究所，竟还没有听到。

其次是博物院。有科学博物院，或陈列各种最新的科学仪器，随时公开讲演，或按着进化的秩序，自最简单的器械到最复杂的装置，循序渐进，使人一览了然；有自然历史博物馆，陈列矿物及动植物标本，与人类关于生理病理的遗骸，可以见生物进化的痕迹，及卫生的需要；有历史博物院，按照时代，陈列各种遗留的古物，可以考见本族渐进的文化；有人类学博物院，陈列各民族日用器物、衣服、装饰品以及宫室的模型、风俗的照片，可以作文野的比较；有美术博物院，陈列各时代各民族的美术品，如雕刻、图画、工艺、美术以及建筑的断片等，不但可以供美术家的参考，并可以提起普通人优美高尚的兴趣。我们北京有一个历史博物馆，但陈列品很少。其余还没有听到的。

其次是展览会。博物院是永久的，展览会是临时的。最通行的展览会，是工艺品、商品、美术品，尤以美术品为多。或限于一个美术家的作品，或限于一国的美术家，或征及各国的美术品。其他特别的展览会，如关于卫生的、儿童教育的，还多。我们前几年在南京开过一个劝业会，近来在北京、上海开了几次书画展览会，其余殊不多见。

其次是音乐会。音乐是美术的一种，古人很重视的。古书有《乐经》、《乐记》。儒家礼、乐并重，除墨家非乐外，古代学者没有不注重音乐的。外国有专门的音乐学校，又时有盛大的音乐会。就是咖啡馆中，也要请几个人奏点音乐。我们全国还没有一个音乐学校，除私人消遣，沿照演旧谱，婚丧大事，举行俗乐外，并没有新编的曲谱，也没有普通的音乐会，这是文化上的大缺点。

其次是戏剧。外国的剧本，无论歌词的、白话的，都出文学家手笔。演剧的人，都受过专门的教育。除了最著名的几种古剧以外，时时有新的剧本。随着社会的变化，时有适应的剧本，来表示一时代的感想。又发表文学家特别的思想，来改良社会，是最重要的一种社会教育的机关。我们各处都有戏馆，所演的都是旧剧。近来有一类人想改良戏剧，但是学力不足，意志又不坚定，反为旧剧所同化，真是可叹。至于影戏的感化力，与戏剧一样，传布更易。我们自己还不能编制，外国输入的，又不加取缔，往往有不正当的片子，是很有流弊的。

其次是印刷品，即书籍与报纸。它们那种类的单复、销路的多寡与内容的有无价值，都可以看文化的程度。贩运传译，固然是文化的助力，但真正文化是要自己创造的。

以上将文化的内容简单的说过了。尚有几句紧要的话，就是文化是要实现的，不是空口提倡的；文化是要各方面平均发展的，不是畸形的；文化是活的，是要时时进行的，不是死的、可以一时停滞的。所以要大家在各方面实地进行，而且时时刻刻的努力，这才可以当得文化运动的一句话。

据《北京大学日刊》第806号(1921年2月14日出版)

哲学与科学*

哲学与科学，同为有系统之学说。其所异者，科学偏重归纳法，故亦谓之自下而上之学；哲学偏重演绎法，故亦谓之自上而下之学。古代演绎法盛行之时，但有哲学之名；今之所谓科学者，悉包于哲学之中焉。

盖人智之萌芽，本为神话，拜物之习，拟人之神，雷公电母，迎虎祭猫，皆自然科学之对象也。世界原始之谈，人类生死之解，中国之盘古及感生帝，印度之梵天及轮回说，《旧约》之《上帝创造世界记》，皆哲学之对象也。然以偏于科学对象者为多。本此等神话而组成不完全之系统，引以切近人事，于是有宗教。中国之丧祭等礼，印度之婆罗门，波斯之火教，犹太人之《旧约》皆是也。其理论亦大抵包有近世科学之对象，而关于哲学者为多。其后人类又迫于科学思想之冲动，不餍于此等独断之宗教，乃各以观察所得者立说，是为哲学之始。如中国之八卦说、五行说，印度之六派哲学（数论、胜论等），希腊之宇宙论，皆毗于自然界之独断论也。及其说为时人所厌，而怀疑派之哲学，继之而起，于是有中国之少正卯一流。（《荀子·宥坐篇》："孔子曰：人有恶者五，而盗窃不与焉：一曰，心达而险；二曰，行辟而坚；三曰，言伪而辩；四曰，记丑而博；五曰，顺非而泽。少正卯兼有之，故居处足以聚徒成众；言谈足以饰邪营众；强足以非是独立。此小人之桀雄也。"正与希腊诡辩派相类。）印度之六师外道，希腊之诡辩派，此等怀疑之论，不足以久维人心，于是有道德论之哲学继之。如中国之孔子，印度之佛，希

* 1919年1月。

腊之苏革拉底是也。佛氏以宗教之形式，阐揭玄学；其后循此发展，永为宗教性之哲学，遂与科学无何等之关系。孔子之后有庄子，苏革拉底之后有柏拉图，皆偏于玄学者也。孔子同时有墨子，苏革拉底之后有雅里士多德，则皆兼治科学者也。庄子之哲学，为神仙家所依托，而有道教；柏拉图之哲学，为基督教所攀援，而立新柏拉图派，则又由哲学而转为宗教矣。中国墨学中绝，故以后科学永不发展；而宗仰孔子之儒家，自汉以来，不能出烦琐哲学之范围。西洋之宗教，引雅里士多德学派以自振，故中古之烦琐哲学，虽为人智之障碍，而科学之脉未绝。及文艺中兴以后，思想界以渐革新，自然科学，次第成立。于是哲学与科学之关系，缘之而起焉。

其在古代，所谓哲学者，常兼今日之所谓科学而言之。如柏拉图分哲学为三大类：一曰辨学，二曰物理，三曰伦理，而以辨学为纲。雅里士多德则分哲学为理论、实际二大类，其属于理论者，为分析术（论理学）、玄学、数学、物理学、心理学；其属于实际者，为伦理学、政治学、辨论学、诗学。此等观念，至近世哲学家，如培根、特嘉尔辈，亦尚仍之。培根分学术为三大类：一曰记忆之学，史学是也；二曰想象之学，诗学是也；三曰思想之学，哲学是也。哲学之中，分为自然宗教学、宇宙论、人类学三纲。于宇宙论中，分为自然学（物理）及自然鹄的论（玄学）二门。又于自然学中，分为自然记述学（具体的物理学）及自然说明学（抽象的物理学，即物理学及化学）。其于人类学中，分为各人及社会二纲。属于各人者，为生理学（其应用为医学）及心理学（包论理学及伦理学）；其属于社会者，为政治学。特嘉尔著《哲学纲要》一书，其第一编为认识论及玄学之概论，第二编为机械的物理学要旨，第三编为宇宙论，第四编为物理学、化学、生理学之说明。说者谓等于学术丛编焉。而特嘉尔自序谓哲学即人类知识之综合，其主要者：（一）玄学，（二）物理学，（三）机械的科学，包有医学、机械学及伦理学云，皆以哲学之名包一切科学也。

又有以哲学与科学为同义者，如霍布斯分哲学为三部分：曰物理学，曰人类学，曰政治学。又谓不属于哲学者，为神学及历史（自然史及政治学)。何也?以其非科学也。洛克分哲学为二部:一曰物理(亦谓之自然哲学);二曰应用(如伦理学、论理学等)。一千六百九十六年,英国著名算学家韦里斯(Wallis)于皇家科学会成立式演说曰:本会者,超乎宗教及政治之外,而专为哲学之研究者也。研究之对象:曰物理学,曰解剖术,曰形学,曰天文,曰航海术,曰统计学,曰磁学,曰化学,曰机械学,曰实验之自然科学。我等所讨论者,曰血之流行,曰静脉,曰哥白尼学说,曰彗星及新星之性质,曰木星之卫星,曰远镜之改良,曰空气之重量,曰真空之能否。要之,所谓一切新哲学者,皆包之而已。曰科学,曰哲学,曰新哲学,初未为界别也。伏尔弗(Wolff)者,于十八世纪中,组织通俗哲学者也。分哲学为三部:曰自然神学,曰心理学,曰物理学,此模范科学也,为第一部;曰论理学,曰与心理学相应之实用哲学,曰与物理学相应之机械学,为第二部;曰本体学,为综合一切现象而考定之科学,为第三部。是亦以哲学包科学者也。至康德作《纯粹理性批判》,别人之认识为先天、后天二类:先天者,出于固有,后天者,本于经验;前者为感想,而后者为分析法;前者构成玄学(即哲学),而后者构成科学。于是哲学与科学,始有划然之界限。

然由是而康德以后之理想派哲学家,遂有排斥科学之说。如菲屑脱云:"哲学者,不必顾何等经验,而纯然从事于先天之认识者也。"赛零则又进一步,谓"自然学研究者之方法,盲者也,无理想者也,故哲学破坏于培根;而科学则破坏于波埃尔(Boyle)及牛顿"。至于海该尔为悬想派哲学之完成者,则以科学为不外乎各种零碎知识之集合;而实在之知识,惟有哲学耳。既有此排斥科学之哲学家,而科学发展以后,遂有排斥哲学之科学家。大率谓哲学者,严格言之,本不得为科学,是乃一种之诡辩术,据一种官能或理性之现象以说明一切事物;或为一种之魔术,以深晦之神意,杂入最普遍之概念而宣布之。要皆以震骇庸俗已耳!凡此等互相菲薄之言,其非真理,可不待言。惟有一种事实,不可不注意者:则自科学发展以后,哲学之范围,以渐减缩是也。

自十六世纪以后,学术界之观念,渐与中古时代不同。其最著者:(一)培根于论理学极力提倡归纳法,因得凌驾雅里士多德之演绎法,而凡事基础于实地之观察；(二)自一千五百九十年，发明显微镜，千六百零九年，发明远镜，其后寒暑风雨电气等表，次第发明，而实验之具渐备；(三)分工之理大明，渐由博综之哲学，而趋于专精之科学。此皆各种科学特别成立之原因也。哥白尼(Copernicus 1473—1543)唱地动说；加伯尔(Kepler 1571—1630)发见行星绕日之规则；加里勒(Galileo 1564—1642)附加以地球绕日之时间；牛顿(Newton 1642—1727)更发见引力之公例；而天文学成立。自梅斯纳(Mersenne 1588—1648)、斯耐尔(Snell 1591—1628)发明声学、光学之公例；齐贝尔(Gilbert)发见磁学公例；而物理学以渐成立。波埃尔(Robert Boyle 1627—1691)规定原子之概念，而化学以渐成立。哈尔佛(Harvey 1578—1657)发见血液循环之系统，而生理学以渐成立。李薾(Linné 1707—1778)新定植物系统，而植物学成立。屈维野(Cuvier 1769—1832)创比较解剖学，研求动物自然系统，而动物学成立。凡自然现象，自昔为哲学所包含者，皆已建立为科学矣。而精神现象之学，如心理学者，近已用实验之法，组织为科学，发起于韦贝尔(E. H. Weber 1795—1878)、费希纳(Fechner 1801—1887)，而成立于冯德(Wundt)。由是而演出者，则有费希纳之归纳法美学，及马曼(Meumann)之实验教育学，亦将离哲学而独立。其他若社会学，若伦理学，若人类学，若比较宗教学，若比较言语学等，凡昔日之附丽于哲学，而以演绎法治之者，至于今日，悉以归纳法治之，而将自成为科学。然则所遗留而为哲学之范围者，何耶？

于是郎革(Albert Lange)以为将来之哲学，有思想的文学而已。而海该尔之徒，则以为将来之哲学，不过哲学史耳。夫文学必含哲理，在今日已为显著之事实。新哲学之发生，必胚胎于思想的历史之总和；不能不以哲学史为哲学之大本营，亦事实也。然哲学之各部分，虽已分演而为各科学，而哲学之任务，则尚不止于前述之二端，约举之有三：一曰各科哲理，如应用数学之公例以言哲理，谓之数理哲学。应用生理学之公例以言哲理，则为生理哲学等是也。二曰综合各种科学，如合各种自然科学之公例而去其龃龉，通其隔阂，以构为哲学者，是为自然哲学。又各以自然科学所得之公例，应用于精神科学，又合自然科学及精神科学之公例，而论定为最高之原理，如孔德(Auguste Comte)之实证哲学，斯宾塞尔(Herbert Spencer)之综合哲学原理是也。三曰玄学，一方面基础于种种科学所综合之原理，一方面又基础于哲学史所包含之渐进的思想，而对于此方面所未解决之各问题，以新说解答之。如别格逊(Henri Bergson)之创造的进化论其例也。夫各科哲理与综合各种科学，尚介乎科学与哲学之间，惟玄学始超乎科学之上。然科学发达以后之玄学，与科学幼稚时代之玄学较然不同，是亦可以观哲学与科学之相得而益彰矣。

据《北京大学月刊》第1卷第1号(1919年1月出版)

《中国新文学大系》总序*

欧洲近代文化，都从复兴时代演出；而这时代所复兴的，为希腊、罗马的文化，是人人所公认的。我国周季文化，可与希腊、罗马比拟，也经过一种烦琐哲学时期，与欧洲中古时代相埒，非有一种复兴运动，不能振发起衰。五四运动的新文学运动，就是复兴的开始。

欧洲文化，不外乎科学与美术。自纯粹的科学：理、化、地质、生物等等以外，实业的发达、社会的组织，无一不以科学为基本，均得以广义的科学包括它们；自狭义的美术：建筑、雕刻、绘画等等以外，如音乐、文学及一切精制的物品、美化的都市，皆得以美术包括它们。而近代的科学、美术，实皆植基于复兴时代，例如文西、米开兰基罗与拉飞尔三人，固为复兴时代最大美术家，而文西同时为科学家及工程师，又如路加培根提倡观察与实验法，哥白尼与加里勒的天文学，均为开先的科学家。这些科学家与美术家，何以不说为创造而说是复兴？这因为学术的种子早已在希腊、罗马分布了。例如希腊的多利式、育尼式、科林式三种柱廊，罗马的穹门，斐谛亚、司科派、柏拉克希脱的雕刻以及其他壁画与花瓶，荷马的史诗，爱司凯拉、索福克、幼利披留与亚利司多芬的戏剧，固已极美术、文学的能事，就是赛勒司、亚利司太克的天文，毕达革拉士、欧几里得的数学，依洛陶德的地理，亚奇米得的物理，雅里士多德的生物学，黑朴格拉底的医学，亦都已确立近代科学的基础。

罗马末年，因日耳曼人的移植，而旧文化几乎消灭，这时候，保存

---

* 1935年8月6日。

文化的全恃两种宗教:一是基督教,一是回教。回教的势力局于一隅,而基督教的势力则几乎弥漫全欧。基督教受了罗马政治的影响,组织教会,设各地方主教,而且以罗马为中心,驻以教皇,于是把希腊、罗马的文化,一切教会化。例如希腊哲学家雅里士多德,自生物学而外,对于伦理学、美学及其他科学,均有所建树,而教会即利用雅氏的学说为工具,曲解旁推,务合于教义的标准;有不合教义的,就指为邪教徒,用火刑惩罚他们。一切思想自由、信教自由都被剥夺。观中古时代大学的课程,除《圣经》及雅里士多德著作外,有一点名学、科学及罗马法律,没有历史与文学,它的固陋可以想见了。那时候崇闳的建筑就是教堂,都是峨特式,有一参天高塔,表示升入天堂的愿望,正与希腊人均衡和谐的建筑,代表现世安和的命运相对待。附属于建筑的图画与雕刻,都以《圣经》中故事为题材;音乐、诗歌亦以应用于教会的为时宜。

及十三世纪,意大利诗人但丁始以意大利语发表他最著名的长诗《神曲》,其内容虽尚袭天堂地狱的老套,而其所描写的人物都能显出个性,不拘于教会的典型;文词的优美,又深受希腊文学的影响而可以与它们匹敌,这是欧洲复兴时期的开山。嗣后由文学而艺术,由文艺而及于科学,以至政治上、宗教上,都有一种革新的运动。

我国古代文化,以周代为最可征信。周公的制礼作乐,不让希腊的梭伦;东周季世,孔子的知行并重、循循善诱,正如苏革拉底;孟子的道性善、陈王道,正如柏拉图;荀子传群经、持礼法、为稷下祭酒,正如雅里士多德;老子的神秘,正如毕达革拉士;阴阳家以五行说明万物,正如恩派多克利以地水火风为宇宙本源;墨家的自苦,正如斯多亚派;庄子的乐观,正如伊壁鸠鲁派;名家的诡辩,正如哲人;纵横家言,正如雄辩术。此外如《周髀》的数学,《素问》、《灵枢》的医学,《考工记》的工学,墨子的物理学,《尔雅》的生物学,亦已树立科学的基础。

在文学方面,《周易》的洁静,《礼经》的谨严,老子的名贵,墨子的质素,孟子的条达,庄子的俶诡,邹衍的闳大,荀卿与韩非的刻核,《左氏春秋》的和雅,《战国策》的博丽,可以见散文的盛况。风、雅、颂的诗，荀卿、屈原、宋玉、景差的辞赋，可以见韵文的盛况。

在艺术方面，《乐记》说音乐，理论甚精，但乐谱不传。《诗·小雅·斯干篇》称"如跂斯翼，如矢斯棘，如鸟斯革，如翚斯飞"，可以见现今宫殿式之榱桷已于当时开始。当代建筑，如周之明堂、七庙、三朝、九寝，楚之章华台，燕之黄金台，秦之阿房宫等，虽名制屡见记载，但取材土木，不及希腊、罗马的石材，故遗迹多被湮没。玉器、铜器的形式变化甚多，但所见图案，以云雷文及兽头为多，植物已极希有，很少见有雕刻人物如希腊花瓶的。韩非子说画犬马难，画鬼魅易，近乎写实派。庄子说宋元君有解衣盘礴的画史，近乎写意派，但我们尚没见到周代的壁画。所以我们敢断言的是，周代的哲学与文学，确可与希腊、罗马比拟。

秦始皇帝任李斯，专用法家言，焚书坑儒。汉初矫秦弊，又专尚黄老。文帝时儒家与道家争，以"家人言"与"司空城旦书"互相诋。武帝时始用董仲舒对策(《汉书·董仲舒传》："董仲舒对策'今师异道，人异论，百家殊方，指意不同，上亡以持一统，法制数变，下不知所守。臣愚以为诸不在六艺之科、孔子之术者，皆绝其道，勿使并进。邪辟之说灭息，然后统纪可一，而法度可明，民知所从矣。'")"推明孔氏，抑黜百家"；建元元年，丞相卫绾奏："所举贤良，或治申、商、韩非、苏秦、张仪之言，乱国政，请皆奏罢。"诏"可"。武帝乃置五经博士，后增至十四人，"利禄之途"既开，优秀分子，竞出一途，为博士官置弟子，由五十人，而百人，而千人，成帝时至三千人；后汉时太学至二万余生，都抱着通经致用的目的，如"禹贡治河"、"三百篇讽谏"、"春秋断狱"等等，这时候虽然有阴阳家的五德终始，谶纬学的符命，然终以经术为中心。魏晋以后，虽然有佛教输入，引起老庄的玄学与处士的清谈；有神仙家的道教，引起金丹的化炼、符箓的迷信；但是经学的领域还是很坚固，例如义疏之学，南方有崔灵恩、沈文阿、皇侃、戚衮、张讥、顾越、王元规等，北方有刘献之、徐遵明、李铉、沈重、熊安生等(褚季野说："北人学问，渊综广博。"孙安国说："南人学问，清通简要。"支道林又说："自中人以还，北人看书，如显处观月；南人看书，如牖中窥日。")；迄于唐代，国子祭酒孔颖达与诸儒撰定《五经正义》颁于天下，每年明经依此考试，经学的势力随“利禄之途”而发展，真可以压倒一切了。

汉代承荀卿、屈原的余绪，有司马相如、扬雄、班固、枚乘等竞为辞赋，句多骈丽，后来又渐多用于记事的文，如蔡邕所作的碑铭，就是这一类。魏晋以后，一切文辞均用此体，后世称为骈文，或称四六。

唐德宗时（西历八世纪），韩愈始不满意于六朝骈丽的文章，而以周季汉初论辩记事文为模范，创所谓“起八代之衰”的文章，那时候与他同调的有柳宗元等。愈又作《原道》，推本孔孟，反对佛、老二氏，有“人其人，火其庐，焚其书”的提议，乃与李斯、董仲舒相等。又补作文王拘幽操，至有“臣罪当诛，天王圣明”等语，以提倡君权的绝对。李翱等推波助澜，渐引起宋明理学的运动。但宋明理学又并不似韩愈所期待的，彼等表面虽亦排斥佛、老，而里面却愿兼采佛、老二氏的长处。如《河图》、《洛书》、《太极图》等，本诸道教；天理、人欲、明善、复初等等，本诸佛教。在陆、王一派，偏于“尊德性”，固然不讳谈禅，阳明且有格竹病七日的笑话，与科学背驰，固无足异；程、朱一派，力避近禅，然阳儒阴禅的地方很多。朱熹释格物为即物穷理，且说：“即凡天下之物，莫不因其已知之理而益穷之，以求至乎其极，至于用力之久而一旦豁然贯通焉，则众物之表里精粗无不到，而吾心之全体大用无不明矣。”似稍近于现代科学家之归纳法，然以不从实验上着手，所以也不能产生科学。那时程颐以“饿死事小，失节事大”斥再醮妇，蹂躏女权，正与韩愈的“臣罪当诛”相等，误会三纲的旧说，破坏“五伦”的本义。不幸此等谬说适投明、清两朝君主之所好，一方面以利用科举为诱惑，一方面以文字狱为鞭策，思想言论的自由全被剥夺。

明、清之间，惟黄宗羲《明夷待访录》，有《原君》、《原臣》等篇；戴震《原义》，力辟以理责人的罪恶；俞正燮于《癸巳类稿》、《存稿》中有反对尊男卑女的文辞，远之合于诸子的哲学，近之合于西方的哲学，然皆如昙花一现，无人注意。

直到清季，与西洋各国接触，经过好几次的战败，始则感武器的不如人，后来看到政治上了，后来看到教育上、学术上都觉得不如人了，于是有维新派，以政治上及文化上之革新为号召，康有为、谭嗣同是其中最著名的。

康氏有《大同书》，本《礼运》的大同义而附以近代人文主义的新义；谭氏有《仁学》，本佛教平等观而冲决一切的网罗，在当时确为佼佼者。然终以迁就时人思想的缘故，戴着尊孔保皇的假面，而结果仍归于失败。

嗣后又经庚子极端顽固派的一试，而孙中山先生领导之同盟会渐博得多数信任，于是有辛亥革命，实行“恢复中华，建立民国”的宣言，当时思想言论的自由，几达极点，保皇尊孔的旧习，似有扫除的希望，但又经袁世凯与其所卵翼的军阀之摧残，虽洪宪帝制不能实现，而北洋军阀承袭它压制自由思想的淫威，方兴未艾。在此暴力压迫之下，自由思想的勃兴仍不可遏抑，代表它的是陈独秀的《新青年》。

《新青年》于民国四年创刊，它的《敬告青年》，特陈六义：一、自主的而非奴隶的；二、进步的而非保守的；三、进取的而非退隐的；四、世界的而非锁国的；五、实利的而非虚文的；六、科学的而非想象的。

到民国八年，有《新青年宣言》，有云：“我们相信，世界各国政治上、道德上、经济上因袭的旧观念中，有许多阻碍进化而不合情理的部分。我们想求社会进化，不得不打破‘天经地义’、‘自古如斯’的成见，决计一面抛弃此等旧观念，一面综合前代贤哲、当代贤哲和我们自己所想的，创造政治上、道德上、经济上的新观念，树立新时代的精神，适应新社会的环境。我们理想的新时代、新社会是诚实的、进步的、积极的、自由的、平等的、创造的、美的、善的、和平的、相爱互助的、劳动而愉快的、全社会幸福的。希望那虚伪的、保守的、消极的、束缚的、阶级的、因袭的、丑的、恶的、战争的、轧轹不安的、懒惰而烦闷的、少数幸福的现象渐渐减少，至于消灭。”又有《新青年罪案之答辩书》，有云：“他们所非难本志的，无非是破坏孔教，破坏礼法，破坏国粹，破坏贞节，破坏旧伦理（忠、孝、节），破坏旧艺术（中国戏），破坏旧宗教（鬼神），破坏旧文学，破坏旧政治（特权人治）这几条罪案。这几条罪案，本社同人当然直认不讳。但是追本溯源，本志同人本来无罪，只因为拥护那德莫克拉西(Democracy)和赛因斯(Science)两位先生,才犯了这几条滔天的大罪。要拥护那德先生,便不得不反对孔教、礼法、贞节、旧伦理、旧政治;要拥护那赛先生,便不得不反对旧艺术、旧宗教;要拥护德先生又要拥护赛先生,便不得不反对国粹和旧文学。"他的主张民治主义和科学精神,固然前后如一,而"破坏旧文学的罪案"与"反对旧文学"的声明,均于八年始见,这是因为在《新青年》上提倡文学革命起于五年。五年十月胡适来书,称:"吾以为今日而言文学改良,须从八事入手。八事者何?一曰须言之有物。二曰不摹仿古人。三曰须讲求文法。四曰不作无病之呻吟。五曰务去滥调套话。六曰不用典。七曰不讲对仗。八曰不避俗字俗语。"由是陈独秀于六年二月发表《文学革命论》,有云:"文学革命之气运,酝酿已非一日,其首举义旗之急先锋,则为我友胡适。余甘冒全国学究之敌高张'文学革命军'大旗以为吾友之声援,旗上大书特书吾革命军三大主义:曰推倒雕琢的阿谀的贵族文学,建设平易的抒情的国民文学;曰推倒陈腐的铺张的古典文学,建设新鲜的立诚的写实文学;曰推倒迂晦的艰涩的山林文学,建设明了的通俗的社会文学。"这是那时候由思想革命而进于文学革命的历史。

为什么改革思想一定要牵涉到文学上?这因为文学是传导思想的工具。钱玄同于七年三月十四日《致陈独秀书》有云:"旧文章的内容,不到半页,必有发昏做梦的话,青年子弟读了这种旧文章,觉其句调铿锵,娓娓可诵,不知不觉,便将为文中之荒谬道理所征服。"在玄同所主张的"废灭汉文"虽不易实现,而先废文言文是做得到的事。所以他有一次致独秀的书,就说:"我们既绝对主张用白话体做文章,则自己在《新青年》里面做的,便应该渐渐的改用白话。我从这次通信起,以后或撰文,或通信,一概用白话,就和适之先生做《尝试集》一样意思。并且还要请先生、胡适之先生和刘半农先生都来尝试尝试。此外,别位在《新青年》里撰文的先生和国中赞成做白话文的先生们,若是大家都肯尝试,那么必定成功。自古无的,自今以后必定会有。"可以看见玄同提倡白话文的努力。

民元前十年左右，白话文也颇流行，那时候最著名的《白话报》，在杭州是林獬、陈敬第等所编，在芜湖是独秀与刘光汉等所编，在北京是杭辛斋、彭翼仲等所编，即余与王季同、汪允宗等所编的《俄事警闻》与《警钟》，每日有白话文与文言文论说各一篇，但那时候作白话文的缘故，是专为通俗易解，可以普及常识，并非取文言而代之。主张以白话代文言，而高揭文学革命的旗帜，这是从《新青年》时代开始的。

欧洲复兴时期以人文主义为标榜，由神的世界而渡到人的世界。就图画而言，中古时代的神像，都是忧郁枯板，与普通人不同。及复兴时代，一以生人为模型，例如拉飞儿所画圣母，全是窈窕的幼妇，所画耶稣，全是活泼的儿童，使观者有地上实现天国的感想。不但拉飞儿，同时的画家没有不这样的。进而为生人肖像，自然更表示特性，所谓"人心不同如其画"了。这叫做由神相而转成人相。我国近代本目文言文为古文，而欧洲人目不通行的语言为死语。刘大白参用他们的语意，译古文为鬼话，所以反对文言提倡白话的运动，可以说是弃鬼话而取人话了。

欧洲中古时代，以一种变相的拉丁文为通行文字，复兴以后，虽以研求罗马时代的拉丁文与希腊文为复兴古学的工具，而别一方面，却把各民族的方言利用为新文学的工具。在意大利有但丁、亚利奥斯多、朴伽丘、马基亚弗利等，在英国有绰塞、威克列夫等，在日耳曼有路德等，在西班牙有塞文蒂等，在法兰西有拉勃雷等，都是用素来不认为有文学价值的方言译述《圣经》，或撰著诗文，遂产生各国语的新文学。我们的复兴，以白话文为文学革命的条件，正与但丁等同一见解。

欧洲的复兴，普通分为初、盛、晚三期：以十五世纪为初期，以千五百年至千五百八十年为盛期，以千五百八十年至十七世纪末为晚期。在艺术上，自意大利的乔托、基伯尔提、文西、米开兰基罗、拉飞儿、狄兴等，以至法国的雷斯古、古容、格鲁爱父子等，西班牙的维拉斯开兹等，德国的杜勒、荷尔斑一族等，荷兰与法兰德尔的凡爱克、鲁本兹、朗布兰、凡带克等。在文学上，自意大利的但丁、亚利奥斯多、马基亚弗利、塔苏等，法国的露沙、蒙旦等，西班牙的蒙杜沙、莎凡提等，德国的路德、萨克斯等，英国的雪泥、慕尔、莎士比亚等，人才辈出，历三百年。我国的复兴，自五四运动以来不过十五年，新文学的成绩当然不敢自诩为成熟，其影响于科学精神、民治思想及表现个性的艺术，均尚在进行中，但是吾国历史、现代环境，督促吾人，不得不有奔轶绝尘的猛进。吾人自期，至少应以十年的工作抵欧洲各国的百年。所以对于第一个十年先作一总审查，使吾人有以鉴既往而策将来，希望第二个十年与第三个十年时，有中国的拉飞儿与中国的莎士比亚等应运而生呵！

据《中国新文学大系》(上海良友图书公司 1927 年出版)

中国的文艺中兴*

（上略）鄙人今日的讲题，为《中国的文艺中兴》。中国虽离欧洲很远，而且中国的语言文字，欧洲人很不易懂，因此中国人的思想，很难传过欧洲来。在西方所得到的中国消息，多是由游客的记述、著作家对于中国的著作和日常报纸所录的短小新闻等等得来。但游历的人往往仅在中国居住几个月，就以为游完中国，他们所见的，自然多是皮毛的事。描写中国的著作家，大多数也是没有很精深的观察的。至于日常报纸的新闻，真实的地方更少。所以中国的真面目，往往被他们说错。

考欧洲的群众，多以为中国是一个很秘密的、不可知的地方。其实照懂得欧洲也懂得中国的人看来，中国和欧洲，只表面上有不同的地方，而文明的根本是差不多的。倘再加留意，并可以察出两方文明进步的程序，也是互相仿佛的。至于这方面的进步较速，那方较迟，是因为环境不同等等的缘故。欧洲历史上邻近的国家，大都已经有很高的文明，欧洲常可以吸收他们的文化，故“文艺的中兴”在欧洲久已成为过去事实。至于中国，则所有相近的民族，除印度以外，大都绝无文明可言。数千年来，中国文明只在它固有的范围内、固有的特色上进化，故“文艺的中兴”在中国今日才开始发展。

鄙人今试将中国文明在时间上进化的程序说来，并将它和欧洲文明进化的程序略为比较。欧洲文化最远推源埃及，其次是希腊、罗马。

---

* 1923 年 10 月 10 日在比利时沙洛王劳工大学演说词。

后来容纳希伯来文化，演成中世纪的经院哲学（Scolastique）。后来又容纳阿拉伯文化，并回顾希腊、罗马文化，演成文艺中兴的学术（Renaissance）。仅此科学、美术，积渐发展，有今日的文明。

中国的文化，自西历纪元前二十七世纪至二十世纪，有农、林、工、商等业，有封建与公举元首的制度，有法律，有教育制度，有天文学、医学，有音乐、雕刻、图画，正与埃及相类。

从纪元前十二世纪到三世纪，所定的制度，见《周礼》一书的，从饮食、衣服、居室，到疗病、葬死，都有很详明的规划；农业上已经有地质学、化学的预备；工业上开矿、冶金、陶器等，都已有专门的研究；教育上自小学以至大学，粗具规模，且提倡胎教方法；美术上音律的调节，色彩与花纹的分配，材料与形式的选择，都很有合于美术公例的。那时候，说水、火、木、金、土五行的箕子，很像说天气水土四元的Empedokles①；专以人生哲学为教育，而以问答为教授的孔子，很像Socrates②；由玄学演出处世治事方法的老子、庄子，很像Plato③；以数学、物理学、论理学、政治学、道德学教人的墨子，很像Aristotle④；其余哲学家、法学家，与希腊、罗马时代学者相像的，还有许多，时代也相去不远。所以这个时期的文明，可以与欧洲的希腊、罗马时代相比较。

从西历纪元一世纪起，印度佛教传入，与老子、庄子的玄学相接近，而暴进一步，所以大受信仰；这一时期内翻译的、著作的都很多，而且建设几种学派，为印度所没有的，比较欧洲的新柏拉图（Neo - Platonisme）还要热闹。

十一世纪以后到十七世纪，讲孔子学的学者，采用印度哲学，发展中国固有的学说，他们严正的行为，与Stoicisme⑤相像；他们深沉的思想，与Scolastiques⑥相像。这一时期可与欧洲中古时代的文明相比。

---

① Empedokles：恩培多克勒。

② Socrates：苏革拉底。

③ Plato：柏拉图。

④ Aristotle：雅里士多德。

⑤ Stoicisme：斯多葛学派。

⑥ Scolastiques：经院哲学派。

十八世纪起，有许多学者专门研究言语学、历史学、考古学，他们所用的方法，与欧洲科学家一样，这是中国文艺中兴的开端。因为欧洲自然科学的情形，还没有介绍到中国，所以研究的范围小一点儿。直到最近三十年，在国内受高等教育与曾经在欧美留学的学者，才把欧洲的真正文化输入中国，中国才大受影响，与从前接触印度文化相像，也与欧洲人从前受阿拉伯文化的影响相像，这是中国文艺中兴发展的初期。现在中国曾受高等教育而在各界服务的人，大多数都尽力于介绍欧洲文化，或以近代科学方法整理中国固有的学术，俾适用于现代。国内学校和学生人数，均日有增加。女子教育向来忽略，今亦发展，国内各大学及多少专门学校，均有女子足迹。除此新式学校外，还有多少旧式学校，继续在乡下传布初级教育。其余每年派往欧美留学的少年男女，以千数百计，这些智识分子，将来都是尽力于文艺中兴事业的。现时所有的进步，本已不少，不过与中国的面积和人口比较起来，还觉得他很稀微。但正是因为面积大，人口多，故只能慢慢儿进步。譬如一小杯水，投糖少许，不久而甜味已透；若水量加多，要得同样的甜味，不但要加糖，还要加溶解的时间。

中国现时大局，觉有些不安，但这也不过是一千九百十年革命应有的结果。这革命以完全改变中国为目的，有改变，当然有些扰乱，暂时这样，不久秩序当然恢复。而且虽有这些政治的扰乱，进步的程序并没有中辍。近数年来，各种新工厂、银行等增加之数，和对外贸易之数，很可以给我们几个良好的证据。照我个人推想，再加四十年的工夫，则欧洲自十六世纪至十九世纪所得的进步，当可实现于中国。那时候中国文化，必可以与欧洲文化齐等，同样的有贡献于世界。

说到中国将来的乐观，一定有人想起德皇威廉第二的“黄祸论”，以为中国兴盛起来，必将侵略欧洲，为白种人的大害。这也是一种误会。我意欲将中国五千年历史的根本思想说一说，就可以见得中国文化发展后，一定能与欧洲文化融合，而中国人与欧洲人，必更能为最亲切的朋友。试举几条最重要的中国人根本思想如下：

（一）平民主义　照西历纪元前四世纪的学者孟子所说的，中国当纪元前二十四世纪时，君主的后继人，由君王推荐后，必要经国民的承认。以纪元前十二世纪的学者箕子所说的："国王若有大疑，于谋及卿士外，还要谋及庶人。"纪元前十二世纪，已经有大事询众庶的制度，那时候的国王曾经说："天视自我民视，天听自我民听。"纪元前四世纪学者孟子说："民为贵，君为轻。"又说君主的用人、杀人，要以"国人皆曰可用，皆曰可杀"作标准。后来凡有评论君主或官吏的贤否的，没有不以得民心与否作标准的。至于贵族、平民的阶级，纪元前六世纪的学者，如孔子、墨子等已经反对，纪元前四世纪已渐渐革除，纪元前三世纪以后，已一概废绝。凡有政治舞台上人物，不是从同乡选举的，就是由政府考取的。所以前十二年一次革命，就能变君主专制为共和立宪。

(二)世界主义　西元前二十四世纪的君主，已经被历史家称为协和万邦。前六世纪的哲学者孔子，分政治进化为三级：第一级是视本国人为自家人，而视野蛮国为外人；第二级视各种文明国都为自家人，而视野蛮国为外人；第三是野蛮国都被感化为文明国，大小远近合一，人人有士君子的人格，就叫做太平的世界。他的学生曾参作《大学》，就于治国以外，再说平天下。所以中国历代的学者，从没有提倡偏隘的爱国主义的。

(三)和平主义　因为中国从没有持偏隘爱国主义的学说，所以各学者没有不反对侵略政策而赞成德化政策的。西元前二十三世纪的历史家曾记一段古事说：虞朝的时候，有苗国不来修好，派兵来打，他仍不服，这边就罢兵兴文治，隔了七十日，有苗就来修好了。前六世纪的孔子说："远人不服，则修文德以来之。"同世纪的墨子主张练兵自卫，对于侵略的国家，比为盗贼。前七世纪已经有人发起弭兵会。前四世纪有一派学者专以运动"非攻"为标帜。孟子说："善战者服上刑。"又有人曰："我善为战大罪也。"后来的文学家，没有不描写战争的苦痛，而讴歌和平时代的。现在因为外国帝国主义的可怕，我们当然提倡体育，想做到人人有可以当兵的资格，然而纯为自卫起见，决不是主张侵略的。

(四)平均主义 现今世界最大的问题，是劳工与资本的交涉。在俄国已经执行最激烈的办法，为各国所恐怖。也有疑中国的布尔塞维克化的，但中国决用不着这种过虑。中国古代已经有过一个比较他舒服很多的无产制度了。照孟子所说，与纪元二世纪的历史家所记的，中国自西元前二十三世纪到前四世纪，都是行平均地权的制度，就是划九百亩为一方，分作井式，中百亩为公田，外八百亩由家分受，每家自耕百亩外，又合力以耕公田。人民二十岁受田，六十岁归田。二十岁以下、六十岁以上，皆为国家所养。这种制度，到西元前二十三世纪，才渐渐改变。然而纪元一、五及十一世纪，均有试验恢复，虽没有成功，然可见这种制度没有极端的死去。而且自纪元前四世纪至纪元后十九世纪，多数政治学者，还是要主张恢复他的。在理论上，相传五千年以前，创立农业的君主，有两句格言："一夫不耕，天下或受其饥；一妇不织，天下或受其寒。"就是人人应作工的意义。后来四世纪的许行，就主张君主要与民并耕，不得自居劳心的阶级，空受人民豢养，那其余的更不待言了。就是孔子也说："不患寡而患不均，不患贫而患不安。"又说："货恶其弃于地也，不必归于己；力恶其不出于身也，不必为己。"总之，均劳逸，均产业，是中国古今的普通思想，说政治的总以"民多甚富，亦无甚贫"为标准，巨富的人常以财产平均分授于儿女，数传以后，便与常人无异。而且富人必须为族人、亲戚、朋友代谋生利，小的为宗族置义田、设义学，大的为地方办公益及慈善事业。若有自私自利的人，积财而不肯散，人人都看不起他。其次，则富人生活，与贫人之单简几相等。所以中国的贫富阶级，相去终不很远，就是新式的大公司组织输入中国，一方面一切优待工人的善法同时输入，中国人尽量采用。一方面公司股票并不集中于少数人，不能产生欧洲式资本家。若将来平均产业的理论，全世界都能实行的时候，中国自可很和平的行起来，决用不着马克思的阶级战争主义，决没有赤化的疑虑。

(五)信仰自由主义 希腊 Aristotle 曾提出中庸主义，但与欧洲人凡事都趋极端的性质不很相投，所以继承的很少。中国自西元前二十四世纪的贤明的君主，已经提出"中"字作为一切行为的标准。后来前六世纪的孔子极力提倡“中庸”。中庸是没有过，也没有不及，所以两种相反的性质如刚柔和介等类，一到中庸的境界，都没有不可以调和的。故中国从没有宗教战争，如欧洲基督教与回教，或如基督教中新教与旧教的样子。中国有一种固有的祖先教，经儒家修正后，完全变为有意识的纪念，以不神秘为象征，与 Auguste Comte① 所提议的人道教相似。旧有的多神教变为道教，并不曾与儒教有多大的冲突；佛教传入以后，也是这样，有注意佛、儒相同的。总之，中国人是从异中求出相同的点，去调和它们，不似欧洲人专从异处着眼。回教传入以后，也是这样；基督教传入以后，也是这样。很有许多书说基督教与儒教的主张有相同的，各教的主持者虽间或有夸张本教攻击异教的理论，但是普通人很少因信仰而起争执的。所以信仰自由主义，在欧洲没有定入宪法以前，在中国早已实行了。

在欧洲，很有人以为中国人排外，尤排异教，常以义和团那事为证据，这也是一种误会。试一研究义和团暴动的远近原因，就可以明白了。我记得义和团动作的前数年，有德国人因两个德国天主教师被杀而占据胶州的事情，德国那一次的横暴，比最近意大利占领希腊哥甫岛还要利害。今次全球反对意大利这个行动，而在德国横压中国那时候，各国没有一句话说反对。所谓公义者，何其善变？不独不反对，而且各国先后效德人的行为，三数年间，中国港口完全为外人所占据。其次，则外国人在中国种种强横，几不视中国人是人的样子。说到外国传教师，则其中固有真正的传教师，然而行动出了他教师范围以外的，不知多少。他们的宗教，大都教人互相亲爱，而他们常常把人民分作种种派别。复次，则他们借政府的力量，常常阻抗中国行政及司法的动作。譬如，遇有他们教民犯罪，为官吏判罚等等，他们居然直来干涉，阻止行刑，或要求放人。诸如此类，说也不尽，到后来凡遇因犯法被法庭搜捕的，多走去外国教堂躲避，教堂变了犯人的安乐国。这种事情，无论中国人难忍，我想在任何国，也无人能忍受的。以上所说

① Auguste Comte：奥古斯特·孔德。

的，就是激起义和团暴动的直接或间接的原因。当时适遇满洲皇室中有几个人物，愤外交和战争的失败，或痛恨外人对于中国不公平的行为，常存报复的心。义和团一起，他们于是有机可乘。照此说来，那一次的事情，外人实应负一部分责任。今完全将责任推归于中国，是绝对不公平的。且除直隶及山西一部分，其余全国都没有人赞成，在扬子江流域及南方，外人均受特别的保护。所以义和团暴乱，并非中国一种国民的运动，尤为显明。

照鄙人所见到的中国人根本思想是如此的。所以敢说：中国文艺中兴完成后，中国复兴以后，不独无害于欧洲，而且可与欧洲互相辅助，和尽力赞助国际事业，为人类谋最大的幸福。

据《东方杂志》第21卷第3号(1924年2月10日出版)

文明之消化*

凡生物之异于无生物者，其例证颇多，而最著之端，则为消化作用。消化者，吸收外界适当之食料而制炼之，使类化为本身之分子，以助其发达。此自微生物以至人类所同具之作用也。

人类之消化作用，不惟在物质界，亦在精神界。一人然，民族亦然。希腊民族吸收埃及、腓尼基诸古国之文明而消化之，是以有希腊之文明；高卢、日耳曼诸族吸收希腊、罗马及阿拉伯之文明而消化之，是以有今日欧洲诸国之文明。吾国古代文明，有源出巴比仑之说，迄今尚未证实；汉以后，天方、大秦之文物，稍稍输入矣，而影响不著；其最著者，为印度之文明。汉季，接触之时代也；自晋至唐，吸收之时代也；宋，消化之时代也。吾族之哲学、文学及美术，得此而放一异彩。自元以来，与欧洲文明相接触，逾六百年矣，而未尝大有所吸收，如球茎之植物、冬蛰之动物，恃素所贮蓄者以自赡，日趣羸瘠，亦固其所。至于今日，始有吸收欧洲文明之机会，而当其冲者，实为我寓欧之同人。

吸收者，消化之预备。必择其可以消化者而始吸收之。食肉者弃其骨，食果者弃其核，未有浑沦而吞之者也。印度文明之输入也，其滋养果实为哲理，而埋蕴于宗教臭味之中。吸收者浑沦而吞之，致酿成消化不良之疾。钩稽哲理，如有宋诸儒，既不免拘牵门户之成见；而普通社会，为宗教臭味所熏习，迷信滋彰，至今为梗。欧洲文明，以学术为中坚，本视印度为复杂，而附属品之不可消化者，亦随而多歧。政潮

---

* 1916年8月15日。

之排荡，金力之劫持，宗教之拘忌，率皆为思想自由之障碍。使皆浑沦而吞之，则他日消化不良之弊，将视印度文明为尤甚。审慎于吸收之始，毋为消化时代之障碍，此吾侪所当注意者也。

且既有吸收，即有消化，初不必别有所期待。例如晋、唐之间，虽为吸收印度文明时代，而其时“庄”“易”之演讲、建筑图画之革新，固已显其消化之能力，否则，其吸收作用必不能如是之博大也。今之于欧洲文明，何独不然！向使吾侪见彼此习俗之殊别，而不能推见其共通之公理，震新旧思想之冲突，而不能预为根本之调和，则臭味差池，即使强饮强食，其亦将出而哇之耳！当吸收之始，即参以消化之作用，俾得减吸收时代之阻力，此亦吾人不可不注意者也。

据《东方杂志》第 14 卷第 2 号(1917 年 2 月 15 日出版)

美　育*

美育者，应用美学之理论于教育，以陶养感情为目的者也。人生不外乎意志，人与人互相关系，莫大乎行为，故教育之目的，在使人人有适当之行为，即以德育为中心是也。顾欲求行为之适当，必有两方面之准备：一方面，计较利害，考察因果，以冷静之头脑判定之；凡保身卫国之德，属于此类，赖智育之助者也。又一方面，不顾祸福，不计生死，以热烈之感情奔赴之。凡与人同乐、舍己为群之德，属于此类，赖美育之助者也。所以美育者，与智育相辅而行，以图德育之完成者也。

吾国古代教育，用礼、乐、射、御、书、数之六艺。乐为纯粹美育；书以记述，亦尚美观；射御在技术之熟练，而亦态度之娴雅；礼之本义在守规则，而其作用又在远鄙俗；盖自数以外，无不含有美育成分者。其后若汉魏之文苑、晋之清谈、南北朝以后之书画与雕刻、唐之诗、五代以后之词、元以后之小说与剧本，以及历代著名之建筑与各种美术工艺品，殆无不于非正式教育中行其美育之作用。

其在西洋，如希腊雅典之教育，以音乐与体操并重，而兼重文艺。音乐、文艺，纯粹美育。体操者，一方以健康为目的，一方实以使身体为美的形式之发展；希腊雕像，所以成空前绝后之美，即由于此。所以雅典之教育，虽谓不出乎美育之范围，可也。罗马人虽以从军为政见长，而亦输入希腊之美术与文学，助其普及。中古时代，基督教徒，虽务以清静矫俗；而峨特式之建筑，与其他音乐、雕塑、绘画之利用，未始不迎合美感。自文艺复兴以后，文艺、美术盛行。及十八世纪，经包姆

* 1930年。

加敦(Baumgarten,1717—1762)与康德(Kant,1724—1805)之研究,而美学成立。经席勒尔(Schiller,1759—1805)详论美育之作用,而美育之标识,始彰明较著矣。(席勒尔所著,多诗歌及剧本;而其关于美学之著作,惟 Brisfe überie ästhetische Erziehung,吾国"美育"之术语,即由德文之 Ästhetische Erziehung 译出者也。)自是以后,欧洲之美育,为有意识之发展,可以资吾人之借鉴者甚多。

爰参酌彼我情形而述美育之设备如下:美育之设备,可分为学校、家庭、社会三方面。

学校自幼稚园以至大学校,皆是。幼稚园之课程,若编纸、若黏土、若唱歌、若舞蹈、若一切所观察之标本,有一定之形式与色泽者,全为美的对象。进而至小学校,课程中如游戏、音乐、图画、手工等,固为直接的美育;而其他语言与自然、历史之课程,亦多足以引起美感。进而及中学校,智育之课程益扩加;而美育之范围,亦随以俱广。例如,数学中数与数常有巧合之关系。几何学上各种形式,为图案之基础。物理、化学上能力之转移,光色之变化;地质学的矿物学上结晶之匀净,闪光之变幻;植物学上活色生香之花叶;动物学上逐渐进化之形体,极端改饰之毛羽,各别擅长之鸣声;天文学上诸星之轨道与光度;地文学上云霞之色彩与变动;地理学上各方之名胜;历史学上各时代伟大与都雅之人物与事迹;以及其他社会科学上各种大同小异之结构,与左右逢源之理论;无不于智育作用中,含有美育之原素;一经教师之提醒,则学者自感有无穷之兴趣。其他若文学、音乐等之本属于美育者,无待言矣。进而至大学,则美术、音乐、戏剧等皆有专校,而文学亦有专科。即非此类专科、专校之学生,亦常有公开之讲演或演奏等,可以参加。而同学中亦多有关于此等美育之集会,其发展之度,自然较中学为高矣。且各级学校,于课程外,尚当有种种关于美育之设备。例如,学校所在之环境有山水可赏者,校之周围,设清旷之园林,而校舍之建筑,器具之形式,造像摄影之点缀,学生成绩品之陈列,不但此等物品之本身,美的程度不同;而陈列之位置与组织之系统,亦大有关系也。

其次家庭:居室不求高大,以上有一二层楼,而下有地窟者为适宜。必不可少者,环室之园,一部分杂莳花木,而一部分可容小规模之运动,如秋千、网球之类。其他若卧室之床几、膳厅之桌椅与食具、工作室之书案与架柜、会客室之陈列品,不问华贵或质素,总须与建筑之流派及各物品之本式,相互关系上,无格格不相入之状。其最必要而为人人所能行者,清洁与整齐。其他若鄙陋之辞句,如恶谑与谩骂之类;粗暴与猥亵之举动;无老幼、无男女、无主仆,皆当屏绝。

其次社会:社会之改良,以市乡为立足点。凡建设市乡,以上水管、下水管为第一义;若居室无自由启闭之水管,而道路上见有秽水之流演、粪桶与粪船之经过,则一切美观之设备,皆为所破坏。次为街道之布置,宜按全市或全乡地面而规定大街若干、小街若干,街与街之交叉点,皆有广场。场中设花坞,随时移置时花;设喷泉,于空气干燥时放射之;如北方各省尘土飞扬之所,尤为必要。陈列美术品,如名人造像,或神话、故事之雕刻等。街之宽度,预为规定,分步行、车行各道,而旁悉植树。两旁建筑,私人有力自营者,必送其图于行政处,审为无碍于观瞻而后认可之;其无力自营而需要住所者,由行政处建设公共之寄宿舍,或为一家者,或为一人者,以至廉之价赁出之。于小学校及幼稚园外,尚有寄儿所,以备孤儿或父母同时作工之子女可以寄托,不使抢攘于街头。对于商店之陈列货物,悬挂招牌,张贴告白,皆有限制,不使破坏大体之美观,或引起恶劣之心境。载客运货之车,能全用机力,最善。必不得已而利用畜力,或人力,则牛马必用强壮者,装载之量与运行之时,必与其力相称。人力间用以运轻便之物,或负担,或曳车、推车。若为人舁桥挽车,惟对于病人或妇女,为徜徉游览之助者,或可许之。无论何人,对于老牛、羸马之竭力以曳重载,或人力车夫之袒背浴汗而疾奔,不能不起一种不快之感也。设习艺所,以收录贫苦与残疾之人,使得于能力所及之范围,稍有所贡献,以偿其所享受,而不许有沿途乞食者。设公墓,可分为土葬、火葬两种,由死者遗命或其子孙之意而选定之。墓地上分区、植树、莳花、立碑之属,皆有规则。不许于公墓以外,买地造坟。分设公园若干于距离适当之所,有池沼亭榭、花木鱼鸟，以供人工作以后之休憩。设植物园，以观赏四时植物之代谢。设动物园，以观赏各地动物特殊之形状与生活。设自然历史标本陈列所，以观赏自然界种种悦目之物品。设美术院，以久经鉴定之美术品，如绘画、造像及各种美术工艺，刺绣、雕镂之品，陈列于其中，而有一定之开放时间，以便人观览。设历史博物院，以使人知一民族之美术，随时代而不同。设民族学博物院，以使人知同时代中，各民族之美术，各有其特色。设美术展览会，或以新出之美术品，供人批评；或以私人之所收藏，暂供众览；或由他处陈列所中，抽借一部，使观赏者常有新印象，不为美术院所限也。设音乐院，定期演奏高尚之音乐，并于公园中为临时之演奏。设出版物检查所，凡流行之诗歌、小说、剧本、画谱，以至市肆之挂屏、新年之花纸，尤其儿童所读阅之童话与画本等，凡粗犷、猥亵者禁止之；而择其高尚优美者助为推行。设公立剧院及影戏院，专演文学家所著名剧及有关学术、能引起高等情感之影片，以廉价之入场券引人入览。其他私人营业之剧院及影戏院，所演之剧与所照之片，必经公立检查所之鉴定，凡卑猥陋劣之作，与真正之美感相冲突者，禁之。婚丧仪式，凡陈陈相因之仪仗、繁琐无理之手续，皆废之；定一种简单而可以表示哀乐之公式。每年遇国庆日，或本市本乡之纪念日，则于正式祝典以外，并可有市民极端欢娱之表示；然亦有一种不能越过之制限；盖文明人无论何时，总不容有无意识之举动也。以上所举，似专为新立之市乡而言，其实不然。旧有之市乡，含有多数不合美育之分子者，可于旧市乡左近之空地，逐渐建设，以与之交换；或即于归址上局部改革。

要之，美育之道，不达到市乡悉为美化，则虽学校、家庭尽力推行，而其所受环境之恶影响，终为阻力，故不可不以美化市乡为最重要之工作也。

据《教育大辞书》上册

以美育代宗教说*

兄弟于学问界未曾为系统的研究，在学会中本无可以表示之意见。惟既承学会诸君子责以讲演，则以无可如何中，择一于我国有研究价值之问题为到会诸君一言，即“以美育代宗教”之说是也。

夫宗教之为物，在彼欧西各国，已为过去问题。盖宗教之内容，现皆经学者以科学的研究解决之矣。吾人游历欧洲，虽见教堂棋布，一般人民亦多入堂礼拜，此则一种历史上之习惯。譬如前清时代之袍褂，在民国本不适用，然因其存积甚多，毁之可惜，则定为乙种礼服而沿用之，未尝不可。又如祝寿、会葬之仪，在学理上了无价值，然戚友中既以请帖、讣闻相招，势不能不循例参加，藉通情愫。欧人之沿习宗教仪式，亦犹是耳。所可怪者，我中国既无欧人此种特别之习惯，乃以彼邦过去之事实作为新知，竟有多人提出讨论。此则由于留学外国之学生，见彼国社会之进化，而误听教士之言，一切归功于宗教，遂欲以基督教劝导国人。而一部分之沿习旧思想者，则承前说而稍变之，以孔子为我国之基督，遂欲组织孔教，奔走呼号，视为今日重要问题。

自兄弟观之，宗教之原始，不外因吾人精神作用而构成。吾人精神上之作用，普通分为三种：一曰知识；二曰意志；三曰感情。最早之宗教，常兼此三作用而有之。盖以吾人当未开化时代，脑力简单，视吾人一身与世界万物，均为一种不可思议之事。生自何来？死将何往？创造之者何人？管理之者何术？凡此种种，皆当时之人所提出之问

* 1917年4月8日在北京神州学会演说词。

题，以求解答者也。于是有宗教家勉强解答之。如基督教推本于上帝，印度旧教则归之梵天，我国神话则归之盘古。其他各种现象，亦皆以神道为惟一之理由。此知识作用之附丽于宗教者也。且吾人生而有生存之欲望，由此欲望而发生一种利己之心。其初以为非损人不能利己，故恃强凌弱，掠夺攫取之事，所在多有。其后经验稍多，知利人之不可少，于是有宗教家提倡利他主义。此意志作用之附丽于宗教者也。又如跳舞、唱歌，虽野蛮人亦皆乐此不疲。而对于居室、雕刻、图画等事，虽石器时代之遗迹，皆足以考见其爱美之思想。此皆人情之常，而宗教家利用之以为诱人信仰之方法。于是未开化人之美术，无一不与宗教相关联。此又情感作用之附丽于宗教者也。天演之例，由浑而昼。当时精神作用至为浑沌，遂结合而为宗教。又并无他种学术与之对，故宗教在社会上遂具有特别之势力焉。

迨后社会文化日渐进步。科学发达，学者遂举古人所谓不可思议者，皆一一解释之以科学。日星之现象，地球之缘起，动植物之分布，人种之差别，皆得以理化、博物、人种、古物诸科学证明之。而宗教家所谓吾人为上帝所创造者，从生物进化论观之，吾人最初之始祖，实为一种极小之动物，后始日渐进化为人耳。此知识作用离宗教而独立之证也。宗教家对于人群之规则，以为神之所定，可以永远不变。然希腊诡辩家，因巡游各地之故，知各民族之所谓道德，往往互相抵触，已怀疑于一成不变之原则。近世学者据生理学、心理学、社会学之公例，以应用于伦理，则知具体之道德不能不随时随地而变迁；而道德之原理则可由种种不同之具体者而归纳以得之；而宗教家之演绎法，全不适用。此意志作用离宗教而独立之证也。

知识、意志两作用，既皆脱离宗教以外，于是宗教所最有密切关系者，惟有情感作用，即所谓美感。凡宗教之建筑，多择山水最胜之处，吾国人所谓天下名山僧占多，即其例也。其间恒有古木名花，传播于诗人之笔，是皆利用自然之美以感人者。其建筑也，恒有峻秀之塔，崇闳幽邃之殿堂，饰以精致之造像，瑰丽之壁画，构成黯淡之光线，佐以微妙之音乐。赞美者必有著名之歌词，演说者必有雄辩之素养，凡此种种，皆为美术作用，故能引人入胜。苟举以上种种设施而屏弃之，恐无能为役矣。然而美术之进化史，实亦有脱离宗教之趋势。例如吾国南北朝著名之建筑则伽蓝耳，其雕刻则造像耳，图画则佛像及地狱变相之属为多；文学之一部分，亦与佛教为缘。而唐以后诗文，遂多以风景人情世事为对象；宋元以后之图画，多写山水花鸟等自然之美。周以前之鼎彝，皆用诸祭祀。汉唐之吉金，宋元以来之名瓷，则专供把玩。野蛮时代之跳舞，专以娱神，而今则以之自娱。欧洲中古时代留遗之建筑，其最著者率为教堂，其雕刻图画之资料，多取诸新旧约；其音乐，则附丽于赞美歌；其演剧，亦排演耶稣故事，与我国旧剧"目莲救母"相类。及文艺复兴以后，各种美术渐离宗教而尚人文。至于今日，宏丽之建筑，多为学校、剧院、博物院。而新设之教堂，有美学上价值者，几无可指数。其他美术，亦多取资于自然现象及社会状态。于是以美育论，已有与宗教分合之两派。以此两派相较，美育之附丽于宗教者，常受宗教之累，失其陶养之作用，而转以激刺感情。盖无论何等宗教，无不有扩张己教、攻击异教之条件。基督教与回教冲突，而有十字军之战，几及百年。基督教中又有新旧教之战，亦亘数十年之久。至佛教之圆通，非他教所能及。而学佛者苟有拘牵教义之成见，则崇拜舍利受持经忏之陋习，虽通人亦肯为之。甚至为护法起见，不惜于共和时代，附和帝制。宗教之为累，一至于此，皆激刺感情之作用为之也。

鉴激刺感情之弊，而专尚陶养感情之术，则莫如舍宗教而易以纯粹之美育。纯粹之美育，所以陶养吾人之感情，使有高尚纯洁之习惯，而使人我之见、利己损人之思念，以渐消沮者也。盖以美为普遍性，决无人我差别之见能参入其中。食物之入我口者，不能兼果他人之腹；衣服之在我身者，不能兼供他人之温，以其非普遍性也。美则不然。即如北京左近之西山，我游之，人亦游之；我无损于人，人亦无损于我也。隔千里兮共明月，我与人均不得而私之。中央公园之花石，农事试验场之水木，人人得而赏之。埃及之金字塔，希腊之神祠，罗马之剧场，瞻望赏叹者若干人，且历若干年，而价值如故。各国之博物院，无不公开者，即私人收藏之珍品，亦时供同志之赏览。各地方之音乐会、演剧场，均以容多数人为快。所谓独乐乐不如人乐乐，与寡乐乐不如与众乐乐，以齐宣王之惛，尚能承认之。美之为普遍性可知矣。且美之批评，虽间亦因人而异，然不曰是于我为美，而曰是为美，是亦以普遍性为标准之一证也。

美以普遍性之故，不复有人我之关系，遂亦不能有利害之关系。马牛，人之所利用者，而戴嵩所画之牛，韩央所画之马，决无对之而作服乘之想者。狮虎，人之所畏也，而卢沟桥之石狮，神虎桥之石虎，决无对之而生搏噬之恐者。植物之花，所以成实也，而吾人赏花，决非作果实可食之想。善歌之鸟，恒非食品。灿烂之蛇，多含毒液。而以审美之观念对之，其价值自若。美色，人之所好也；对希腊之裸像，决不敢作龙阳之想；对拉飞尔若鲁滨司之裸体画，决不敢有周昉秘戏图之想。盖美之超绝实际也如是。且于普通之美以外，就特别之美而观察之，则其义益显。例如崇闳之美，有至大至刚两种。至大者如吾人在大海中，惟见天水相连，茫无涯涘。又如夜中仰数恒星，知一星为一世界，而不能得其止境，顿觉吾身之小虽微尘不足以喻，而不知何者为所有。其至刚者，如疾风震霆，覆舟倾屋，洪水横流，火山喷薄，虽拔山盖世之气力，亦尤所施，而不知何者为好胜。夫所谓大也，刚也，皆对待之名也？今既自以为无大之可言，无刚之可恃，则且忽然超出乎对待之境，而与前所谓至大至刚者肸合而为一体，其愉快遂无限量。当斯时也，又岂尚有利害得丧之见能参入其间耶！其他美育中。如悲剧之美，以其能破除吾人贪恋幸福之思想。《小雅》之怨悱，屈子之离忧，均能特别感人。《西厢记》若终于崔、张团圆，则平淡无奇；惟如原本之终于草桥一梦，始足发人深省。《石头记》若如《红楼后梦》等，必使宝、黛成婚，则此书可以不作；原本之所以动人者，正以宝、黛之结果一死一亡，与吾人之所谓幸福全然相反也。又如滑稽之美，以不与事实相应为条件。如人物之状态，各部分互有比例。而滑稽画中之人物，则故使一部分特别长大或特别短小。作诗则故为不谐之声调，用字则取资于同音异义者。方朔割肉以遗细君，不自责而反自夸。优旃谏漆城，不言其无益，而反谓漆城荡荡，寇来不得上，皆与实际不相容，故令人失笑耳。要之，美学之中，其大别为都丽之美，崇闳之美（日本人译言优美、壮美）。而附丽于崇闳之悲剧，附丽于都丽之滑稽，皆足以破人我之见，去利害得失之计较，则其所以陶养性灵，使之日进于高尚者，固已足矣。又何取乎侈言阴骘、攻击异派之宗教，以激刺人心，而使之渐丧其纯粹之美感为耶。

据《蔡孑民先生言行录》

文化运动不要忘了美育*

现在文化运动，已经由欧美各国传到中国了。解放呵！创造呵！新思潮呵！新生活呵！在各种周报上，已经数见不鲜了。但文化不是简单，是复杂的；运动不是空谈，是要实行的。要透彻复杂的真相，应研究科学；要鼓励实行的兴会，应利用美术。科学的教育，在中国可算有萌芽了；美术的教育，除了小学校中机械性的音乐、图画以外，简截可说是没有。

不是用美术的教育，提起一种超越利害的兴趣，融合一种划分人我的僻见，保持一种永久平和的心境；单单凭那个性的冲动、环境的刺激，投入文化运动的潮流，恐不免有下列三种的流弊：（一）看得很明白，责备他人也很周密，但是到了自己实行的机会，给小小的利害绊住，不能不牺牲主义。（二）借了很好的主义作护身符，放纵卑劣的欲望；到劣迹败露了，叫反对党把他的污点影射到神圣主义上，增了发展的阻力。（三）想用简单的方法、短少的时间，达他的极端的主义；经了几次挫折，就觉得没有希望，发起厌世观，甚且自杀。这三种流弊，不是渐渐发见了么？一般自号觉醒的人，还能不注意么？

文化进步的国民，既然实施科学教育，尤要普及美术教育。专门练习的，既有美术学校、音乐学校、美术工艺学校、优伶学校等，大学校又设有文学、美学、美术史、乐理等讲座与研究所。普及社会的，有公开的美术馆或博物院，中间陈列品，或由私人捐赠，或用公款购置，都是非常珍贵的。有临时的展览会，有音乐会，有国立或公立的剧院，或

* 1919 年 12 月 1 日。

演歌舞剧，或演科白剧，都是由著名的文学家、音乐家编制的。演剧的人，多是受过专门教育、有理想、有责任心的。市中大道，不但分行植树，并且间以花畦，逐次移植应时的花。几条大道的交叉点，必设广场，有大树，有喷泉，有花坛，有雕刻品。小的市镇，总有一个公园；大都会的公园，不只一处。又保存自然的林木，加以点缀，作为最自由的公园。一切公私的建筑，陈列器具，书肆与画肆的印刷品，各方面的广告，都是从美术家的意匠构成。所以不论哪一种人，都时时刻刻有接触美术的机会。我们现在，除文字界稍微有点新机外，别的还有什么？书画是我们的国粹，都是模仿古人的；古人的书画，是有钱的收藏了，作为奢侈品，不是给人人共见的；建筑雕刻，没有人研究；在嚣杂的剧院中，演那简单的音乐、卑鄙的戏曲；在市街上散步，只见飞扬尘土，横冲直撞的车马，商铺门上贴着无聊的春联，地摊上出售那恶俗的花纸。在这种环境中讨生活，什么能引起活泼高尚的感情呢？所以我很望致力文化运动诸君，不要忘了美育。

据《晨报副刊》(1919 年 12 月 1 日)

二十五年来中国之美育*

美育的名词，是民国元年我从德文的 Ästhetische Erziehung 译出，为从前所未有。在古代说音乐的，说文学的，说书画的，都说它们有陶冶性情的作用，就是美育的意义；不过范围较小，教育家亦未曾作普及的计划；最近二十五年，受欧洲美术教育的影响，始着手于各方面的建设，虽成绩不甚昭著，而美育一名词，已与智育、德育、体育等，同为教育家所注意，这不能不算是二十五年的特色。今把具体的事项，分别叙述于后。

一　造型美术

(甲)美术学校　现在国立的美术学校有二，私立的各地多有，但在教育部有案可稽的很少，而一时亦未及征集概况，大抵是二十五年以内次第设立的，要以上海美术专门学校为最早。

(子)私立上海美术专门学校——民国元年十一月，武进刘海粟设上海图画美术院于上海乍浦路，发表宣言如下：

> 一、我们要发展东方固有的美术；研究西方艺术的精英。
>
> 二、我们要在残酷无情、干枯、堕落的社会里，尽宣传艺术的责任，把固有的创造精神恢复。

对于创造美术学校的旨趣，可称扼要。是院于二年三月开课，仅

* 1931年5月。

设绘画科两班，学生十二人。是年七月，于正科外，设选科。三年，改绘画科为西洋画科。四年一月，增设艺术师范科。九年四月，更名上海美术学校，规定设中国画科、西洋画科、工艺图案科、雕塑科、高级师范科、初级师范科，凡六科，学生三百人。是年六月，设暑期学校，兼收女生。十年八月，奉教育部令，定名上海美术专门学校。十二年五月，建西洋画科新校舍于徐家汇路，十二月，改中国画科为中国画系。十三年，改造师范部校舍，改高等师范科为艺术教育系，同时开办雕塑系。十四年十月，建存天院为西洋画教室，并于第二层楼设存天阁，陈列古物名画，是时雕塑系无学生，停办。十九年开学时，有中国画系、西洋画系、艺术教育系、音乐系四系，学生五百人。

（丑）国立北平大学艺术学院——民国七年，教育部始设北京美术学校于北京西城，设绘画、图案两科，以郑锦为校长。九年，设专门部之图画、手工师范科。十一年，改称北京美术专门学校，设国画、西画、图案三系，并图画手工师范系。十四年，刘哲、陈延龄相继长校。十五年二月，又改名国立艺术专门学校，增设音乐、戏剧两系，以林风眠为校长。十六年十月，风眠辞职。十七年，编入国立北平大学，名艺术学院，以徐悲鸿为院长，旋即辞职，以北平大学副校长李书华兼院长，恢复音乐、戏剧二系，增设建筑系，改图案系为实用美术系，合国画、西画两系，共成立六系，男、女学生三百五十名。十八年八月，教育部令改为北京艺术专科学校，因校中延未改组，部令自十九年度起，停止招生，逐渐结束；在结束期间，暂用旧名，隶属国立北平大学云。

（寅）国立杭州艺术专科学校——民国十七年三月，大学院设艺术院于杭州，得浙江省政府的许可，以西湖滨之罗苑为校舍，不足，附加以照胆台，三贤祠，苏、白二公祠等。以林风眠为院长，设中国画、西洋画、雕塑、图案四系，而外国语用法文。秋，合并中国画、西洋画为绘画系。其所用标语为：

介绍西洋艺术；

整理中国艺术；

调和中西艺术；

创造时代艺术。

甚合吾国现代艺术教育之旨趣。十八年十月，奉教育部令，改为美术专科学校。开学时，学生不过六十人，现已增至二百二十六人。开学时，校中设有研究班，为本校教员及已在美术学校毕业而更求深造者的共同研究的机关，近因与专科学校规程不合，殆将停办。又兹校自十八年度起，规定无论何系学生，第一年均习木炭画，即预备于绘画科中专习中国画者，亦从木炭画入手，为将来改进中国画之基础云。印有《亚波罗》月刊。

（卯）国立中央大学教育学院的艺术教育科及艺术专修科——艺术教育科分国画、西洋画、手工、音乐四组，均四年毕业。艺术专修科分图画、工艺、音乐三组，为培养中等学校师资而设，三年毕业。本科以李祖鸿为主任，以吕澂、徐悲鸿、唐学咏等为副教授。

（辰）中国画学研究会——此会为民国七八年间，周肇祥、陈衡恪、金绍城等所发起，九年成立，设在北京达子庙欧美同学会。会员三十余人，分人物、山水、花鸟、界画四门。其教授，以精研古法、博择新知为主旨。研究员，不分男女，以能画及经有正当职业之人介绍，以作品送会审查，认为可以造就者为合格；五年期满，成绩优良者，给证书，升充助教。十一年，迁会所于中央公园。现任会长周肇祥，北京画界前辈，多任评议员；有研究员二百余人。研究员升充助教者二十余人。其研究毕业而在各学校充教员、导师及组织美术团体者颇多。曾开成绩展览会七次。发行《艺苑》旬刊。

（巳）艺苑的绘画研究所——十七年十月十日，江小鹣、张辰伯、朱屺瞻、王济远等，设绘画研究所于上海林荫路之艺苑。他所发表的旨趣是："增进艺术旨趣，提高研究精神，发扬固有文化，培养专门人才。"科目先设西洋画，分油画、水彩画、素描三科，人数以三十人为限。（1）研究员十五人，容纳一般画家自由制作。（2）研究生十五人，对于绘画有深切之嗜好者，共同习作。

(乙)博物院　最近期间，各地方多有古物保存所之设立，使古代美术，不致散失，且可备参观者的欣赏，但规模均小。其内容较为丰富的，是北平的古物陈列所与故宫博物院。

(子)古物陈列所——成立于民国初年，设于乾清门外之太和、中和、保和及文华、武英等殿，以奉天、热河两行宫之物品充之，书画占最多数，更番陈列，其他瓷、漆、金、玉之器，亦为外间所寡有的。

(丑)故宫博物院——成立于十四年十月，设于乾清门内各宫殿。分中、东、西三路：中路有乾清宫、交泰殿、坤宁宫，再后为御花园，亭台楼阁甚多。东路为景仁、承乾、钟粹、延禧、永和、景阳六宫，其南为毓庆宫及斋宫，红墙外有奉先殿，东北有玄穹宝殿及库房等。西路有永寿、翌坤、储秀、启祥、长春、咸福六宫，其南为养心殿。西六宫之北为重华宫，西为建福宫。建福宫南为抚辰殿、延庆殿。再南为雨花阁。雨花阁后为西花园。红墙外，东面为外东路，有宁寿宫，其西北角有山石园林之胜。西面为外西路，有寿安、寿康、慈宁等宫殿，再南有慈宁花园。故宫的建筑及园林，均有美术的价值，昔为清皇室所占有，自十四年后，次第开放，公诸民众。

至于宫中的物品，除书籍及档册外，美术品甚多：

(天)书画　书画之大多数，存于斋宫及钟粹宫两处，共八千余件，多为唐、宋、元、明真迹，其他散于各殿庭者亦不少。中如王羲之快雪时晴，怀素自叙，过庭书谱，吴道子画像，宋徽宗听琴图，郎世宁百骏图等，皆其特出之件。

(地)陶瓷　陶瓷当以景阳宫及景棋阁两处之收藏品为最精。中国古代名窑之瓷，应有尽有，数约六千件。清瓷如所谓古月轩者，存于乾清宫东廊；库房及养心殿，亦有数百件。此外，各宫收藏及陈列之陶器，不下数十万件。新瓷及日用之官窑，尚未计及焉。

(玄)铜器　古铜器为散氏盘，新莽嘉量，均为世间不可多见之物。此外，商、周彝鼎，著名者数百件。余如汤若望、南怀仁等所制之仪器，多有存者。

(黄)玉器　玉器中，以宁寿宫、乐寿堂中寿山福海及镂刻大禹治河图之白玉山，乾清宫之大玉钢及玉马为巨制。其他小件，或以润泽胜，或以镂刻见长，数亦以万计。

余如琥珀、玛瑙、珊瑚及各种宝石、象牙之匜洗壶尊，间有质薄如纸，外有镂空玲珑花鸟者，或有用整料镂分十数层者。此外，番经番佛，尤无量数。古砚、笔、墨、缂丝及景泰蓝屏幛等，亦多精品，且有宋、元之物。印有《故宫月刊》。

(丙)展览会 美术学校与研究所均为培养美术家而设，本没有直接普及民众之目的。较易普及的，是展览会。北京自美术学校设立后，时有团体与个人的展览会，上海亦然。其规模较大者有二：

（子）艺术大会——是会为北京艺术专门学校校长林风眠等所发起，除造型艺术外，并包有音乐、戏剧，于十六年五月十一日开幕，出品在三千件以上，并有音乐演奏及五五剧社、形艺社及青年俱乐部的演剧，有海灯、糊涂、西洋画会、形艺社、五五剧社、漫画社、四川艺术学社等特刊；而北京各日报，如《晨报》、《世界日报》等，均特辟画报，可谓备宣传之盛。至六月三日，始闭幕。

（丑）全国美术展览会——十六年冬，大学院设艺术教育委员会，委以全国美术展览会之筹备。十七年十一月，因大学院已改组为教育部，兹会即隶属于教育部。教育部又别组委员会办理之，会场设上海普育堂，十八年四月十日开会，一个月而毕。所陈列的，第一部，书画，一千二百三十一件；第二部，金石，七十五件；第三部，西画，三百五十四件；第四部，雕塑，五十七件；第五部，建筑，三十四件；第六部，工艺美术，二百八十八件；第七部，美术摄影，二百七十七件。又有日本美术家出品八十件。每日并有收藏家分别借陈之书画。于开会时出《美展》三日刊，会毕后，有正书局印有《美展》特刊，分古、今两册。此次展览，每一人之作品，在每部中，以五件为限，故陈列品之数止于此。而其中以国粹的书画占过半数。又以我国尚未有美术馆以陈列古代作品，故乘此机会而为一部分的展览，正是过渡时代的现象。

此次展览会中，虽有建筑一部，所陈列的，并非都是创作，其中创作的几种图样，大抵纯粹的欧美式。十余年前，有美国建筑家颇以欧美式建筑，与吾国普通建筑的环境，不相调和，引为遗憾，乃创一种内部用欧式，而外形仍用华式的新式，初试用于南京的金陵大学与金陵女子大学，继又试用于北平的协和医院及燕京大学。最近，则首都铁道部新建筑，亦采用此式。以金陵女子大学为最美观。

(丁)摄影术　摄影术本为科学上致用的工具，而取景传神，参以美术家意匠者，乃与图画相等。欧洲此风渐盛，我国亦有可记者：

(子)光社——设于北平，十二年，陈万里、黄振玉等所发起，初名艺术写真研究会。十三年，改名光社，吴郁周、钱景华、刘半农等均为重要分子，每年在中央公园董事会开展览会，观众在万人以上。十六年出年鉴第一集，十七年出年鉴第二集。

(丑)华社——设上海，成立于十六年，曾开展览会数次，印刷品有社员《郎静山摄影集》。

(寅)摄影杂志——上海天鹏艺术会印有《天鹏摄影杂志》。

(戊)美术品印本

(子)书画摹印——摹印古代书画，始于邓实的神州国光社，文明书局及有正书局继之，其后，商务印书馆与中华书局都有这种印本，并于碑帖画册以外，兼及屏联堂幅，于是向来有力者收藏之品，得以普及于民众。其专印新式图画及雕刻的，有李金发所编的《美育》杂志，已出至第三期。

(丑)图画期刊——以图画为主，文学为副，定期刊行的，始于良友图书公司之《良友》，自十五年起，现已出至四十余册。继之而起的，有《文华》与《时代画报》等。又日报中，有《时报》者，每日均有《图画时报》。

二　音　乐

(甲)音乐学校　民国十六年十月，大学院始设国立音乐院，以蔡元培为院长，萧友梅为教务长。十八年七月，教育部修改大学组织法，改组音乐院为音乐专科学校，以萧友梅为校长。校中设预科、本科，并附设师范科。本科分理论作曲、钢琴、提琴及声乐四组，初学各生入学后，第一年内不分组。又有选科，专为对于音乐曾有研究、欲继续专攻一门者而设。

（乙）传习所 当音乐院未成立以前，民国八年，北京大学学生设有音乐研究会，由大学延请导师，指导各项乐器的练习。十一年秋，改办音乐传习所，先设师范科。十五年夏，第一班学生毕业者十二人。十六年，刘哲长教育部，传习所停办。

九年，北京女子高等师范学校设音乐科，以萧友梅为主任。十三年，第一班学生毕业。是校改名女子师范大学，复招第二班音乐科学生，十八年毕业。

（丙）国乐训练

北平国乐改进社，为刘天华等所设立。

上海大同乐会，成立于民国八年，为郑觐文所创设，自制古乐器，已有八十种，考定而待制者，尚有六十余种。取古代著名乐曲，如霓裳六么等，详细探讨，实施演奏。又改编饶歌大予等乐曲，为国民大乐十二章，已熟练者五章：一曰《大中华》，二曰《神州气象》，三曰《一统山河》，四曰《锦绣乾坤》，五曰《风云际会》。其所养成之会员百余人，以习古琴、琵琶者为最多云。

（丁）演奏会 十二年，萧友梅召集前海关管弦乐队之一部，加以训练，在北京大学及其他各校先后演奏管弦乐，凡四十次，颇受北京人之欢迎。

上海自音乐院成立以来，曾举行教员演奏大会二次，学生演奏会七次。本年，又由一部分教员组织细乐演奏会，每月举行一次。

（戊）音乐杂志 九年一月，北京大学之音乐研究会编印《音乐杂志》，十一年停办。十七年一月，国乐改进社又编印《音乐杂志》。十九年，音乐专科学校编印《乐艺》季刊。

三 文 学

（甲）新文学概况 文学革命的风潮，托始于《新青年》。在二十五年前，曾有一时期，各省均办白话报，以林獬（后改名林万里）、陈敬第等所主持之杭州《白话报》为最著，然当时不过以白话这通俗教育的工具，并不认为文学。自《新青年》时代，胡适、陈独秀、钱玄同、周作人等，始排斥文言的文学，而以白话文为正宗的文学，其中尤以胡适为最猛进，作《白话文学史》，以证明白话的声价，于是白话散文，遂取向日所谓古文者而代之。至于白话诗与剧本，虽亦有创作与翻译的尝试，但未到成熟时期，于社会尚无何等显著的影响。最热闹的是小说。第一，是旧小说的表彰：如《水浒》、《红楼梦》、《儒林外史》等，都有人加以新式评点，或考定版本源流。唐以后的短篇、宋以后的平话，或汇成丛刻，或重印孤本，都有销行的价值。第二，是外国小说的翻译：林纾与魏易等合译小说，是二十五年以前的事，不过取其新奇可喜而已。最近几年，译本的数量激增，其中有关系之作，自然不少，如《少年维特之烦恼》、《工人绥惠略夫》等，影响于青年之心理颇大。第三，是文学家的创作：此时期中，以创作自命者颇多。举其最著者，鲁迅（周树人）的《呐喊》、《彷徨》等集，以抨击旧社会劣点为的，而文笔的尖刻，足以副之，故最受欢迎。而矛〔茅〕盾（沈雁冰）的《动摇》、《追求》、《幻灭》，亦颇轰动一时。新进作家最有希望的沈从文著有《蜜柑集》等，也是被人传诵的。

（乙）文学的期刊　最近十年，发行的文学期刊甚多，有目的不在文学而专为一种主义之宣传的，往往不久即停。今举纯粹文学的，而且印行较久的如下：

（子）《小说月报》——为文学研究会郑振铎、沈雁冰、叶绍钧等所主编，郑振铎曾编有《世界文学大纲》，材料丰富，编制谨严，可为空前之作，决非投机哗众者所能为。所以《小说月报》的文学，宁受平庸之诮，不致有偏宕之失。

（丑）《语丝》——为周树人、周作人兄弟等所主编。一方面，小品文以清俊胜；一方面，讽刺文以犀利胜。

（寅）《真美善》——为曾孟朴、虚白父子所主编。陆续发表影射清季时事的《孽海花》长篇小说并其他创作，尤致力于介绍法国文学。创刊号有《编者的一点小意见》一篇，中有几节说：“在文学上什么叫做真？就是文学的体质，就是文学里一个作品所以形成的事实或情绪。作者把自己选采的事实或情绪，不问是现实的，是想象的，描写得来恰如分际，不模仿，不矫饰，不扩大，如实地写出来，叫读者同化在她想象的境界里，忘了是文学的表现，这就是真。什么叫做美？就是文学的组织……就是一个作品里全体的布局，和章法、句法、字法。作者把这些通盘筹计了，拿技巧的方法，来排列配合得整齐紧凑……自然地显现出精神兴趣、色彩和印感，能激动读者的心，怡悦读者的目，就丢了书本，影像上还留着醰醰余味，这就是美。什么叫做善？就是文学的目的……就是一个作品的原动力，就是作品的主旨，也就是她的作用。凡作品的产生，没有无因而至的，没有无病而呻的，或为宣传学说，或为解决问题，或为发抒情感，或为纠正谬误，形形色色，万有不同，但综合诸说，总希望作品发生作用，不论政治上、社会上、道德上、学问上，发生变动的影响，这才算达到文学作品最高的目的……不超越求真理的界线，这就是善。”对于文学上真、美、善三方面的观察，甚为正确。此杂志现已出至第五卷，对于自己所悬的标准，能久而不渝，是很难得的。

(卯)《新月》——为徐志摩、梁实秋、叶公超、潘光旦、闻一多、饶孟侃等所编。第一期发表了一篇《新月的态度》，有一节说：“我们不妨把思想（广义的，现代刊物的内容的一个简称）比作一个市场，我们来看看现代我们这市场上看得见的，是些什么？……把他们列举起来：一、感伤派；二、颓废派；三、惟美派；四、功利派；五、训世派；六、攻击派；七、偏激派；八、纤巧派；九、淫秽派；十、狂热派；十一、稗贩派；十二、标语派；十三、主义派。商业上有自由，不错，思想上、言论上更应得有充分的自由；但得在相当的条件下，最主要的两个条件是：(1)不妨害健康的原则，(2)不折辱尊严的原则。”又说：“生命是一切理想的根源，他那无限而有规则的创造性，给我们在心灵的活动上一个强大的灵感。他不仅暗示我们，逼迫我们，永远往创造的生命的方向走，他并且启示给我们的想象，物体的死，只是生的一个节目，不是结束，他的威吓，只是一个谎骗。我们最高的努力的目标，是与生命本体同绵延的，是超越死线的，是与天外的群星相感召的。为此，虽则生命的势力有时不免比较的消歇，到了相当的时候，人们不能不醒起。我们不能不醒起，不能不奋争，尤其在人生的尊严与健康横受凌辱与侵袭的时日！”《新月》的发行逾一年了，它确有思想上、言论上的自由，而且确能守着不妨害健康、不拆〔折〕辱尊严的两个条件，这是可以公认的。

四 演 剧

演剧的改良，发起于留日学生陆镜若、吴我尊、李道衡、李叔同等的春柳社，以提倡白话剧为主，译日本剧《不如归》，自编《社会钟》、《家庭恩怨记》等剧。民国二年，始在上海贸得利戏院公演。四年，陆镜若病故，社遂解散。社员欧阳予倩本兼习旧剧，因从改良旧剧上着手。民国八年，应张謇之招，在南通设伶工学社，招小学毕业的学生，分戏剧、音乐两班教授，历六年，曾在新式剧场演过。予倩近又往广东，办理戏剧研究所。

十余年前，北京梅兰芳、齐如山等病京腔词句村俗，乃新编《天女散花》、《嫦娥奔月》诸剧。如山作曲，兰芳演剧，一时颇博得好评。近更由刘天华为作梅兰芳戏曲谱，以五线谱与管色字谱并列。这也是一种改良旧剧的工作。

春柳社解散以后，白话剧仍有人续演，称为文明戏，多浅薄。较为深造的，北京有陈大悲，上海有洪深、田汉，山东有赵太侔，均曾在外国研究戏剧。汉组织南国剧社，成绩显著。太侔组织实验剧院，亦已成立。

五 影 戏

影戏本为教育上最简便的工具，但中国自编的影戏，为数寥寥，且多为迎合浅人的心理而作。输入的西洋影片，亦多偏于刺激的。它们的好影响，远不及恶影响的多。

六 留声机与无线电播音机

留声机传唱本国与外国的歌唱，流行甚广。无线电播音机，可以不出门而选听远地的乐歌，亦渐渐流行。

七 公 园

美育的基础，立在学校；而美育的推行，归宿于都市的美化。我国有力者向来致力于大门以内的修饰，庭园花石，虽或穷极奢侈，而门以外，无论如何秽恶，均所不顾。首都大市，虽有建设的计划，一时均未能实现；未有计划的，更无从说起。我们所认为都市美化的一部分，只有公园了。各地方的公园，不能列举，现举旧都及新都较为著名的公园以见例。

（甲）属于旧都北平的：

（子）中山公园——旧为社稷坛，在端门右侧。民国三年十月十日始开放，以三日为期。嗣经市民请求，四年一月，内务部公布公园开放章程，由市民集资经营，即由捐资的市民组织董事会〔管〕理之，增建房屋八百九十余间，增植花木万二千余株，定名中央公园。十七年，北平特别市政府核定新章，改名中山公园，受市政府管辖，由市政府特派委员二人，本园董事内公推委员三十人，改组委员会，管理园务云。

（丑）北海公园——民国五年以后，市民屡请开放北海，不果。十七年八月，始实行开放。十一月，由捐资市民九十余人组织北海公园董事会。九月，受北平特别市政府管辖，由市政府特派委员二人，及全体董事中公推委员三十人，改组委员会管理之。修治山路，增建房屋，添植花木，设公共体育场及儿童体育场各一所，置游船、游车、冰床等，并招商承办中西餐、茶点、糖果、球房、照相、古玩、书画各项营业，游人便之。

（乙）属于首都的：

（子）第一公园——园在复成桥东，旧为秀山公园，用以纪念李纯。兴工于民国九年，落成于十二年。十四〔六〕年九月，民众团体改名为血花公园，以纪念是年龙潭、栖霞间之战死者。十月，奉国民政府指令，定名为第一公园，由南京特别市政府教育局派员管理。其后由公园管理处接受。园中以烈士祠为中心，有花石山、金鱼池、玩月亭、歌舞亭、紫金园、月牙池、紫薇亭诸胜。

(丑)莫愁湖公园——园在水西门外,本为市民夏日赏荷之所。十七年,始辟为公园。有胜旗楼、郁金堂诸胜。

(寅)五洲公园——园以后湖及湖上各洲组织之,成立于十七年。改旧日的菱洲为澳洲,芷洲为非洲,长洲为亚洲,新洲为欧洲,老洲为美洲。开通道路,点缀风景,有景行楼、赏荷厅、湖心亭、铜钩井、梅岭诸胜。

上列诸端,对于美育的设施,殆可谓应有尽有;然较之欧洲各国,论量论质,都觉得我们实在太幼稚了。急起直追,是所望于同志。

据《寰球中国学生会二十五周年纪念册》(1931年5月出版)

旅法中国美术展览会招待会演说词*

这一次，我们在欧洲研究美术的诸同学，发起一个中国美术会，由研究科学的诸同学共同经营，并受中法各方面同志的赞助，业于昨日开幕，参观的都很满意。诸同学赞扬祖国美术的热心，与要把祖国美术与世界美术互换所长的希望，都已表示出来。今日又承诸同学在此举行宴会，代表我们祖国的陈公使与各位来宾、法国方面这次赞助展览会的官吏与学者，都肯光临，这实在是一个非常的盛会。我于感谢诸位同学与来宾之际，有一种感觉，就是学术上的调和，与民族间的调和。

有人疑科学家与美术家是不相容的，从科学方面看，觉得美术家太自由，不免少明确的思想；从美术方面看，觉得科学家太枯燥，不免少活泼的精神。然而事实上并不如此，因为爱真爱美的性质，是人人都有的。虽平日的工作，有偏于真或偏于美的倾向；而研究美术的人，决不致嫌弃科学的生活；专攻科学的人，也决不肯尽弃美术的享用。文化史上，科学与美术，总是同时发展。美术家得科学家的助力，技术愈能进步；科学家得美术的助力，研究愈增兴趣。看此次科学家与美术家共同布置的情形，与今日欢宴的状况，也可以证明的。

有人疑两民族相接触，为生存竞争的原故，一定是互相冲突的。但是眼光放大一点，觉得两民族间的利害，共同的一定比冲突的多。就是偶然有点冲突的，也大半出于误会；只要彼此互相了解，一定能把冲突点解除的。性质相异的两民族互相了解的进行，稍难一点；若性

* 1924年5月22日。

质相近的，进行很易。我觉得法国人与中国人性质相近的很多。例如率真、和易、勤而不吝、自爱而不骄、不为偏狭之爱国主义而牺牲世界主义，都是相同的。在美术上都是优美的多，很少神秘性与压迫性。看此次展览会承法国官吏与学者竭诚赞助，与今日在此欢宴的状况，也是可以证明的。

我向来觉得美是各种相对性的调和剂，今日感到这两种的调和作用，我觉得非常愉快。我再感谢诸位同学与诸位来宾给我这么一个机会。

据《东方杂志》第21卷第16号(1924年8月出版)

附录

蔡元培:为国家,为学术,劳瘁了一生

张建安

蔡元培,字鹤卿,号孑民,伟大的教育家、思想家。

1868 年 1 月 11 日出生于浙江绍兴,1940 年 3 月 5 日病逝于香港。

临终前,当诊治医生互相争辩之际,蔡元培却自顾自地喃喃自语。

因牙齿漏风,说话模糊不清,所以身边照顾他的周新也只是零星地听到这样的话:“世界上种种事故,都是由于人们各为己利。……我们要以道德救国,学术救国……”

这便是他生平最后的话。

“道德救国,学术救国”——这八个字是蔡元培一生事业所在,是其伟大的人格所在。他虽然探索过各种救国之路,是伟大的革命家、政治家,但他更侧重学术与道德的建设。他认定:如果没有好的道德,没有好的学术,这个国家是没有希望的。

蔡元培先生病逝的消息迅速传开,举国上下,同声哀悼。

国民政府发出褒奖令:“国民政府委员蔡元培,道德文章,夙负时望。早岁志存匡复,远历重瀛,研贯中西学术。回国后,锐意以作育人

才、促进民治为己任。先后任教育总长、北京大学校长及大学院院长，推行主义，启导新规，士气昌明，万流景仰……”

毛泽东发来唁电：“孑民先生，学界泰斗，人世楷模！”

蔡元培作为革命元老、学界领袖，生前多任高官要职，但他从不为一己谋利，乃至身后极其萧条。就连医院医药费一千余元都无法付给，衣衾棺木等费用全由王云五代筹，国民政府特拨付五千元作为丧葬费用，以国葬待之。蔡元培的伟人风范感染着周围所有的人。

人们在泪眼模糊中，想到蔡元培先生70寿辰时的情景。

晚年最想做的几件事

当时，已到晚年的蔡元培，仍然没有自己的住房，一家五口还在租房子住。蔡元培自己没觉得什么，学生、朋友们心里却很不好受。在蔡元培70寿辰前，蒋梦麟、胡适、罗家伦等人联名倡议，大家筹款为蔡先生建造房子，作为七旬寿礼献给蔡先生。此倡议很快得到百余人的响应。他们写信给蔡元培：

> 我们知道先生为国家，为学术，劳瘁了一生，至今还没有一所房屋，不但全家租人家的屋子住，就是书籍也还分散在北平、南京、上海、杭州各地，没有一个归拢庋藏的地方。

因此，大家很恭敬地要把“先生此时最缺少的一所可以住家藏书的房屋”作为礼物，献给蔡先生。此事因抗战爆发没能实现，但大家对蔡元培的仰慕之情已表露无遗。

1936年，在中国科学社为蔡元培举办的七秩寿宴上，蔡元培致辞，简要讲述自己70年来的人生体验，最后他提到了自己晚年最想做的几件事：“鄙人是一个拿笔杆的人，所敢夸口的也只能在笔杆上多尽点力。‘假我数年’，鄙人想把刘先生寿文中道及的‘以美育代宗教’的主张，著一本书；还想编一本美学，编一本比较民族学，编一本‘乌托邦’；胡适之先生常常劝鄙人写自传，如时间允许，鄙人也想写一本。”

蔡元培开始撰写《自写年谱》,他的脑海首先出现了他的故乡,他的亲人,他的童年时光……

魂梦间的故土亲情

文化古城绍兴,自古人杰地灵,王羲之、陆游等人皆出生于此。近代以来,又出现了蔡元培、鲁迅等伟人。

蔡元培出生在绍兴府山阴县城笔飞弄。笔飞弄是笔飞坊中的一弄。这里有很多美好的传说。据说,书圣王羲之居住于此,有一老妪总来请求题扇。王羲之不胜其烦,终于忍耐不住,大怒之下,掷开手中的笔,笔飞去。这便是笔飞坊名的来历。传统文化代代相传,形成很好的文化氛围,蔡元培不能不受影响。

蔡元培的祖先都是生意人,直到父亲这一辈,才出现一名读书登科之人,就是他的六叔。六叔对蔡元培的影响不小。对蔡元培影响最大的当然还是他的父母亲。然而父亲在蔡元培 11 岁时即去世,对蔡元培的影响相对小一些。父亲为人厚道,“持己待人,都要到极好处”,这对蔡元培的性格有影响。父亲虽是钱庄经理,但勤廉慷慨,朋友借贷者不必有借券,去世后家中没有积蓄。蔡元培的母亲带着三个孩子极节俭地度日,亲友们拟募款资助他们,母亲坚决拒绝。那些曾向蔡元培父亲借贷的朋友主动还钱,蔡元培母亲又把首饰卖掉,勤俭节约,抚养孩子成人。她教给蔡元培如何自立,如何做人。蔡元培后来回忆:“我母亲最慎于言语,将见一亲友,必先揣度彼将怎样说,我将怎样对。别后,又追想他是这样说,我是这样对,我错了没有。且时时择我们所能了解的,讲给我们听,为我们养成慎言的习惯。”母子情深,有一年母亲胃病疼得厉害,蔡元培听到一种治疗方法,竟偷偷将自己臂上割了一块肉,和在药中,让母亲喝掉。他以为这样可以治好母亲的病,但母亲还是在次年去世,给蔡元培留下无尽的思念。蔡元培的亲戚们也给他留下美好的回忆:“亲戚往来,总是很高兴的,我们小孩儿,从不看到愁苦的样子。”

蔡元培早年接受的是中国传统教育。从进私塾读《诗经》、《百家姓》开始，到一步步经历各级科举考试，20 余年传统教育的熏陶，为蔡元培打下深厚的国学底子。

朗朗的读书声，严厉的李塾师，由简而繁的八股文，乌篷船上的晚餐，有着恶臭味的乡试考场，得益最大的三本书，科场得意、金榜题名……在种种难以忘却的人生经历中，蔡元培走进了科举考试所能达到的最高殿堂，供职翰林院。

“点翰林”之后的第二年，蔡元培“行万里路”，几乎走遍了自 1842 年以来最早与海外通商的口岸和地区，为他开阔了视野。

蔡元培的第一次婚姻也在他 23 岁时完成。

蔡元培后来虽然迈上了革命救国的道路，但他早年受到的道德伦理教育对其影响至深。革命与传统似乎是水火不容的，在有些人看来，革命不就是革传统的命吗！其实不是，好的革命是将传统中的垃圾铲除，而将精华保留并发扬之。只有这样，革命才是有意义的，人类也将由此进步。

寻找救国之路

1894 年的甲午战争，1898 年的戊戌变法，这两场改变中国命运的历史事件，均给蔡元培以极大的刺激。他在清廷中央机构任职，看到了清廷种种腐败，他也开始抬眼看世界，广泛涉猎西学书报，由一名封建翰林向新型知识分子转变。

对于变乱纷乘的世界，蔡元培始终保持独立的思考与判断。康有为领导的戊戌变法最终以失败告终，蔡元培认为：“康党所以失败，由于不先培养革新之人才，而欲以少数人弋取政权，排斥顽旧，不能不情见势绌。此后北京政府，无可希望。”出于对清政府的失望，蔡元培毅然弃官归乡，走上了教育救国的道路。他担任绍兴中西学堂监督（即校长），引入新的教学方法，让学生选修英文、法文、日文。后又到上海，执教南洋公学，发起成立中国教育会，创办爱国学社和爱国女学，多有创建，领风气之先，但也遭到种种阻挠和打击。

在历史的风雨中，蔡元培毫不妥协地前进着……

1900 年，蔡元培的第一位夫人王昭病逝。蔡元培悲痛之余撰悼文一篇，哀祭亡妻。之后，友朋们多劝蔡元培续娶，并为他介绍女子。蔡元培按照自己的新思想，对女方提出五条件：(一)天足者；(二)识字者；(三)男子不得娶妾；(四)夫妇意见不合时，可以解约：(五)夫死后，妻可以再嫁。这五条件一提出，许多传统观念下的人感到不解和恐慌，但蔡元培最终找到了合适的伴侣，与黄仲玉结婚。他们的婚礼也是别具一格的。

《苏报》是爱国学社的机关报。1903 年 7 月“苏报案”发生。对于清廷的镇压，蔡元培不仅没被吓倒，反而走上革命道路。他在上海创办《俄事警闻》，以报道俄事为名，宣传鼓吹革命。他还一度信仰暗杀暴动，以爱国女学为据点，加入暗杀团，秘密试制炸弹。1904 年冬，蔡元培联合浙江会党，创立光复会，亲任会长。光复会的誓言为：“光复汉族，还我山河，以身许国，功成身退。”

1905 年 8 月，中国同盟会在日本东京成立，蔡元培由何海樵介绍入会，并担任同盟会上海分会会长。在革命活动一再遭受挫折后，蔡元培重新萌发了求学救国的念头。1907 年，蔡元培已 41 虚岁，但他为了理想、为了信念，决定重新当学生，到国外寻求真知。

美育与德育

蔡元培第一次留学的地点是德国。之所以选择德国，蔡元培的解释是：“窃职素有志教育之学，以我国现行教育之制，多仿日本。而日本教育界盛行者，为德国海尔伯脱派。且幼稚园创于德人弗罗比尔。而强迫教育之制，亦从德国行之最先。现今德国就学儿童之数，每人口千人中，占百六十一人。欧、美各国，无能媲美。爰有游学德国之志。”蔡元培的高龄留学，显然不是为了自己，而是为了救国宏愿。要学习，当然应该向全世界中最优秀者学习。

这一次，蔡元培在莱比锡大学听讲三年，全身心地汲取着文化的营养，“于哲学、文学、文明史、人类学之讲义，凡时间不冲突者，皆听之。尤注重于实验心理学及美学”。

这一段光阴是美好而绮丽的，美术与音乐熏陶着蔡元培，使他留恋其中，深得其中真髓。正如他本人所讲："我于讲堂上既常听美学、美术史、文学史的讲演，于环境上又常受音乐、美术的熏习，不知不觉地渐集中心力于美学方面。尤因冯德讲哲学史时，提出康德关于美学的见解，最注重于美的超越性与普遍性。"此后，蔡元培一直特别重视美学，不仅在学术上重视，更将美学作为可以提高国民素质的重要方式而加以大力提倡。

美是人类共有的，是超越民族和国界的。为了美好的中国，蔡元培不仅注重美学的传播，更注重美育。他说："美育者，应用美学之理论于教育，以陶养感情为目的者也。人生不外乎意志，人与人互相关系，莫大乎行为，故教育之目的，在使人人有适当之行为，即以德育为中心是也。顾欲求行为之适当，必有两方面之准备：一方面，计较利害，考察因果，以冷静之头脑判定之；凡保身卫国之德，属于此类，赖智育之助也。又一方面，不顾祸福，不计生死，以热烈之感情奔赴之。凡与人同乐、舍己为群之德，属于此类，赖美育之助也。所以美育者，与智育相辅而行，以图德育之完成者也。"

显然，在教育方面，蔡元培是在进行通盘而全面的考虑。美育是重要的，智育也是重要的，而其根本还是德育，"此乃教育家百世不迁之主义"。教育的目的绝不只是教给学生知识和能力，更为根本的是教学生怎样做人，即蔡元培所说："教育是帮助被教育的人，给他能发展自己的能力，完成他的人格，于人类文化上能尽一份子的责任。"就蔡元培的一生，他是始终身体力行道德伦理的教育。

在学习西方文化时，蔡元培自觉地考虑中国的文化，在对比中寻求中国问题的解决之道。在德期间，他编著了《中学修身教科书》、《中国伦理学史》，并翻译了泡尔金的《伦理学原理》。而无论是"修身"也好，"伦理"也罢，无不与中国国民的道德建设相关。"人之生也，不能无所为，而为其所当为者，是谓道德。道德者，非可以猝然而袭取也，必也有理想，有方法。修身一科，即所以示其方法者也。"蔡元培试图全面关照中国古圣贤道德之原理，并旁及东西方伦理学大家之说，为中国人提供道德修养之法门，进而探索一条道德救国的大道。但在当时的时代，这样的探索之路，注定充满了艰辛！

创建民国的动荡岁月

1911 年 10 月 10 日，辛亥革命爆发，蔡元培发动留学生响应革命，并于 11 月 28 日返回中国，参与创建民国的活动。民国临时政府成立后，蔡元培被孙中山任命为教育总长。在他的主持下，教育部成为廉正、高效、精干的典范。此时的蔡元培已具有全新的教育理念，进行了影响深远的改革。之后不久，政府北迁，蔡元培留任教育总长。在历史的转折关头，蔡元培决心抛开一切私利，为国家的教育事业奠定一个坚实的基础。他强调："现在是国家创制的开始，要抛开个人的偏见，党派的立场，给教育立一个统一的智慧的百年大计……"他有一个理想，就是："在普通教育，务顺应时势，养成共和国民健全之人格；在专门教育，务养成学问神圣之风习。"

蔡元培尤其注重新教育的独立性，在《对于新教育之意见》中称："教育有二大别：曰隶属于政治者，曰超轶乎政治者。专制时代（兼立宪而含专制性质者言之），教育家循政府之方针以标准教育，常为纯粹之隶属政治者。共和时代，教育家得立于人民之地位以定标准，乃得有超轶政治之教育。"

在主持民元教育部的半年时光中，蔡元培费尽心血，主持制定了新教育的体制和细则，从而构成此后实行十年之久的"壬子癸丑学制"的基本内容，开辟了中国近代教育史的新纪元。然而，民国初年的政治斗争也是复杂多变的。1912 年 7 月，为反对袁世凯专制独裁统治，蔡元培毅然辞去教育总长的职务，再度赴德留学。

1913 年 5 月，蔡元培奉孙中山之招，自柏林返国，参加"二次革命"。革命失败后，蔡元培携家眷前往法国。他与李石曾等人发起成立勤工俭学会，出任华法教育会中方会长，积极推动留法勤工俭学运动，致力于传播先进文化。

主持北大　兼容并包

1916年10月，教育总长范源濂邀请蔡元培回国，就任北京大学校长。1917年1月4日，蔡元培正式到北京大学就职。主事北大之初，蔡元培即提出了“囊括大典，网罗众家，思想自由，兼容并包”的十六字办学方针，并切实地按照这一方针办事。所以，在他的领导下，北京大学内既有像陈独秀、胡适这样的“新派”人物，也有像辜鸿铭、黄侃那样的保守教员。“新派”的、“旧派”的，他一样地予以保护，促成了学术上不同派别在自由竞争中的多元发展，使得学术自由和民主不再是一句空话。

蔡元培提倡以美育代宗教，主张教育独立，大力改革北大的教学体制和管理体制，实行教授治校，把北京大学从一个官僚养成所改造成一座名副其实的全国最高学府。更重要的是，在蔡元培的主持下，北京大学成为新文化运动、五四运动的发源地和中心，极大地推动着中国历史的进程。

蔡元培也把“学术救国”的理念贯彻到他的北大事业当中。他认为学术乃是一个国家的灵魂所在，而大学，则是研究高深学问、专研学术的地方，所以，办好北大意义重大，乃是为了整个中国的未来。他也把“道德救国”的思想贯彻始终，在《就任北京大学校长之演说》中，他就劝勉学生“砥砺德行”，说：“方今风俗日偷，道德沦丧，北京社会，尤为恶劣，败德毁行之事，触目皆是，非根基深固，鲜不为流俗所染。诸君肄业大学，当能束身自爱。然国家之兴替，视风俗之厚薄，流俗如此，前途何堪设想。故必有卓绝之士以身作则，力矫颓俗。诸君为大学学生，地位甚高，肩此重任，责无旁贷，故诸君不惟思所以感己，更必有以励人。”

此时，蔡元培的事业达到了辉煌，中国的思想史、教育史将永远铭刻他的名字。

蔡元培的人格魅力散发出巨大的光芒，让世人打心眼敬重。关于蔡元培的佳话也四处传播开来。蔡元培聘请陈独秀是一佳话。蔡元培邀请只是中学毕业的梁漱溟到北大当讲席也是一佳话……在这个时候，北大群星璀璨，成为永恒的传奇。蔡元培则是传奇的中心。

吴敬恒这样描述："蔡先生志愿立大学，虽然无时不忘他的主张，但也并不一定反对别人意见。……他在北京大学教书时候，不问这个有辫子没有辫子，只看他有没有学问，有一点长处的人，他没有不器重他。这种态度，就是所谓'和而不同'。"

"中国一定有出路"

1923年1月，蔡元培为抗议北京政府教育总长彭允彝干涉司法独立、蹂躏人权，声明辞去北京大学校长职务。7月，携眷前往欧洲游学。1926年2月，因北大同人和教育部一再电促，蔡元培返抵上海。他拒绝回京做北洋军阀统治下的北大校长，而是在南方与沈钧儒等人发起苏浙皖三省自治联合会，响应广东国民革命军北伐。1927年南京国民政府成立前后，蔡元培作为国民党元老，也介入了一些重大的政治事件，但他始终保持学人本色。其主要精力还是放在中国的教育和科学事业上，先后担任了大学院院长和中央研究院院长。

面对日本的侵略，蔡元培始终旗帜鲜明地反对国民党对内镇压、对外妥协的政策，他号召国人放弃个人恩怨，以国家民族利益为重，调转枪口，一致抗日。

抗战全面爆发前两年，蔡元培请时任行政院长的汪精卫吃饭，苦劝汪改变亲日行为，说："关乎中日的事情，我们应该坚定，应该以大无畏的精神抵抗，只要我们抵抗，我们的后辈也抵抗，中国一定有出路。"说着说着，蔡元培想到国家的艰难，忍不住热泪滴到了杯盘中，举座无不动容。

1932年12月17日，蔡元培与宋庆龄、杨杏佛等在上海组织中国民权保障同盟，任副主席，不遗余力地保障民权。杨杏佛遇刺身亡后，蔡元培悲愤万分。在公祭仪式上，蔡元培悲痛地说："人孰不死？所幸者先生之事业、先生之精神，永留人间。元培老矣，焉知不追随先生以去？同人等当以先生之事业为事业、先生之精神为精神，使后辈青年学子有所遵循，所以慰先生者如此而已。”

在香港的最后岁月

1937年11月27日，71岁的蔡元培抵达香港。在这里，蔡元培留下了最后的芬芳。他撰写的《我在教育界的经验》陆续发表，他依然主持中央研究院的院务会议，他为《鲁迅全集》作序，盛赞鲁迅为“新文学的开山”，他还被推选为国际反侵略大会中国分会名誉主席……1939年12月7日，就在蔡元培逝世前三个月，他还以《满江红》词牌，为反侵略大会中国分会作会歌。

“我中华，泱泱国。爱和平，御强敌。……”这强劲有力的歌声将永远回荡！